ALFRED BARAUDON

ALGÉRIE ET TUNISIE

RÉCITS DE VOYAGE ET ÉTUDES

PARIS

LIBRAIRIE PLON

E. PLON, NOURRIT et Cie, IMPRIMEURS-ÉDITEURS

RUE GARANCIÈRE, 10

—

1893

Tous droits réservés

ALGÉRIE ET TUNISIE

> « ... A cette cause, le commerce des hommes y est merveilleusement propre et la visite des pays étrangers, pour en rapporter les humeurs de ces nations et leurs façons, et pour frotter et limer notre cervelle contre celle d'autruy. »
>
> (MONTAIGNE, *De l'éducation des enfants*.)

L'auteur et les éditeurs déclarent réserver leurs droits de reproduction et de traduction en France et dans tous les pays étrangers, y compris la Suède et la Norvège.

Ce volume a été déposé au ministère de l'intérieur (section de la librairie) en juillet 1893.

PARIS. TYPOGRAPHIE DE E. PLON, NOURRIT ET Cie, RUE GARANCIÈRE, 8.

ALFRED BARAUDON

ALGÉRIE ET TUNISIE

RÉCITS DE VOYAGE ET ÉTUDES

PARIS

LIBRAIRIE PLON

E. PLON, NOURRIT et Cie, IMPRIMEURS-ÉDITEURS

10, RUE GARANCIÈRE

—

1893

Tous droits réservés

INTRODUCTION

Deux races dominent en Algérie; une race conquérante et une race conquise : les Arabes et les Berbères. Les premiers sont des étrangers, venus d'Orient en apôtres et en soldats du septième au quatorzième siècle de notre ère. Les seconds sont autochtones, c'est-à-dire originaires du pays même. De ces deux grands peuples d'autres peuples sont issus, comme des rameaux qui, détachés d'un tronc, prennent racine à leur tour : les Kabyles, conservant pur au cœur des montagnes le vieux sang berbère; les Maures, fils des renégats échoués dans les villes du littoral; les M'zabites, cantonnés dans un coin du désert; les Berbères arabisés, Châamba, Mekhodma, Touaregs, maîtres du Sahara dont ils sont les pirates. Il y a encore les Nègres, amenés du Soudan par les caravanes d'esclaves, les Européens, installés dans les villes de par le droit du plus fort, et enfin les Juifs, « hommes au cœur « tremblant », ainsi que dit l'Écriture, race cosmopolite que l'on est sûr de rencontrer partout où il y a de l'argent à gagner, des ruines à entasser, du sang à sucer.

D'après des traditions obscures, les premiers habitants de la Barbarie, que l'historien espagnol Marmol y Carvajal proclame « la plus noble partie « de l'Afrique », auraient été des tribus zénètes conduites par un roi de l'Arabie Heureuse, Malek Afrik'ich. La ville d'Afrik'a qu'il bâtit donna son nom au pays. Ce serait là le peuple primitif, aborigène, « vivant de chairs d'animaux et d'herbes brou- « tées », que Polybe et Salluste appellent Libyens et Gétules, et que mentionnent les vieilles annales d'Égypte. Plus de deux mille ans avant Jésus-Christ, il fut visité par des hommes blonds, arrivant du Nord, qui pénétrèrent par le Maroc et édifièrent cette série de dolmens dont on retrouve les traces de la Baltique au Sahara. Plus tard, au témoignage de la Bible, d'Hérodote et des historiens arabes, il subit des invasions de peuples asiatiques : les uns d'origine japhétique, tels que les Mèdes, les Perses et les Arméniens ; les autres d'origine chananéenne, tels que les Phéniciens, auxquels on doit Carthage et les colonies tyriennes.

Ces nouveaux venus se mêlèrent aux premiers occupants et ne tardèrent pas à les absorber. De cette union, sortirent les Numides et les Maures, que l'on désigna dans la suite sous le nom générique de Berbères et que l'on regarda comme le vrai peuple autochtone. La grande famille berbère, établie de l'Atlantique à la Cyrénaïque, s'est donc constituée sur les débris de races plus anciennes. Chez elle domine l'élément indo-européen, malgré un vernis de sémitisme. Elle est très proche parente des tribus ariennes qui ont peuplé l'Europe. L'appellation même est une marque d'origine. Le radical *berr* veut dire *terre lointaine,* et *berbère* signifie *émigré,* nom que donnaient les Romains et les Grecs à ceux qui venaient de pays étrangers.

Après la chute de Carthage, Rome gouverna l'Afrique, et, pendant cinq siècles, y grava en traits impérissables l'immortelle empreinte de son génie et de sa civilisation. Elle ne fut cependant jamais complètement maîtresse de l'intérieur où s'étaient retirées des peuplades belliqueuses. Dans la première moitié du cinquième siècle, les Vandales, conduits par Genséric, fondèrent à Tunis un grand royaume que cent ans plus tard Bélisaire devait reprendre et réunir à l'empire de Constantinople. Mais le lien était trop faible. De toutes parts, des insurrections éclataient contre l'autorité chaque jour amoindrie des patrices grecs. Les temps étaient proches où la terre d'Afrik'ich allait connaître ses vrais vainqueurs : les Arabes.

Voici qu'en effet à l'orient du monde se lèvent un peuple et un dogme. Le peuple est d'origine sémitique : c'est une collection de tribus éparses, rassemblées en un corps de nation par un homme de génie et animées d'un même idéal religieux. Le dogme est un dogme unitaire, se rattachant aux plus vieilles traditions hébraïques, que sa simplicité fera aisément accepter des masses ignorantes, encore hésitantes entre le christianisme, le schisme nouveau d'Arius, le judaïsme et l'idolâtrie. A peine Mahomet a-t-il institué le culte de ce Dieu nouveau, unique et absolu, que des troupes de guerriers partent dans toutes les directions afin de lui conquérir un empire.

La Barbarie ou Mag'reb s'ouvrait devant les Arabes : ils s'y précipitèrent comme un torrent. On distingue toutefois deux phases dans leur invasion. Au septième siècle, ils n'entreprirent qu'une conquête rapide, brillante et précaire, après laquelle les Berbères, convertis à l'islamisme, recouvrèrent leur autonomie. Au contraire, à partir du onzième siècle, commença une émigration lente et continue des tribus hilaliennes qui se mirent au service des dynasties berbères toujours en querelle. La race arabe s'introduisit alors comme élément peuplant, pénétrant peu à peu dans les vallées retirées, se mélangeant avec la race aborigène au point de lui imposer ses mœurs, sa langue et sa physionomie. Quand les Turcs arrivèrent au seizième siècle, l'arabisation de l'Afrique était accomplie.

Le premier qui osa s'aventurer dans le Mag'reb, « ce lointain perfide », fut un général, Abd-Allah, qui prit Tripoli vers 647. Cinq invasions se succédèrent ensuite coup sur coup pendant quarante ans. Le plus terrible de ces conquérants, Okba-ben-Nafé, que guidait un renégat et un traître, Koceïla, roi des Aourebi, bâtit Kaïrouan, et, malgré une résistance acharnée, implantant la foi islamique au cœur des tribus indomptables du Zab et de l'Atlas, soumit au drapeau du Prophète un territoire immense qui allait du Nil aux rivages inconnus de l'Atlantique.

Cette occupation était trop soudaine pour être durable. Le Mag'reb, quoique musulman, était resté berbère. Une femme surgit alors, pareille à la Jeanne d'Arc des Francs, qui prêcha la guerre sainte contre l'envahisseur. On la croit d'origine juive. Elle était reine d'une tribu de l'Aurès et s'appelait Dihia. L'histoire la connaît sous le nom de La Kohena, qui signifie « la devineresse ou la sor- « cière » ; mais ce nom était peut-être un titre désignant de mystérieuses fonctions sacerdotales. A sa voix inspirée, les débris des Grecs, des Romains et des Numides coururent aux armes. Hassan, successeur d'Okba, fut battu sur les bords de la Meskriana et se retira au fond de la Cyrénaïque. Les renforts qu'il y reçut lui permirent de reprendre l'offensive. La Kohena recula pied à pied, détournant les sources, brûlant les forêts et les villes, transformant en un désert affreux la riche Byzacène, jardin de l'Afrique, et tout le pays de Tunis à Tanger. Enfin, atteinte près de Bar'aï, elle périt dans la bataille, et avec elle succomba le premier empire berbère.

Un nouveau général rétablit l'autorité du khalifat : en 707, le Mag'reb était définitivement reconquis. L'année 711 vit l'entrée des Arabes en Espagne, et l'année 755 la fondation, sous un prince omniade, de ce royaume maure de Cordoue, qui devait briller d'un si vif éclat dans les arts et les sciences, et dont la chute devait marquer douloureusement dans l'histoire de la civilisation.

Alors, commence une période d'anarchie déplorable. L'empire des khalifes du Mag'reb se fractionne en plusieurs États, tantôt sous l'autorité de chefs arabes, tantôt sous l'autorité de chefs berbères. En réalité, le peuple vaincu recouvre son indépendance. A Tlemcen, un arrière-petit fils d'Ali, gendre de Mahomet, fonde la dynastie des Édrisides (790). Un chef de la secte schismatique des Chiites, Abou-abd-Allah, installe cent ans plus tard (909), à Kairouan, la dynastie fatimite qui ne devait pas tarder à conquérir l'Égypte et à s'établir au Caire. Profitant de cet éloignement, les Zirides, gouverneurs laissés à Kairouan, se révoltent et font leur soumission aux Abbassides de Bagdad. C'est alors que le khalife fatimite du Caire, pour reprendre ses provinces perdues, lance sur le Mag'reb des tribus arabes et que se produit la seconde invasion.

« Aussi nombreux que des nuées de sauterelles « et pareils à des loups affamés », dit l'historien Ibn-Khaldoun, les nouveaux venus se jettent sur l'Afrique, refoulant les Berbères, occupant le Zab, Constantine, Médéah. Un instant arrêtés par les Berbères Sanhadja ou Touaregs, connus sous le nom d'Almoravides, qui avaient fondé l'empire du Maroc (fin du onzième siècle), ils reprennent leur marche en avant quand la puissante famille des Almohâdes, révoltée dans le Sud marocain, les appela à elle pour combattre ces mêmes Almoravides (1188). Les loups sont dans la bergerie. Dès lors les Arabes, sous le couvert de la religion qui continue à former le seul lien entre envahisseurs et envahis, deviennent sujets des princes indépendants. Ils obtiennent des terres, constituent la seule force du pays, et peu à peu absorbent les tribus autochtones qui perdent tout sentiment de leur origine. Ce n'est plus que dans la grande et la petite Kabylie, dans les montagnes de Tlemcen et d'Oran, que l'on pourra retrouver la race berbère primitive.

Aux Almohâdes et aux Almoravides ne tardèrent pas à succéder trois dynasties nouvelles, qui devaient, pendant deux siècles, donner un spectacle éhonté de luttes sanglantes, de crimes et d'usurpations. Cela dura jusqu'à la fin du quinzième siècle. Alors, les empires berbères, épuisés par une anarchie chronique de près de cinq cents ans, sont en pleine décomposition. Les Mérinides, dont Fez était la capitale, se divisent en trois branches. Les Zianites ou Ouadites, établis primitivement à Tlemcen, ne possèdent plus qu'Oran. Seuls, les Hafsides font encore quelque figure à Tunis. Des principautés indépendantes se constituent un peu partout, et Alger est du nombre. L'intérieur du pays appartient aux Arabes nomades; les villes de la côte vivent de piraterie. Les chrétiens pénètrent à leur tour en Mag'reb à la suite des Portugais qui avaient pris Ceuta en 1415. De 1496 à 1510, Melila, Mars-el-Kebir, Oran, Bougie, le Peñon d'Alger tombent au pouvoir des Espagnols. La puissance musulmane est sur le point de succomber en Afrique.

Mais deux hommes, deux aventuriers de génie, doués d'une audace à toute épreuve, allaient paraître et édifier un gouvernement solide sur ces ruines chancelantes. Ils étaient frères : l'aîné s'appelait Aroudj, et le second Kheir-ed-Din; les historiens, en souvenir de la couleur de leur barbe, leur ont donné le surnom de Barberousse. C'étaient deux redoutés bandits. Leur mère, qui était chrétienne et habitait Lesbos, les avait eus d'un Turc débarqué dans l'île au moment de l'expédition du sultan Ba-Yazid. De bonne heure, les jeunes Barberousse, après avoir renié la foi du Christ, s'étaient fait corsaires, et avaient équipé une flotte de quarante galères avec laquelle « ils abreuvaient les chrétiens « de douleur ». Ils rêvaient de s'établir en maîtres sur la côte barbaresque. Déjà, ils avaient échoué devant Bougie; mais un jour qu'Aroudj s'était arrêté dans le port d'Alger pour y vendre des prises, la ville, qui avait franchi l'étroite enceinte de ses îlots (El-Djezaïr), et couvrait désormais les pentes d'une colline de ses blanches maisons superposées, songea qu'un chef aussi réputé pouvait seul défendre son autonomie naissante et le proclama roi.

Aroudj ne jouit que peu de temps de sa haute fortune. Son frère, Kheir-ed-Din, « le joyau le plus « brillant de l'écrin des monarques ottomans » (ainsi disent les chroniques musulmanes), lui succéda et acheva son œuvre. Il profita de la faiblesse des États voisins pour agrandir le nouveau royaume, qui comprit bientôt tout le territoire dont se compose aujourd'hui l'Algérie française. Comme il craignait les incursions des princes Hafsides de Tunis, il fit hommage de sa conquête au sultan de Constantinople, Sélim Ier, et créa l'Odjeac, c'est-à-dire un conseil de gouvernement, à la fois militaire et religieux, dont les membres se recrutaient à l'étranger et principalement en Turquie.

Dès lors le Mag'reb, à l'exception du Maroc où des chériffs arabes s'étaient déclarés indépendants, appartint aux Turcs. Durs, violents, sanguinaires, ils régnèrent pendant trois siècles sur le nord de l'Afrique asservie, occupant tous les emplois, entretenant la jalousie des chefs indigènes, dominant par le despotisme et les exécutions. A l'abri de leur autorité, les Algériens organisèrent une piraterie effroyable dont ne purent avoir raison ni Louis XIV, ni Bonaparte, « le sultan de feu ». Il vint un jour pourtant où, la mesure étant comble, la France fit entendre sa voix. Le 5 juillet 1830, le général de Bourmont prit Alger, jetant ainsi, presque à l'heure où sonnait à Paris le tocsin d'une révolution, un dernier lambeau de gloire sur la vieille monarchie franque qui s'en allait.

PREMIÈRE PARTIE

ALGER

CHAPITRE PREMIER

ALGER MODERNE. — LE CIMETIÈRE D'ABD-ER-RHAMAN-BOU-KOBRIN. — LE JARDIN D'ESSAI.

> « Et quand le soleil se lève pour l'éclairer, quand elle s'illumine et se colore à ce rayon vermeil qui tous les matins lui vient de la Mecque, on la croirait sortie de la veille d'un immense bloc de marbre blanc, veiné de rose. »
>
> (E. Fromentin, *Une année dans le Sahel*.)

« Cette ville est située sur le penchant d'une roide colline et s'étend du sommet d'icelle jusqu'au rivage de la mer, représentant la face d'un théâtre, estant les maisons élevées par degrés, l'une plus haute que l'autre, de sorte que toutes, sans que les premières nuisent aux dernières, jouissent également de l'aspect de la mer. Les maisons sont couvertes en terrasses et enduites de chaux, dedans et dehors, tellement que, de fort loin, la ville se voit comme une tache blanche dans la montagne. »

Telle est la description qu'en 1628, un voyageur, M. de Brèves, faisait d'Alger. Le premier aspect n'a pas varié. Le ciel très bleu, sur lequel tranche fortement la blancheur crue des maisons, la ville en amphithéâtre, que couronne la muraille assombrie de la

Kasbah, font toujours un tableau incomparable. Mais, quand on débarque, l'impression change : où l'on s'attendait à trouver une cité arabe, on ne rencontre qu'une ville européenne.

Un quai très long court d'un bout du port à l'autre, du fort Bab-Azzoun à la jetée Kheir-ed-Din, et ses hautes arcades en plein cintre, qui supportent le boulevard de la République, recèlent dans leurs profondeurs des docks, des boutiques, tout l'encombrement des villes maritimes. Au-dessus, en une régularité désespérante, s'alignent des maisons à quatre étages, gros dés de maçonnerie posés côte à côte. L'ensemble est très magnifique; mais, n'était le ciel incomparable de l'Orient, la végétation exotique et les burnous blancs des Arabes qui flottent parfois sur les balustrades, on pourrait se croire dans n'importe quel port de France ou d'Angleterre, les deux pays d'Europe qui ont peut-être aujourd'hui le moins de cachet artistique, l'un parce qu'il l'a perdu, l'autre parce qu'il n'en a jamais eu.

L'intérieur de la ville est à l'avenant. Nous avons détruit les trois quarts de l'ancien Alger pour édifier à la place une ville moderne assez incommode et toute en longueur, resserrée qu'elle est entre la mer et les pentes de la colline : une façade imposante sans profondeur. Une grande artère, parallèle au port, la traverse sous les noms de rues Bab-el-Oued, Bab-Azzoun et de Constantine. C'était autrefois, et c'est encore aujourd'hui, la grande voie commerciale d'Alger qui met en communication ses deux points extrêmes. Nous avons respecté son emplacement, mais nous en avons

fait une rue de Rivoli avec arcades, magasins, etc...
La rue de la Lyre la double un peu plus haut, et
forme, avec l'extrémité de la rue Bab-el-Oued et le
boulevard du Centaure, tranchée abrupte dans le roc
vif, trois côtés du pentagone dans lequel la vie arabe,
traquée sans merci, a dû se retirer. Les boulevards
Vallée et de la Victoire marquent les autres côtés, et
de là des rampes, sur lesquelles les maisons tiennent
par miracle, descendent vers le port en d'interminables
lacets.

Le centre de cet Alger officiel et civilisé, qui s'est
niché dans la ville des pachas comme un champignon
dans l'écorce d'un arbre mort, est la place du Gouvernement, ombragée de beaux platanes, ainsi que la
petite place Mahon qui se trouve à côté. C'est une promenade fort agréable, où la musique joue le soir; malheureusement, pour l'agrandir, on a démoli la mosquée de la Dame (Djama-Essida) qui avait une si jolie
coupole, la Djenina ou ancien palais des Beys et le
Badistan ou marché aux esclaves. Rien n'y rappellerait l'Orient, s'il n'y avait sur la gauche le mur blanc
festonné de merlons de la mosquée de la Pêcherie et
la mer d'un bleu intense s'étendant par derrière.

Il y a encore la place Malakoff, la place de Chartres
dont le marché est si animé le matin, et, plus loin, la
place Bresson qu'ombragent des palmiers magnifiques,
mais au fond de laquelle on a édifié un théâtre qui
ressemble tout à fait à une gare de chemin de fer. Au
delà, enfin, dans la direction de Mustapha, un quartier exclusivement contemporain, des rues se coupant
à angle droit, des terrains vagues où l'on construit, la

poste inachevée, les tribunaux, des banques, des locaux à louer, des abattoirs, des casernes, toutes les excroissances incolores et banales d'une ville grandie trop vite.

Quant à la population, elle est cosmopolite. Il y a de tout dans Alger : des Français qui occupent les postes officiels et se partagent le haut commerce avec les Anglais et les Italiens; des Espagnols, des Siciliens, quelquefois mariés à des Mauresques et qui se font cochers ou domestiques. Les Levantins, les Turcs y viennent aussi à l'affût des industries douteuses et lucratives. De Bab-el-Oued à Bab-Azzoun, sur la place du Gouvernement, sur le boulevard, à la terrasse des cafés, c'est un va-et-vient incessant de tous ces individus. Les petits décrotteurs, jambes nues, leur boîte sur le dos, courent au milieu de la foule, cirant vos bottines presque de force. Les porteurs biskris passent chargés de paquets, et les Maures en toilette mettent une note claire avec leur pantalon bouffant de laine blanche et leur gandoura rose brodée de galons d'or.

Dans ce vaste caravansérail qui réunit l'Orient et l'Occident, on rencontre aussi des Arabes, le burnous rapiécé retenu sur la tête par la corde en poil de chameau. Ils errent à travers la ville comme des étrangers, et, drapés dans leurs guenilles odorantes, attendent patiemment qu'Allah se réveille, et leur restitue cette terre que nous leur avons volée, cette mer qui n'est plus à eux.

C'est aujourd'hui vendredi, jour férié pour les musulmans qui se rendent à la mosquée où l'on récite la khotba, et jour de liberté et de liesse pour leurs épouses qui prennent la clef des champs et vont se divertir sur des tombes. Nous ferons comme elles, et nous irons au cimetière arabe d'Abd-er-Rhaman-bou-Kobrin, situé à sept kilomètres, sur le bord de la mer, dans la direction d'Hussein-Dey. Aucun n'est plus fréquenté.

Des voitures publiques y conduisent de la place Bresson; elles sont invraisemblables : des planches mal jointes sur des tréteaux articulés, peu ou pas de vitres et des rideaux malpropres. L'ensemble rappelle vaguement un omnibus. Le nom générique est corricolo; je ne parle pas des noms de baptême de chaque véhicule qui font rêver : cela va de la Gazelle à la Rose du Sahara. La société est diverse. On y voit des dames élégantes et très distinguées, des Arabes silencieux, de gros nègres, pris de vin, la bouche barbouillée de lie et dont la tête bat l'enclume sur la poitrine en sueur. On part ainsi, au trot de chevaux étiques, dans un bruit de ferraille et un grésillement de vitres à donner des spasmes à un damné. Nous passons sous la porte de Constantine et devant les collines de Mustapha, où, dans un décor magnifique, au milieu d'arbres éternellement verts, des entrepreneurs intelligents ont bâti des villas délicieuses comme une ironie mordante aux constructeurs officiels qui ont pollué la ville arabe. Des eucalyptus, des bella-ombra bordent la route; mais la poussière blanche couvre tout d'une teinte uniforme et noie l'horizon dans une brume indécise.

Le saint que nous allons visiter est un saint d'assez fraîche date, puisqu'il mourut dans les dernières années du dix-huitième siècle, mais célèbre par ses vertus et son influence. Si Mahmed-ben-Abd-er-Rhaman naquit vers 1720, d'une famille de tolba, chez les Aït-Smaïl, tribu kabyle du Djurjura. Affilié à l'ordre des Khelouatya, il étudia au Caire, et pendant vingt ans fit de la propagande religieuse aux Indes et au Soudan. Revenu dans sa tribu, il y enseigna les pures doctrines de l'Islam, puis passa à Alger, où sa réputation de savant l'avait précédé. Malheureusement, les saints de cette ville supportèrent mal la concurrence, et, après des humiliations sans nombre, le religieux kabyle dut repartir pour ses montagnes. C'est là qu'il mourut six mois après, désignant pour son successeur son disciple Ali-ben-Aïssa, un saint très soigneux qui avait coutume de nettoyer lui-même l'écurie de sa mule, se servant de son burnous pour en enlever les immondices.

Sa mort faillit être le signal d'une guerre civile. Les Kabyles firent de grandes manifestations en sa faveur; mais les Turcs d'Alger, ne voulant pas laisser à des tribus hostiles le monopole du pèlerinage, résolurent de s'emparer de son corps. Ils amusèrent les disciples ou khouans d'Abd-er-Rhaman par des protestations d'amitié, pendant qu'une troupe armée violait sa sépulture et emportait son cercueil. Les Kabyles, en apprenant l'insulte, coururent au tombeau, remuèrent la terre et s'aperçurent avec étonnement que leur patron y était encore, couché sur le côté, la tête légèrement soulevée et tournée vers l'Orient suivant la coutume arabe. Le Seigneur avait permis que le corps du saint se dédoublât pour empêcher une guerre fratricide. De là son surnom de Bou-Kobrin, qui veut dire « deux tombes ».

Voilà la légende. Je ne chercherai pas où est le corps véritable : dans la koubba d'Alger ou chez les Aït-Smaïl. Mais il est certain qu'Abd-er-Rhaman est vénéré dans toute l'Algérie comme un saint national ; qu'il est le fondateur de l'ordre des Rahmanya qui réunit sous son étendard les Arabes et les Kabyles. « Ta voie, lui dit Mohammed, une des sept fois qu'il « lui apparut, est comme l'arche de Noé ; celui qui y « est entré est sauvé. » Abd-el-Kader s'affilia à cet ordre qui lui donnait autorité sur les deux grandes races de l'Algérie, quand il voulut rétablir l'ancien royaume arabe, et, depuis, en 1857, en 1871, à chaque insurrection kabyle, dans le réseau serré des monts du Djurjura, nous avons trouvé les Rahmanya devant nous, soulevés à la voix de leurs moqaddem ou de leur cheikh.

Tel est le saint au cimetière duquel, sous prétexte de dévotions ou de prières, les Mauresques se rendent en foule chaque vendredi. Elles arrivent de bonne heure, en voiture et accompagnées si elles sont riches, à pied ou en corricolo si elles sont pauvres. Le haïk de laine blanche leur enveloppe complètement les épaules et la tête, et le large pantalon bouffant leur donne l'aspect de kanguroos ramassés sur eux-mêmes. Un vieux Maure, assisté d'un sergent de ville, garde l'entrée et veille à ce qu'aucun homme, musulman ou roumi, ne pénètre. Les femmes se répandent alors dans le cimetière comme des folles échappées, s'accroupissent un instant près des morts vénérés ; puis les voiles se soulèvent, les langues se délient, et pendant quatre heures c'est un concert, un jacassement de perruches en goguettes.

Le cimetière et le hammam sont en effet les seuls lieux publics où les femmes arabes et mauresques puissent se rendre, les seules occasions qui leur soient offertes de sortir de la géhenne conjugale où la coutume de l'Orient les tient enfermées toute leur vie. Aussi profitent-elles largement de ces instants de liberté. La plupart ont apporté des provisions, des pâtisseries au miel et au musc, des fruits, du vin de palmier, et l'on dîne ainsi en plein air, dans la bonne odeur des poivriers fleuris, sans contrainte et sans voiles, puisque les hommes sont bannis. C'est l'heure des commérages indéfinis : elles se disent, les pauvrettes, leurs infortunes conjugales, les cadeaux ou les coups de matraque dont les ont gratifiées leurs seigneurs et maîtres, et bien d'autres choses encore. Elles bavardent ainsi tout le jour, heureuses de sentir la terre sous leurs pieds et le grand espace libre autour d'elles, tandis qu'au fond la koubba, blanche et mignonne, offre la fraîcheur de sa fontaine et le silence de sa cour aux grands pavés de mosaïque contre la chaleur torride de midi.

Je voulus pénétrer à mon tour, mais j'avais compté sans le bâton du gardien qui d'un grand geste me barra le chemin. Je restai donc au dehors et me pris à réfléchir à cette bizarre coutume de l'Orient qui fait des cimetières un lieu de plaisir. Vraiment est-elle si bizarre? La mort n'est-elle pas le passage à une vie meilleure, et ceux qui dorment là, sous la terre remuée, fidèles sectateurs du Prophète, ne goûtent-ils pas les félicités promises, puisque, malgré leurs turpitudes et leurs crimes, il leur a suffi d'être des croyants pour devenir des élus? A quoi bon alors s'attrister à leur souvenir?

Mais voici que l'heure de la fermeture a sonné. Lentement, en se voilant la tête, les femmes descendent l'escalier de pierre, semblables à des flocons de neige qui sauteraient de degré en degré. Il faut rentrer au logis; et, tout le long de la route poudreuse qui mène vers Alger, ce ne sont que corricolos pleins de femmes, emballées ainsi que des paquets et dont les blancs haïks saillent au dehors.

Un peu plus loin, on arrive au jardin d'Essai ou du Hamma, créé en 1832 et qui est un des plus merveilleux parcs qui se puissent voir. Trois longues avenues le traversent, allant de la route d'Aumale à la mer. L'une est plantée de platanes magnifiques; l'autre, de dattiers, montant parfois à vingt mètres de haut, et de dragonniers dont le tronc, court et trapu, se surmonte d'un faisceau de branches tordues, tandis que sous l'écorce court une sève épaisse, gluante et rouge comme du sang. Plus loin est l'allée des magnolias et des ficus, l'arbre à caoutchouc; des branches latérales de ce dernier sortent des racines extérieures qui traînent à terre ainsi que des chevelures.

On y rencontre encore des palmiers chamœrops dont les tiges donnent du chanvre, des lataniers aux feuilles en forme de parasol, et surtout une allée de bambous, noirs et blancs, aux troncs lisses et sonores comme des tuyaux d'orgue, qui se réunissent en voûte, et dont la perspective allongée fait rêver aux mystérieuses forêts du Penjab. Puis, dans les carrés, sont réunies des plantes exotiques : des yuccas hauts de douze mètres, des areodoxa de la Havane gris cendré, des jubea du Chili, des acacias roses, des érythrèmes à fleurs rouges et des jacarondas à fleurs bleues, qui produisent, dit-on, le fameux bois de rose. C'est la gamme des tons éclatants, le *débordement* des exubérances tropicales.

En face du jardin, sous son dôme d'arbres séculaires, et près de sa fontaine arabe au mur verdi et écaillé, est le café des Platanes que Fromentin a chanté et que déshonore aujourd'hui tout un cortège de guinguettes, enguirlandées de lanternes vénitiennes.

Nous gagnons le fort Bab-Azzoun et Alger par le bord de la mer. De là, le boulevard de la République, avec la ligne allongée de ses maisons, offre une magnifique perspective. Au fond, s'étale stupidement une épouvantable maçonnerie surmontée d'un fronton phénoménal : la Bourse du commerce, je crois. A droite, s'étend le port, radieux et animé, que des bateaux traversent en tous sens ; les gros transatlantiques immobiles comme des monolithes de fer ; au bas, la foule des porteurs arabes et Koulour'lis, fils d'anciens corsaires, criant et se démenant en leur langue insociable ; plus loin enfin, la Darse avec ses barques de pêche pavoisées de mille couleurs. Le spectacle est vraiment admirable, la fête incomparable pour les yeux.

Puis, peu à peu la nuit descend, teignant le ciel d'un bleu plus sombre. Des rubans de feu courent le long des rues ; un à un les navires allument leurs feux de bord, rouge et vert, tandis que le phare du Peñon, qui a remplacé la lanterne des anciens pachas, perce la brume d'un jet électrique. Au-dessus de la ville moderne, bruyante et éclairée, dormait la ville arabe en son immobilité de pierre. Aucun cri ne sortait de la ligne sinueuse de ses murailles; aucune lumière n'apparaissait au bord de ses terrasses qui montaient par gradins successifs jusqu'à l'infini azur du ciel. L'Orient se révélait alors, paré de toutes les magies de l'inconnu, et semblait grandir dans la nuit, écrasant l'Europe et le monde civilisé de son impénétrabilité, de ses splendeurs innomées, de tout son passé fait de sombre mystère, de luttes acharnées et de sang répandu.

CHAPITRE II

ALGER A VOL D'OISEAU. — LA KASBAH.

> « Les tours altières, que tes enfants voyaient de loin et dont l'élévation élégante et noble les consolait, s'écroulent sans qu'on les répare ; et tes blancs créneaux, qui brillaient comme le cristal, ont perdu leur lustre et leur éclat charmant. »
>
> (*Romancero du Cid.* 1092.)

Alger, vu d'un point culminant de son enceinte, de l'ancienne mosquée El Kasba-Berani (aujourd'hui l'église Sainte-Croix) ou d'une des maisons avoisinant la Kasbah, offre un panorama merveilleux. Voici d'abord, tout là-bas, de l'autre côté de l'immense baie qui creuse la terre en forme de poche, une rive plate et basse, s'avançant dans la mer comme la patte allongée d'un animal fantastique. C'est le cap Matifou, d'où était tiré le coup de canon qui annonçait aux Algériens l'arrivée d'un nouveau pacha turc, quand l'ancien avait cessé de plaire ou qu'il était égorgé. Des pans de murs, des tronçons de colonnes épars y indiquent encore la place de la ville romaine de Rusgunia. Les Maures et les Turcs ont emporté le reste, et de ces débris est sorti Alger, comme Tunis est sorti de Carthage et les palais romains du Colysée. La légende, chère aux imaginations arabes, s'est exercée au sujet de ces ruines, et a placé dans ses souterrains des richesses immenses, une cuve pleine de pièces d'or, gardée par un démon, et un fleuve d'eau bouillante, qui se met à couler tout à coup et brûle affreusement ceux qui tentent de s'approcher.

Au delà, dans un lointain noyé de vapeurs bleues, se montrent les monts de la Kabylie en une ligne à peine estompée. Puis, le rivage, où la mer roule de petits bâtonnets d'acier, dessine sa courbe infinie, bordant une plaine basse, aqueuse, semée de bouquets d'arbres et de maisons blanches, derrière laquelle s'étend le grand azur immobile pareil à un voile qui fermerait l'horizon. Enfin plus près, mais toujours sur la droite, masquant en partie les deux villages de Mustapha, une bande d'un vert sombre, large, inégale, où les villas font des taches claires, s'allonge comme un épais bourrelet jusqu'au fort l'Empereur à cheval sur la crête, tourne au nord en passant derrière la Kasbah, et va rejoindre les pentes dépouillées et mornes du Bouzaréa qui de là semble se terminer à pic sur la mer.

Dans ce triangle est Alger descendant par des échelons successifs les pentes de sa colline,

Alger, l'Icosium des Latins, bâti, dit-on, par vingt compagnons d'Hercule qui lui laissèrent ce nom grec (εἴκοσι, vingt) pour qu'il se souvînt de ses fondateurs, démoli par les Vandales en 380, rétabli au dixième siècle par un prince zirîde qui l'appela El Djezaïr, d'où nous avons fait Alger, soumis aux Turcs en 1518, ne ressemble plus guère à ce qu'il fut il y a trois siècles et à ce qu'il était encore quand nous l'avons conquis, car les villes d'Orient ont ce singulier privilège de défier le temps sous leur manteau de chaux vive et de se renouveler sans se transformer, immuables comme l'idée religieuse qui les gouverne, impénétrables comme le peuple qui les habite. Démolisseurs et architectes ont passé par là, et chacun de leurs actes a été une profanation.

Il ne reste plus rien de la triple enceinte flanquée de bastions, percée de meurtrières, couronnée de créneaux et de pyramidions, dans laquelle les pachas l'avaient muré au seizième siècle, et qui, pareille à deux chaînes tendues de la Kasbah à la mer, serrait la ville arabe à l'étouffer. La ville moderne l'a fait craquer ainsi que d'une ceinture trop étroite, et le génie militaire a enlevé les débris.

Là pourtant, presque au ras des flots, s'ouvrait la porte Bab-Azzoun, qui, seule pendant longtemps, mit Alger en communication avec la campagne, et que ses souvenirs eussent dû préserver. C'est au pied de cette porte que le 25 octobre 1541, lors du dernier assaut donné par Charles-Quint à la ville, Bélaguer de Savignac, qui conduisait les chevaliers du Temple, forcé à la retraite par la résistance des défenseurs, s'avança hardiment, et, plantant son poignard dans les battants en cœur de chêne, s'écria : « Nous reviendrons le chercher. » — Près de trois cents ans devaient s'écouler avant que la France relevât le défi jeté par un chevalier français aux corsaires de l'Afrique. Là aussi, à des crochets de fer scellés dans la muraille, étaient suspendus les corps des suppliciés jusqu'à ce que les corbeaux ou le soleil en eussent raison. De tout cela il ne reste qu'une trouée dans les nouveaux remparts et les deux portes insignifiantes de Constantine et d'Isly.

On a démoli de même les trois quarts de l'ancien Alger, ces fondouks taillés en bastions, habités toute l'année par les marchands d'huile et les teinturiers, où les Arabes du dehors s'entassaient le soir avec leurs troupeaux et leurs marchandises; — ces longues murailles austères, percées d'étroites ouvertures carrées qui semblaient sortir des flots, et au-dessus desquelles pointait parfois un palmier solitaire, coiffé d'un panache de feuilles vertes; — cet hôtel de la marine, qui faisait une figure si originale à l'entrée du port avec ses arcs surbaissés et son toit de tuiles vernissées; — ces mosquées aux coupoles affaissées, ces minarets pointus surmontés des boules et du croissant de cuivre; — enfin toute cette série de maisons blanches, closes et mornes, cette ligne de toits plats, sinueuse et bizarre, cassée aux angles, striée d'ombres et de clartés, qui courait de Bab-Azzoun à Bab-el-Oued, qui dégringolait de la Kasbah à la mer.

Au lieu de cela, nous avons bâti des maisons à cinq étages, un quai en arcades avec la rue de Rivoli au-dessus. Et pourtant, il eût été si facile d'installer une ville moderne dans la plaine de Mustapha et de laisser la ville indigène dans sa blancheur et sa pureté première! C'est à peine si, tout en haut, sur la pente extrême de la colline, entre les rues de la Kasbah et Porte-Neuve, la vie arabe a pu se retirer dans un quartier paisible et fermé où l'on peut encore la con-

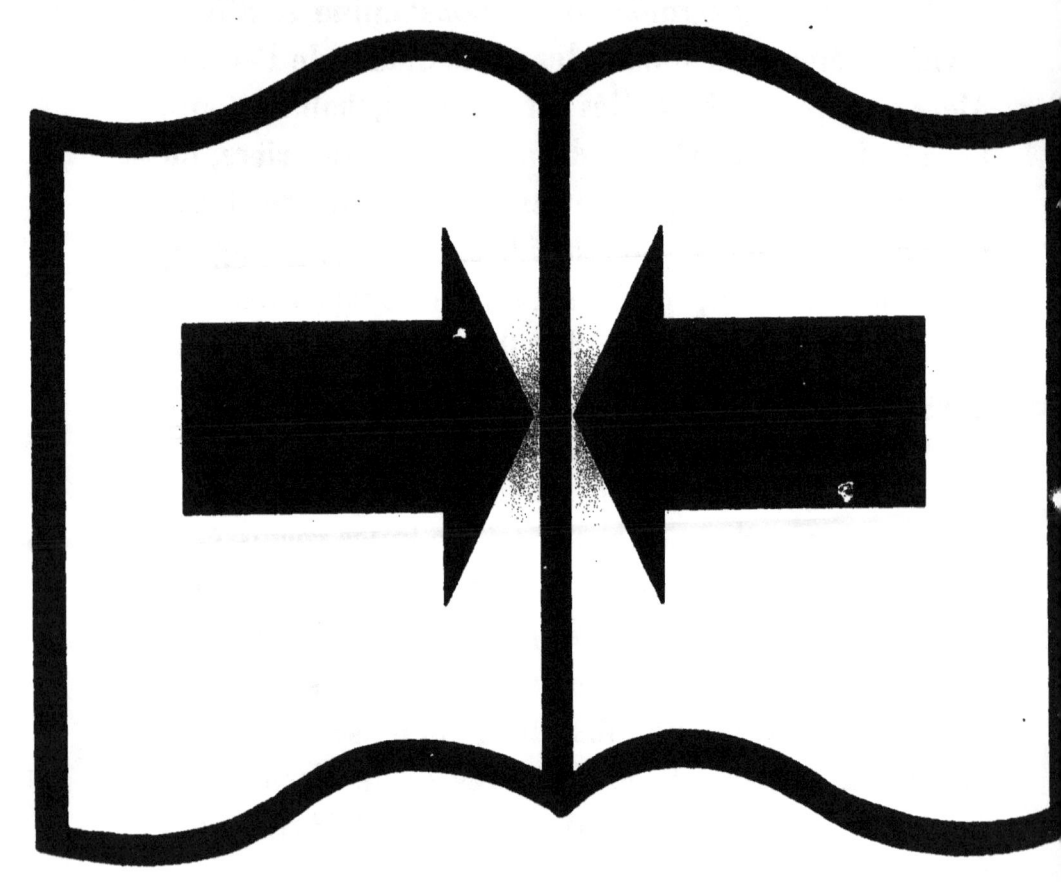

Reliure serrée

templer dans son cadre. Mais il faut se hâter, car le jour ne tardera pas où les démolisseurs patentés, les Haussmanns nègres iront chercher ce dernier vestige d'une époque oubliée, et l'extirperont du sol de l'Afrique, avec l'acharnement que met un paysan, qui a trouvé quelque figurine de Pierre Verrier ou de Léonard Limosin, à frotter et à gratter jusqu'à ce que la dernière trace d'émail ait disparu, pour contempler ensuite, d'un air béat et satisfait, une belle plaque de cuivre luisant comme un chaudron neuf.

Ainsi nous procédons sans cesse. Nous n'avançons à travers les siècles qui nous ont précédés que le marteau et la pioche à la main. Nous démolissons, détruisons, dévastons avec rage et donnons à ces monstruosités le progrès pour excuse. N'est-ce pas au moins étrange ? Les Vandales étaient plus logiques : s'ils promenaient pendant quatorze jours le fer et le feu dans Rome, au moins ils n'édifiaient pas après avoir renversé. Au lieu d'un palais, il y avait une ruine et un monceau de cendres ; c'était la caractéristique de leur passage, leur façon à eux de comprendre le progrès. Tandis que nous, nous ne démolissons que pour bâtir ; pour faire place à nos conceptions nouvelles, nous balayons les anciennes. Il semble vraiment que nous ayons à rougir du passé, comme un fils d'un père mort sur l'échafaud, à moins que notre conduite n'ait pour excuse la crainte de paraître trop mesquins à côté.

Autrefois, une architecture résumait une époque. Elle était le registre universel où chaque peuple, en passant, consignait ses idées et mettait sa signature.

Un monument était l'expression de la pensée dominante d'un siècle et d'une race qui laissaient alors leurs traces en caractères indestructibles à travers l'histoire. C'est ainsi que les divinités monstrueuses de l'Inde avaient leurs pagodes encore plus monstrueuses qu'elles ; que le Parthénon était aussi pur que le rythme cadencé de la poésie grecque ; que plus tard la féodalité eut ses forteresses, et la foi religieuse son art roman et gothique. Quand, par hasard, une idée se généralisait, l'édifice, s'il restait le même dans son principe, variait au moins dans son expression finale, suivant qu'il avait poussé au septentrion ou au midi, dans la plaine ou sur la montagne. Notre-Dame de Paris ne ressemble pas à la cathédrale de Cologne ; la Renaissance n'est plus la même au Louvre, à Nuremberg et à Florence ; Saint-Marc est le résumé de cinq ou six civilisations différentes. Chaque pays avait ainsi son originalité propre, comme chaque famille son blason : la nôtre incontestablement est de n'en avoir aucune.

Au lieu des cités d'autrefois, si merveilleuses dans leur diversité, si bien caractérisées dans les différentes phases de leur développement et de leur histoire, nous bâtissons aujourd'hui des villes qui se ressemblent toutes et ne ressemblent à rien. Allez à Paris, à Londres, à Vienne, à Saint-Pétersbourg, à New-York ou à Calcutta, vous rencontrerez toujours la même ordonnance dans l'architecture, les mêmes maisons, le même aspect, la même conception des nécessités de la vie. Bientôt, sans doute, on parlera la même langue, on échangera la même monnaie, comme s'il fallait désormais que la même bouffée d'air entrât à la fois dans toutes les poitrines, la même idée dans tous les cerveaux, le même afflux sanguin dans tous les cœurs. Ce que nous faisons est impersonnel, comme ce que nous pensons. Après l'internationalisme des idées que nous devons à la vapeur et à l'électricité, nous aurons l'internationalisme des habitations, des costumes et des habitudes.

Le résultat est horrible et le deviendra plus encore : figurez-vous l'oreille percevant indéfiniment le même son. Dès qu'un individu a trouvé quelque chose de parfait, il prétend l'imposer aux autres ; cela fait ainsi le tour du monde, et nul ne peut plus s'en écarter. Au fond, cette théorie de l'unification intellectuelle, du nivellement cosmopolite, se dresse au bout de toutes les routes du progrès, à tous les carrefours de la civilisation ; aussi sous ce joug égalitaire l'esprit humain s'étiole et meurt. Pour peu que cela continue, l'univers ne tardera pas à ressembler à une vaste pharmacie où l'on rencontre, il est vrai, des substances fort diverses, mais toutes enfermées dans des bocaux de même forme, ce qui fait qu'on les croit similaires. Ainsi en sera-t-il de nous-mêmes et de nos conceptions. Vous verrez qu'il ne sera bientôt plus permis à un nègre d'être nègre et, par réciprocité, à un blanc d'être blanc. On ne voudra plus qu'une même nuance. Je propose le café au lait, pour que tout le monde soit content.

Je ne sais si les ingénieurs, les banquiers, les commis voyageurs et les journalistes, tous ces promoteurs du progrès à outrance, se réjouiront de cet état de choses ; mais je sais bien que les artistes en gémiront et, avec eux, tous ceux qui ont autre chose qu'un rouage articulé en guise de cœur, qu'une boîte à calcul en guise de cerveau. Il est possible toutefois que l'excès amène une réaction, et que la bête humaine trop parquée, trop comprimée, trop épinglée, se regimbe enfin et s'en retourne à sa barbarie première, comme le chien de salon qui, gorgé de douceurs et repu de bonne chair, quitte son coussin de velours pour s'en aller dans la rue ramasser sur un tas d'ordures quelque crevaison oubliée, et s'en gave avec délices, parce qu'au moins il est libre et qu'il peut se repaitre où il veut et comme il veut.

Alger offre donc cet aspect lourd et solennel que présente toute ville moderne qui prétend devenir capitale : de gros pâtés de maçonnerie à peu près égaux qui sont des maisons, séparés par des vides réguliers qui sont des rues ; le tout disposé bien en ordre et montrant aux yeux le dessin vraiment beau à voir d'un gâteau coupé par tranches. Voilà ce qu'on a fait, et rien ne retiendrait les regards s'il ne subsistait de-ci de-là quelques édifices anciens, épaves oubliées d'un autre âge, au milieu du flot montant des insignifiances modernes.

Voici d'abord, sur la ligne allongée des îlots, le Peñon, la sombre citadelle espagnole, semblable à un cylindre écrasé. Le comte de Novare l'édifia en 1510. Vingt ans plus tard, Kheir-ed-Din, le second Barberousse, s'en empara et la réunit à la terre par la jetée qui porte son nom. De là part la rue de la Marine qui conduit à la place du Gouvernement. Deux minarets se dressent à son extrémité. Le premier, lourd et trapu, est celui de la grande mosquée, Djama-Kébir, qu'un roi de Tlemcen éleva en 1324 « à la gloire du Dieu vivant et miséricordieux ». — « Quel est le minaret dont la beauté est comparable à la mienne? » chante pourtant l'inscription koufique de l'escalier. « Ne fais-je pas concurrence à la lune? » L'autre est celui de la mosquée de la Pêcherie, et serait fort élégant avec son épais bandeau de faïences rouges et jaunes, n'était l'horloge que l'on a grotesquement encastrée dans les panneaux supérieurs. La mosquée, en forme de croix, s'étend derrière et fait une tache blanche, festonnée de merlons, que la coupole centrale soulève comme une ampoule.

Plus près de nous, sur la lisière de la ville arabe, entre l'Archevêché et le palais du gouverneur, voici les deux tours de la cathédrale, rondes ou octogones, je ne sais plus, quelque chose de grossier, d'informe, qui n'est d'aucun style et d'aucun pays : un appareil de forteresse, des ouvertures romanes, un couronnement de minaret et, sur le tout, une calotte de pope russe. L'ensemble rappelle des tourelles de château fort empruntées à un décor d'opéra-comique.

Combien plus gracieux, plus oriental, est le minaret de Sidi Abd-er-Rhaman qui domine le jardin Marengo de ses trois étages d'arcades superposées! Une rampe fort roide, qui a remplacé les interminables escaliers d'antan, longe les remparts sur la gauche et conduit à la Kasbah, l'ancienne forteresse des Deys, dont la muraille massive et sombre ferme comme une barre l'horizon de ce côté.

De là, quand le regard se reporte sur le vieil Alger

étendu à vos pieds, l'impression change tout à coup : on dirait un monde inconnu qui se révèle. D'abord, c'est un éblouissement : on ne voit qu'une large tache blanche, plissée de mille façons, inégale, informe... inclinée vers la mer. Puis, l'œil peu à peu perçoit des détails : des terrasses s'étageant les unes au-dessus des autres, de petits murs bas, allant en tous sens, séparant les plates-formes, des cheminées surmontées de petits pilastres en maçonnerie ou de vases de terre vernie, des pavillons en forme d'éteignoirs, fichés aux angles des terrasses, sortes de tourelles en miniature ; puis, au milieu de tout cela, des trous noirs, carrés ou rectangulaires, qui se creusent dans la maçonnerie comme des puits, et correspondent aux cours intérieures d'où les habitants tirent le jour et la lumière ; le tout très blanc, parfois nuancé d'un peu de rose, avec des lignes sinueuses de carreaux bleus et de tuiles embouties qui ourlent le bord des murailles.

Tout cela est inégal, se heurte dans le plan et dans la ligne, faisant des saillies magnifiques, offrant des ombres intenses et des taches de clarté aveuglantes : une vraie débauche de pierres. Figurez-vous une matière ignée, se répandant en cascade sur une pente rapide, soulevée de bouillonnements intérieurs, puis tout à coup solidifiée en une immobilité de marbre et demeurant ainsi depuis des siècles. Tel est l'aspect du vieil Alger, vu des hauteurs de la Kasbah.

C'est que les maisons se sont bâties à l'aventure, au hasard des pentes et des fantaisies du propriétaire, se haussant les unes au-dessus des autres pour mieux voir sur la mer et avoir chacune leur part de lumière et de soleil. Elles ont enjambé les ruelles qui les séparaient par des encorbellements successifs ; elles se sont fermées aux bruits du dehors ainsi que des coffres à secret, cachant derrière leurs murailles closes les arabesques stuquées de leurs arcades et les mystères du gynécée arabe. Les toits, orientés dans mille directions, se sont soudés les uns aux autres, drus, adhérents, et ont fait un bloc à l'œil, compact et homogène. Seuls, quelques minarets octogones, coiffés d'un capuchon de pierres, quelques koubbas à calotte côtelée se dressent çà et là comme des mâts de navire ou des bouées immobiles dans cette mer de blancheurs figées.

Ces demeures sont des tombes, et ceux qui les habitent y demeureraient à jamais ensevelis s'il n'y avait les terrasses. La terrasse en Orient est une dépendance indispensable de la maison, un complément à son existence intérieure, le lien en quelque sorte qui la rattache au monde visible et agissant. Elle verse par son échancrure centrale la lumière et la chaleur aux appartements privés; elle recueille entre ses bords relevés en cuve les eaux de pluie pour les citernes; elle sert enfin aux usages domestiques : on y fait sécher le linge, on y suspend à l'automne, pour consommer l'hiver, d'interminables chapelets de piments qui en sanglantent le mur de guirlandes rouges; on y fait encore la cuisine à la tombée de la nuit.

Elle est aussi un lieu de promenade où les femmes, enfermées dans la geôle conjugale, peuvent prendre l'air à l'abri des regards indiscrets; et c'est une chose curieuse à voir, dans la chaude atmosphère des soirs, que toutes ces Mauresques allant et venant sur les terrasses, en caleçon de toile demi-collant, les pieds nus vaguant dans des sandales trop larges à talons de bois, la chemise entr'ouverte sous la foutâh relâchée, montrant une peau dorée encadrée d'une épaisse natte de cheveux bruns, ou bien encore, dans le silence aimé des nuits, rêvant aux étoiles et suivant Tânit en sa course rapide, Tânit, la nourricière du monde, la déesse des amours infinies et des germes féconds.

L'Orient sort alors pour un temps de son immobilité de pierre, et mêle sa voix à l'hosannah universel des choses animées.

Mais ce qu'on ne peut rendre, c'est l'éclat incomparable du ciel qui luit sur vos têtes comme une gloire infinie, le soleil, pareil à un météore suspendu dans l'espace qu'il transforme en brasier ardent, la mer au loin aussi bleue que le ciel, si bien que l'on ne sait où l'un finit, où l'autre commence ; enfin, d'un bout à l'autre de l'horizon, du zénith à la terre, épandue dans l'immensité de l'air, cette lumière étonnante de l'Orient, aveuglante, insondable, qui couvre tout, qui noie tout dans des flots d'or et de clarté. C'est un spectacle enchanteur : une rêverie lumineuse éclose en un moment d'extase.

La Kasbah se dresse derrière, couronnant l'espèce de pyramide que forme la ville d'Alger. Elle était à la fois citadelle et palais sous la domination turque; mais, depuis, nous l'avons éventrée, mutilée, effaçant comme à plaisir jusqu'au souvenir des événements qui s'y passèrent. Sa construction, entreprise par Aroudj, le premier Barberousse, remonte à 1516, et dès lors son histoire fut intimement liée à celle d'Alger. Aussi vit-elle tant d'horreurs et tant de crimes, depuis le massacre des Koulour'lis en 1629, jusqu'aux exploits du chaouch Toubeurt qui décapita cent trente-deux Arabes en un jour, sans parler des égorgements continuels de pachas, que l'on peut se demander si le rouge qui colorait ses embrasures et ses portes n'était pas avivé chaque mois avec le sang des victimes.

Extérieurement, c'est une assez vilaine muraille sombre, percée d'embrasures surmontées d'un toit arrondi. Dans un angle, une porte romane entre des montants de pierres de couleur s'ouvre sur un passage voûté en anse de panier. Là, se trouve l'entrée de la forteresse, très curieuse avec sa loggia de carreaux verts. De l'intérieur il n'y a rien à dire, puisque tout a été bouleversé ou démoli. On vous conduit pourtant encore dans une cour carrée qu'entoure un double rang d'arcades, et l'on vous montre, à hauteur du deuxième étage, un petit pavillon fait de rectangles de bois rouges et verts, coiffé d'un toit de tuiles vernissées. Dans cette chambre M. Deval reçut le coup d'éventail qui décida du sort de la Régence.

Il y a encore une jolie mosquée octogone, ornée de carreaux noirs et bleus avec une porte Renaissance (l'intérieur est transformé en infirmerie), et plus loin, une délicieuse fontaine de marbre blanc, décorée de colonnes torses et de chapiteaux corinthiens. Près de ce bassin avaient lieu les supplices. C'est là, suivant la légende, qu'Ali-Siaf, le bourreau renommé, décapitait si adroitement avec son sabre de Damas, que les têtes ne tombaient pas, que les décapités eux-mêmes ne s'apercevaient de rien et continuaient à parler, si bien qu'il devait leur mettre sa tabatière sous le nez pour les faire éternuer et que leur tête, dérangée de son équilibre, roulât enfin à terre.

Telle est la Kasbah aujourd'hui. La désillusion qu'on éprouve est complète, et l'on reviendrait le cœur navré de tant d'indifférence et de vandalisme, si, en sortant, la nature, avec ses féeries, ne vous reprenait et ne vous reportait vers des pensées plus sereines. Elle, au moins, ne cesse pas d'être belle. Elle porte sa force en elle-même, ce qui lui permet de se renouveler sans cesse, et, par sa grandeur et son éternité, échappe encore aux insultes de l'homme.

CHAPITRE III

LE VIEIL ALGER. — LES MAURES. — LES RUES ET L'ARCHITECTURE MAURESQUE. — LES HABITANTS. — UNE FÊTE NÈGRE.

> « Je t'ai confié ce que j'avais dans le monde de plus cher : tu tiens en tes mains les clefs de ces portes fatales qui ne s'ouvrent que pour moi. Tu fais la garde dans le silence de la nuit comme dans le tumulte du jour. »
>
> (MONTESQUIEU, *Lettres persanes.*)

Après Alger moderne, je veux parler du vieil Alger, le vrai, le seul, celui dont il reste bien peu de chose, et qu'on finira par démolir tout à fait, au grand plaisir des Parisiennes fraîchement débarquées, qui trouvent que c'est noir, sale, que cela sent mauvais, et qui prétendent qu'on y meurt de peur... Enfin passons.

Alger est au Maure, comme les hauts plateaux sont à l'Arabe et les montagnes au Kabyle. On n'est pas d'accord sur l'origine des Maures. Il est certain qu'autrefois un peuple de ce nom habitait la Mauritanie, vaste contrée qui s'étendait de Tanger à Constantine. Procope le rattache aux Phéniciens de Carthage; mais Salluste le fait venir du mélange des Mèdes, race japhétique introduite plus de quinze siècles avant

Jésus-Christ, avec les Libyens, un des peuples aborigènes de l'Afrique. Il ne serait qu'un rameau de la grande famille numide ou berbère qui est en réalité la vraie race *autochtone* de l'Algérie. Pour ma part, je croirais que ces anciens Maures ont fini par se fondre complètement avec elle, au point de ne plus pouvoir en être distingués aujourd'hui.

Quant aux Maures que l'on trouve à présent dans les villes, ils viennent tout uniment d'Espagne. Ce sont les descendants de ceux que Ferdinand le Catholique a chassés de Grenade, et qui se sont réfugiés sur le littoral. Le royaume d'Alger s'élevait alors sur les ruines des empires almohade et hafside. Ils lui ont imprimé un nouvel élan, l'ont enrichi par leur commerce, en ont fait une puissance formidable après que Barberousse eut, par un trait de génie, rattaché la Régence à l'empire turc ; et cette race de gens qui avait créé l'art sarrasin et les merveilles de l'Alhambra a fini dans la piraterie la plus effroyable.

Pendant trois siècles, Alger et la Régence furent le rendez-vous des forbans et des aventuriers sans aveu ; l'égout profond où, chaque matin, la mer déposait avec l'écume de ses flots le rebut de toutes les civilisations. Pirates, ils brigandaient la Méditerranée, poussant parfois des pointes sur l'Océan et se moquant des puissances civilisées. Les livres de France, les doublons de Castille, les ducats d'Allemagne s'entassaient dans les coffres de cette ville qui ne vivait que de rapines ; vingt-cinq mille esclaves de toutes nationalités emplissaient les maisons ou encombraient le Badistan. Beaucoup se faisaient musulmans pour devenir libres et se mariaient dans le pays. Ces renégats apportaient ainsi au vieux sang maure l'appoint d'un sang nouveau, et cet amalgame continuel a largement contribué à donner à la race d'aujourd'hui sa physionomie si curieuse et si cosmopolite.

Ce qui est certain, c'est que les Maures d'Alger ne sont ni Arabes ni Kabyles. Ils n'ont ni le même type ni les mêmes mœurs. Le costume aussi diffère ; rarement ils portent le burnous, cet ample vêtement du steppe, qu'ils remplacent par des vestes aux couleurs riantes. La religion seule les marque du même sceau. Quand on voit passer ces grands enfants efféminés, au nez aquilin, aux yeux largement fendus en amande, aux chairs molles et rosées, l'esprit évoque l'idée de je ne sais quel composé hybride, produit de l'accouplement de tous les peuples de la terre, où toutes les nationalités, toutes les races, tous les sangs se trouveraient confondus comme les sexes chez un androgyne.

Pour gagner la ville mauresque, on peut traverser la place de Chartres, où se tient, chaque matin, le marché indigène. Au milieu, sous des abris de toile, les marchands de légumes et de fruits entassent leurs produits en un amoncellement merveilleux. Sur les côtés, s'ouvrent des arcades abritant des boutiques d'épiciers et de bouchers. Des rôtisseries en plein vent occupent les angles, et, quand on passe, l'odeur des viandes chaudes se mêle à l'arome des fruits mûrs. Incessant est le va-et-vient de tout le peuple ; effroyable, le vacarme que font les cris, les imprécations qui s'échangent en toutes langues. Les Biskris hébétés, les nègres lippus circulent, mêlés aux Européens ; les Arabes balayent avec insouciance, de leurs grands burnous sales, les friandises étalées au grand air, et les petits porteurs indigènes, montrant leur peau cuivrée sous la chemise entr'ouverte, se poursuivent sans relâche au milieu de la cohue, donnant avec leurs têtes rondes, coiffées de la chéchia, l'illusion d'un jeu de boules rouges lancées dans toutes les directions.

En haut, se détache avec des reliefs extraordinaires sur le ciel bleu une série de maisons blanches et de terrasses où sèche du linge. C'est là que nous allons.

Ici, toute description semble impossible, tellement l'aspect change à chaque pas. Aucune conception architecturale, aucune ordonnance, mais la fantaisie la plus discordante se donnant carrière sur une pente abrupte. Figurez-vous un amoncellement de blocs de pierres de toutes les formes, de toutes les tailles, liés, soudés les uns aux autres, au travers desquels des rues se sont frayé un passage, comme des termites dans une pièce de bois ; des faisceaux de ruelles et d'impasses mêlées en un tricot inextricable, claires ou obscures, aérées ou puantes ; des escaliers qui sont des échelles, des descentes qui sont des précipices, des carrefours qui sont des coupe-gorge ; un sol qui s'effondre tout à coup sous vos pas, des murs qui semblent crouler sur vos têtes ; des toits zigzaguant à l'infini et traçant sur l'azur du ciel des lignes sinueuses comme des éclairs crochus ; des accouplements de maisons monstrueux ; des enlacements de poutrelles plus monstrueux encore : bref, un désordre très pittoresque et la plus fantastique sarabande, le plus effronté dévergondage auquel des pierres, des poutres, des tuiles et des pavés puissent se livrer.

Cependant, de cet ensemble intraduisible se dégagent bientôt une idée, un principe, une couleur. — L'*idée*, c'est la maison close, concentrant toute la vie au dedans, réservant pour elle-même ses merveilles et ses délices, et n'offrant au dehors qu'une façade impénétrable et triste comme la paroi d'un sépulcre : véritable *home* antique, sanctuaire où nul ne pénètre, merveilleusement adapté au climat et au caractère de l'Arabe, jaloux de ses femmes et ami du mystère. — Le *principe*, c'est le grand mur nu, percé seulement de quelques ouvertures, rares, étroites et grillées, et d'une porte basse à plein cintre ; l'absence de décoration, sauf quelquefois un léger bandeau de pierres taillées à facettes ourlant le bord supérieur de la muraille ; le toit en terrasse ; les étages avançant sur la rue, soutenus par des porte à faux se soudant parfois jusqu'à former des passages complètement obscurs. — La *couleur*, enfin, c'est le blanc, un blanc de chaux éclatant, qui revêt la maison de la base au sommet, cachant les moindres interstices des pierres.

Tout l'art architectural arabe se résume en ces trois choses ; mais quelle diversité infinie dans l'application ! Les rues Porte-Neuve et de la Kasbah, qui s'élèvent à droite et à gauche, sont comme les boulevards extérieurs de cette cité préhistorique : elles sont larges relativement, puisqu'elles mesurent jusqu'à cinq mètres. Entre elles s'étend l'Orient encore immaculé, et, quand on s'engage dans ce quartier bizarre, on voit tout à coup, devant soi et dans toutes les directions, s'ouvrir des ruelles désertes, qui s'enfoncent avec lenteur à travers ces masses de blancheurs étranges, et semblent conduire vers le pays du mystère et de l'éternel silence.

Voici, par exemple, la rue des Abderrames, si étroite que trois hommes parfois n'y sauraient marcher de front; quand on a franchi le passage voûté qui la précède, un brusque ressaut vous arrête : deux maisons posées en travers, à quelques pieds l'une de l'autre, semblent prêtes à s'aborder par leurs angles, comme deux navires par leur proue. La rue se faufile ensuite pareille à un torrent qui glisserait entre des rocs, et se continue jusqu'à une grande muraille blanche, délicatement ourlée d'une bordure de tuiles vernies, dont les saillies magnifiques rappellent des donjons de château fort. Plus loin, des étages se touchent presque, et derrière, dans l'entrelacement des porte à faux, on entrevoit une voûte à arcs surbaissés semblable à un souterrain clair. Ailleurs, l'aspect change. La pente est si rapide qu'il a fallu établir de grandes marches faites de pavés oblongs; la maçonnerie forme une cuvette en son centre, où le ruisseau dégringole en cabrioles fantastiques. A droite, à gauche, les murailles ont fléchi sous une poussée intérieure, et se touchent presque par leur milieu : on dirait une paroi de granit blanc minée à sa base par la lame d'un torrent.

Quelquefois, une gerbe de cris s'échappe d'une école, ou des Arabes en burnous se disputent devant la boutique d'un barbier; mais, le plus souvent, le quartier est paisible et les pas résonnent silencieux dans le mystère des porches ombreux. On se croirait dans une ville morte depuis plus de cent ans, ensevelie sous un blanc suaire de chaux vive. On marche ainsi de surprises en surprises à travers ce long labyrinthe d'impasses et de rues qui ne semblent jamais finir. C'est un art aux combinaisons incessamment renouvelées et qui retient par l'infinie variété de ses aspects.

Mais ce qui est invraisemblable, ce sont les porte à faux. Ils sont en bois de thuya ou de cèdre, ronds et plus ou moins droits. Ils s'arc-boutent dans la muraille et s'avancent obliquement sur la rue, supportant à 1^m,50 du sol un plafond fait de poutrelles habituellement peintes en bleu. L'étage s'assied là-dessus, en saillie de 1 mètre à 1^m,50 sur l'aplomb du mur. Souvent une autre série de porte à faux part de cet étage pour en soutenir un second, alors à quelques mètres plus haut. Il y a ainsi des forêts de porte à faux qui alternent à droite et à gauche de chaque côté de la rue, et s'élèvent les uns au-dessus des autres jusqu'à réunir les maisons par leur faîte, comme des pyramides renversées qui se toucheraient par leur base. D'en bas cela fait un treillis à travers lequel le ciel passe.

Au-dessous, sous l'espèce d'auvent que forme l'étage en surplomb, entre des piliers de marbre chargés d'ornements byzantins, s'encastrent d'épaisses portes en chêne massif, munies de puissantes armatures de fer et ornées de gros clous. Une sorte de meurtrière carrée, garnie de barreaux, formant berceau au dehors, s'ouvre au-dessus et permet de regarder qui frappe à la porte. La maison n'a pas d'autres ouvertures, mais souvent, on rencontre des détails délicieux : un bandeau délicatement fouillé, des lettres dessinées en clous de cuivre, des loquets ouvragés, et parfois une petite tourelle carrée à encorbellement de pierre, comme dans nos constructions du seizième siècle.

C'est dans ces vieux quartiers d'Alger que j'ai le mieux pénétré et compris l'Orient. Il faut avoir vu ces étages avançant jusqu'à se toucher, si bien que les maisons se continuent ainsi qu'un pont à arcades, ces rues étroites, ouvertes sur la droite ou la gauche, puis fermées brusquement par un mur. On les croit finies ; non, elles ont fait un coude et se continuent au delà plus fraîches et plus pittoresques. Ailleurs, ce sont des passages voûtés, qui font une série dégringolante d'arcades aux tons d'ombres différents, des escaliers en forme de vis très escarpés, des ruelles impossibles aux murailles hérissées d'irradiations éclatantes ou ensevelies dans des suaires d'ombres lugubres, quelquefois de vrais tubes, comme la rue du Diable, plongeant dans un abîme de noirceur par des marches qui sont autant de casse-cou ; seulement à droite, tout au fond, la paroi est éventrée, et l'azur apparaît comme lorsqu'on le regarde à travers une lunette.

Rue Tombouctou, les saillies se rejoignent presque, et, dans leur entre-bâillement, de longues raies lumineuses glissent jusqu'au sol qu'elles découpent en damier. Rue des Janissaires, on ne voit qu'une succession de toits et de terrasses avec le ciel et la mer fondus au-dessus, tandis que les porte à faux, grandis par la perspective, semblent de gigantesques potences gesticulant sur vos têtes. Rue du Dragon, le ciel découpé par bandes se tord pareil à un serpent bleu entre les échancrures des maisons. Enfin, partout les jeux de lumière les plus inattendus illuminent ce chaos, avivés encore par des entourages d'ombres qui forment repoussoir. Quand le soleil, filtrant à travers les poutrelles, éclaire ces murailles en ruine qu'il zèbre de fulgurations diverses, on croirait voir quelque friperie orientale, pallium en guenilles ou znaïmph dépenaillé, qu'une de ces divinités secondaires de l'Afrique, issues du commerce d'anges et d'êtres humains, Djnoun ou Ghoula, Delhath mangeur de cadavres ou Chaitân détrousseur de caravanes, aurait laissée tomber de ses épaules sur les pentes du Sahel, une nuit qu'elle se rendait au grand banquet que le diable Iblis, chef des damnés, donne tous les ans pour fêter le jour où Dieu l'a maudit.

Tel est l'aspect architectural du vieil Alger, si l'on peut, à proprement parler, appeler architecture ce qui n'a d'autre règle que la fantaisie du propriétaire et d'autre frein que les impossibilités naturelles. Il est charmant d'y flâner, n'ayant pour guide que son caprice, car, suivant le mot de Montaigne, « c'est une « épineuse entreprise de suivre une allure aussi vaga- « bonde que celle de notre esprit ».

A côté de ces rues tranquilles et silencieuses comme des allées de nécropole, sont des rues commerçantes plus animées. Sous les auvents de bois s'ouvrent des boutiques minuscules, véritables placards de quelques pieds carrés où les industries usuelles ont élu domicile. On y trouve des cordonniers, des brodeurs, des épiciers, des marchands d'étoffes et de poteries. Ailleurs, des fruitiers disparaissent derrière des pyramides de tomates ou des chapelets de piments; des boucheries, vraies écorcheries arabes, étalent à leurs crocs des paquets de viande sanguinolente, et plus loin, dans quelques recoins paisibles, gravement assis sur ses talons, un vieux Maure à la longue barbe blanche écrit sur ses genoux au milieu d'un amoncellement de parchemins jaunis : c'est un notaire ou écrivain public.

Sur les marches des escaliers, les indigènes de la campagne ont étagé leurs paniers de légumes et de fruits, et vous vendent au passage pour quelques centimes des cornets pleins d'arbouses empourprées ou des bouquets de fleurs de poivrier dont l'odeur âcre monte au cerveau comme un parfum capiteux. Dans ces rues étroites et souvent abruptes, nulle voiture, bien entendu, ne pénètre. Seuls, quelques troupeaux d'ânes circulent sous la conduite d'un Mzabi, et, dans le double couffin de paille tressée qu'ils portent sur leur dos, enlèvent les ordures que les ménagères déposent à leur porte dans des boîtes, quand elles ne les jettent pas au milieu de la rue, ce qui est beaucoup plus expéditif.

Ce quartier, désigné sous le nom de quartier de la Kasbah, quoique le plus petit d'Alger, renferme à lui seul les deux cinquièmes de sa population. On y rencontre les types les plus curieux et les plus variés : Biskris, vêtus d'une courte chemise de laine, passant la cruche de grès sur l'épaule et rappelant quelque statue de bronze antique; enfants au crâne pelé, d'un modelé superbe et d'une carnation délicieuse; nègres soudanais; Arabes en burnous. Les Maures toutefois sont les plus nombreux.

Je l'ai déjà dit : ils forment une race hybride, jolie plutôt que belle, où sont mélangés tous les sangs et toutes les nationalités. Par rapport à l'Arabe, ils manquent de caractère et de type. C'est un art en dégénérescence : les figures du Guide à côté des géants de Michel-Ange. Mais ils sont bien faits, élancés, et le riche costume algérien ajoute encore à leur élégance et à leur distinction natives. Ils portent la culotte de laine blanche, très ample, serrée aux genoux par des coulisses et faisant mille plis autour de la taille, deux ou trois gilets garnis de broderies d'or ou de larges bandes de soie, une veste de couleur claire, entr'ouverte sur la ceinture de laine rouge ou bleue, et des pantoufles de maroquin. Ils sont coiffés de la chéchia et rarement du turban.

Quant aux femmes que l'on rencontre parfois :

> Vierges aux seins d'ébène,
> Belles comme des beaux soirs,

suivant l'invocation du poète, il est impossible de savoir ce qu'elles sont sous les hardes qui les enveloppent. On les a appelées des paquets de linge ambulants, et je dois dire que l'expression est juste. Sont-elles laides ou jolies, brunes ou blondes ?... Les maris et le diable seuls le savent. Pour moi, d'après des récits, je les croirais petites, brunes de peau et agréables de visage, et, quant au moral, rusées, égoïstes et bornées, ce qui est un peu le fond de la nature féminine, tant que l'instruction et les nécessités de la vie ne l'ont pas corrigée : or, ici, la femme végète dans l'ignorance la plus absolue et ne prend aucune part au monde extérieur.

Pour ce qui est de leurs habits, seuls des mannequins et quelques châsses italiennes en supportent un assortiment semblable. Sans parler des vêtements intimes déjà fort nombreux, il y a le large pantalon ou seroual dans lequel se rentre la chemise, le corsage en soie ou frimlah, la tunique courte dite rh'lilah retenue sous les seins par une foutâh de laine blanche. Un mouchoir leur cache le bas du visage ; un foulard leur enveloppe la tête, et sur le tout, elles jettent encore un grand haïk de coton ou de gaze de laine. L'ensemble est informe, et, quand dans le haut de la vieille ville ces masses passent avec des dodelinements de hanche, on dirait d'énormes canes blanches montant à une échelle. N'oublions pas enfin les bracelets qui leur sonnent aux bras et aux jambes, comme des sonnettes au cou d'une mule.

Ces femmes voilées avec soin, traversant hâtivement une rue, voilà tout ce que l'on peut vraiment connaître de la vie intime de l'Oriental. Quelquefois pourtant, dans mes promenades solitaires, j'entendais une de ces portes à clous de cuivre s'ouvrir à demi. J'entrevoyais alors un vestibule oblong, lambrissé de carreaux bleus, le long duquel se dessinaient de vagues silhouettes de colonnes de marbre. Au fond, dans une tache de clarté, une cour mauresque apparaissait, pavée de marbre avec un jet d'eau sur une vasque d'albâtre. Un homme, une femme se glissaient en silence, pareils à des voleurs, et la porte retombait sans bruit comme mue par un ressort. Le rideau s'était refermé sur ce coin de l'Orient un instant entrevu.

S'il est vrai que chaque animal se fait une tanière appropriée à ses besoins, on peut dire que les villes d'Orient sont faites à l'exacte ressemblance de ceux qui les habitent. Aussi rien ne me paraît plus instructif qu'une promenade à travers le vieil Alger. Ce n'est pas seulement une architecture que l'on étudie, c'est une civilisation inconnue que l'on découvre. Elle est différente de la nôtre. De là, les critiques que nous lui prodiguons. Et pourtant n'a-t-elle pas son droit à l'existence tout aussi bien qu'une autre?

Que reprochons-nous en réalité aux Arabes? Leur saleté : mais ils sont plus propres que nous, eux qui se lavent six fois par jour et qui ne veulent pas que nous entrions dans leurs mosquées avec nos chaussures, de crainte que nous ne salissions les dalles où ils appuient leur front. Leur fatalisme : mais ce fatalisme n'est-il pas, quand on y regarde de près, le plus éclatant hommage rendu à la puissance de Dieu? Leur immutabilité religieuse et sociale : mais cette immutabilité même ne fait-elle pas leur force, puisqu'elle leur permet depuis dix siècles de tenir en échec toutes les forces de la chrétienté, toutes les conquêtes du progrès? Dès lors, pourquoi vouloir à tout prix changer leurs mœurs, leurs lois et les conceptions spéciales qu'ils se font de l'existence? Nos innovations sont-elles donc si merveilleuses et si fécondes?

Allez, pénétrez dans ces intérieurs clos; délivrez ces femmes qui ne sont pas faites pour vivre au grand air de la liberté. Arrachez, avec le positivisme moderne, la foi du cœur de ces croyants. Faites-en une race policée et sans caractère, qui aura perdu ses vertus, mais, en revanche, aura pris tous vos vices. Renversez ces antiques maisons. Élevez à la place des tours de Babel à cinq étages ; construisez des magasins électriques ; percez de larges boulevards, où les belles dégoûtées, filles de la civilisation, pourront se promener sans crainte de salir le bas de leur robe. Seulement, la vieille terre d'Afrique pourra bien un jour se réveiller sous cet agrappement de fourmis et, d'un plissement de son écorce, disloquer vos palais de carton, habités par des polichinelles, et renvoyer le tout dans la grande mer silencieuse qui s'étale devant elle, aussi brillante qu'un miroir.

Bien rares sont pour nous les occasions d'étudier les coutumes indigènes. Pendant mon séjour à Alger, j'eus cependant cette bonne fortune.

C'était à l'époque de Rabii-el-Eouel, l'anniversaire de la naissance de Mahomet, et la ville mauresque était en fête. La veille, il y avait eu illumination : dans les mosquées, chez les particuliers, aux carrefours des rues, de petites bougies roses avaient brûlé une partie de la nuit en l'honneur du Prophète ; les Aïssaouas avaient fait leurs jongleries dans une maison de la rue du Delta, et aujourd'hui les nègres soudanais allaient le célébrer à leur manière par des danses et des égorgements d'animaux.

« Si tu veux, m'avait dit Ahmed, un Maure très
« intelligent qui me servait d'interprète, je te condui-
« rai à une fête arabe, et tu me diras après si tes amis
« se réjouissent ainsi dans ton pays. »

J'avais accepté la proposition; et la nuit venue, je le suivis à travers ce réseau enchevêtré de ruelles et d'impasses que dans sa fantaisie Alger a jeté comme un filet sur les pentes extrêmes de sa colline. L'air était obscur et le silence profond; seuls nos pas résonnaient en cadences amorties sur les grandes marches de pierre; c'est à peine si, de loin en loin, quelques becs de gaz essayaient de percer les ombres épaisses qui s'entassaient aux angles des rues sous les étages en saillie des maisons, et cette alternative continue de clartés et de noirceurs ajoutait encore au mystère qui enveloppait cette nécropole.

Nous prîmes les rues de la Grue et du Sphinx, et voilà que dans le haut de la rue Sidi-Abd-Allah, au fond d'une sorte de cul-de-sac, apparut un passage voûté, étroit et noir, d'où s'échappait, comme d'un antre, un bruit affreux de tambour et de castagnettes, mêlé de glapissements stridents. La fête venait de commencer.

Nous étions dans une cour ouverte, pavée de carreaux noirs et blancs et garnie sur ses quatre côtés d'une double rangée d'arcades mauresques. En bas, il n'y avait que des hommes, maures ou nègres en partie égale, debout le long des murs; mais aux étages supérieurs, on entrevoyait des femmes sévèrement voilées, et, au-dessus, comme une invitée oubliée, la lune regardait curieusement, à demi cachée par le bord de la terrasse.

En face de nous, sur des tapis bariolés, un orchestre nègre s'escrimait dans la lueur fumeuse que jetaient deux torches de résine. Peu nombreux étaient les instruments mélodiques : deux ou trois rebâb, sorte d'alto à trois cordes, et la djaouak à sept trous ou flûte antique. Mais en revanche, quantité d'instruments à percussion, tambours de toutes sortes, darbouka de terre peinte ou guelal de métal, dont le rythme fortement marqué sert de mesure à la danse et au chant. Les kerokebs, castagnettes de fer longues de plus d'un pied, maniées avec frénésie, rendaient un bruit de ferrailles, et, dans un coin, deux moricauds, coiffés d'un turban rouge, frappaient avec des griffes d'acier sur deux énormes regg, garnis de peau, avec l'acharnement de forgerons battant l'enclume.

A cet ensemble déjà fort respectable, joignez quelques chanteurs disant le thème de la romance, auquel leur improvisation ajoute des variations sans nombre, et une demi-douzaine d'enfants noirs, assis à la turque devant les musiciens, dont la fonction principale paraît être de terminer chaque phrase de la glose par une fusée de cris perçants, vrais glapissements de fauves développés en modulations suraiguës.

Dans une stalle à haut dossier, resplendissante avec sa robe de gaze azurée lamée d'argent et son riche corsage de velours noir, la tête ceinte du sarmah métallique qu'un voile d'or et de perles rattachait aux épaules, la négresse, directrice des danses, se tenait assise, perdue dans les débordements de sa chair et l'air sérieux d'une guenon habillée en reine.

Autour était rangé le corps du ballet : même sexe et même couleur, mêmes croupes opulentes, élargies encore par le gonflement des écharpes de soie, mêmes étoffes polychromes, même profusion de bijoux, m'sais d'or ornés d'émeraudes et guirlandes de sequins tombant jusqu'au nombril. Elles étaient accroupies, ces moricaudes, pareilles aux idoles bouddhiques, perçant le clair-obscur de la cour du rayonnement de leurs parures; et, de ces robes bariolées aux tons éclatants, de ces manches garnies de broderie, sortaient des moignons noirs, informes, hideux, de vraies pattes de monstre.

La maîtresse donna le signal. Lentement une femme se leva, se baissa devant l'orchestre pour indiquer sur quel rythme elle voulait partir, puis se mit à tourner. A vrai dire, rien ne ressemble moins à la danse des almées orientales. Ses larges grands pieds nus arpentaient les dalles en des enjambées lourdes; ses mains agitaient des étoffes brillantes dans un mouvement fatigant, et son torse, secoué de tressautements intérieurs comme une soupape de chaudière, avait, par moments, de brusques saccades qui le courbaient et le redressaient ainsi qu'un mannequin. Certes, ce n'était pas la figuration lascive des Oulad-Naïl, où passe comme un reflet des amours ensoleillées du désert, ni la mimique provocante des Juives au caleçon collant de Tunis, mais quelque chose de lourd, de bestial, ce que l'on peut attendre de ces masses charnues et pesantes : un pas de fandango dansé par des hippopotames.

Il en vint ainsi huit à dix qui toutes firent à peu près la même chose, et se retirèrent en touchant les mains des assistants avec leur pouce qu'elles baisèrent ensuite respectueusement : c'est la façon d'applaudir des Arabes.

Pendant ce temps, la foule s'était accrue plus nombreuse. Des Maures et des Soudanais, dont on entrevoyait confusément les silhouettes spectrales, s'entassaient dans le fond de la cour, fermant toute issue à ce bouge où nous étions seuls d'Européens. Les femmes elles-mêmes étaient descendues curieuses, et dans leurs blancs haïks s'étageaient pareilles aux anges de Jacob sur les degrés de son échelle. L'heure approchait où le sacrifice allait succéder aux réjouissances.

Dès le début, j'avais remarqué une petite génisse, attachée très court par les cornes à un des piliers de la cour. Ce devait être une des victimes. Voilà, en effet, que d'une porte dissimulée sous l'escalier trois femmes sortirent en chantant. L'une portait un plat de métal, l'autre un réchaud allumé, la troisième un vase plein d'encens. Derrière, marchaient des nègres tenant une vingtaine de poules et tirant par sa toison un énorme bélier. La procession hurlante et déguenillée fit ainsi plusieurs fois le tour de la cour, au milieu du vacarme infernal des darbouka et des regg frappés à coups redoublés, puis elle s'arrêta. La prêtresse alors glapit un instant, se baissa et se releva, et finit par jeter de l'encens sur les charbons embrasés. Pendant ce temps, on avait détaché les poules : une à une, les femmes les suspendaient au-dessus du réchaud fumant, et les passaient à leurs aides qui, avec un mauvais couteau ébréché, leur sciaient à demi la gorge de façon à prolonger leur supplice. Ils les jetaient ensuite dans l'arène, et c'était pitié de voir ces malheureux volatiles sautiller le cou tailladé, avec des battements d'ailes effrénés, pour retomber enfin sur la dalle

3.

blanche qu'ils parsemaient de gouttelettes roses.

Après, vint le tour du mouton, qui expira presque aussitôt, et dont le premier sang recueilli dans un plat fut soigneusement mis de côté; puis on en vint à la vache. C'était la pièce de résistance; aussi les incantations reprirent-elles avec plus de force. On la traîna au milieu de la cour, on la renversa, et, pendant que des hommes lui tenaient les membres, une femme la purifia et l'endormit en lui promenant sur toutes les parties du corps le réchaud d'encens où l'on avait sans doute mêlé quelques grains d'opium. La bête gisait par terre, pantelante, sa langue rosée tout engluée de bave, et ses yeux ronds, démesurément grands, sortis de leur orbite dans l'engourdissement de l'ivresse ou de la peur. Tout à coup, un cri de femme aigu, sinistre, traversa la nuit; à ce signal, un nègre, armé d'un énorme couteau, se pencha sur la victime et lentement se mit à lui scier le cou. Un sang noir en sortit aussitôt par petites gouttes, puis à flots, et s'étendit en large mare autour d'elle.

Alors il se passa une chose horrible. Les assistants s'étaient tous rapprochés et, anxieux, épiaient l'envahissement de la mort sur ce corps mutilé, tandis que la vache, râlant un dernier mugissement et battant furieusement l'aire de ses quatre pieds dans les affres de l'agonie, faisait jaillir dans toutes les directions son sang qui s'étalait en plaques rouges sur les vêtements blancs de la foule.

La fête était terminée. Maintenant les nègres allaient dépecer leurs victimes, les faire cuire et s'en repaître goulûment, car cette orgie n'était que les prémices d'un festin. Je profitai d'un mouvement qui se fit vers la porte pour quitter cette saturnale et m'esquiver. Tout en descendant ces escaliers de la haute ville, je songeai à cette cérémonie répugnante, à ces obscurs symboles des religions de l'Orient qui plongent leurs racines jusque dans le plus lointain paganisme, égouts impurs où, pendant des siècles, toutes les superstitions des âges primitifs se sont accumulées pour rejaillir, quand on s'y attend le moins, à la surface du monde civilisé.

La lune était levée, et ses pâles rayons, glissant entre les porte à faux comme à travers un gigantesque tamis, emplissaient les rues d'une lueur indécise et blanche. Il avait fait très chaud dans la journée, et les grands polissons arabes, couchés tout de leur long sur le seuil des portes, dans la fange des ruisseaux, dormaient sans nul souci des incommodités de la vie. C'étaient des corps blancs et mous, comme des cadavres, qu'il me fallait enjamber à chaque pas, tandis que les vers de Musset me revenaient à l'esprit :

> Ne les réveille pas : ils t'appelleraient chien.
> Ne les écrase pas : ils te laisseraient faire.
> Ne les méprise pas, car ils te valent bien.

La ville, au-dessus d'eux, étendait le blanc manteau de ses terrasses qui fumaient comme autant de cassolettes de pierre sous le ciel étoilé; et de ces corps étendus, de ces immondices entassées dans les coins, de ces ruelles surchauffées tout le jour par un soleil brûlant, s'élevait un nuage de pestilence et de miasmes putrides qui s'exhalaient en un relent nauséabond au souffle frais de la nuit.

CHAPITRE IV

ALGER RELIGIEUX. — PRATIQUES DE LA RELIGION MUSULMANE. — LES MOSQUÉES : DJAMA-KÉBIR ; DJAMA-DJEDID. — ZAOUIA D'ABD-ER-RHAMAN-ET-TCALBI.

> « Les justes sont comme les palmiers qui s'élèvent aussi haut que les cèdres du Liban. »
> (*Écriture sainte.*)

> « Dieu a établi pour vous une religion qu'il recommanda à Noé : c'est celle qui t'est révélée, ô Mahomet! c'est celle que nous avions recommandée à Abraham, à Moïse et à Jésus. »
> (*Le Koran*, ch. LXII.)

Les édifices religieux pullulent en Orient. Ainsi, Alger, qui n'était ni ville sainte comme Kairouan, ni capitale comme Tlemcen, au temps de la grandeur de l'islamisme, et dont l'importance ne date guère que du seizième siècle, en a compté jusqu'à cent soixante-seize, presque autant que d'églises à Rome. A côté des grandes mosquées, desservies par des mofti, qui chaque vendredi, du haut de la chaire ou minbar, interprètent la loi et prient pour le souverain, et des mosquées secondaires munies seulement du mihrab, où cinq fois par jour l'iman récite les prières obligatoires, il y a la foule incalculable des chapelles libres, zaouïas ou koubbas. Les unes sont des monastères au petit pied, avec mosquée et école. Les autres ne sont que de simples tombeaux abritant la dépouille mortelle de quelque saint vénéré; et innombrables sont ces petits monuments, éclatants de chaux vive, carrés ou octogones, à coupole aplatie, qui parsèment la terre des croyants.

Le clergé des mosquées est un clergé officiel, nommé et payé par la France, qui, en 1830, s'est emparée des biens de toutes sortes affectés sous le nom de habous (biens de mainmorte) à l'entretien des édifices religieux. Il est paisible et a peu d'autorité (1). Au contraire, les prêtres des zaouïas et koubbas sont libres. Ils vivent de leurs propres ressources, des cadeaux ou ziara, apportés par les fidèles, qu'ils savent parfaitement réclamer au besoin, et aussi de l'air du temps. Ce sont des marabouts, des hommes réputés saints par droit de naissance, car ce titre est un héritage de leurs aïeux. On naît marabout; on ne le devient jamais. Ces hommes constituent ainsi une noblesse héréditaire et religieuse : certaines tribus, comme celle des Oulad-Sidi-Cheikh, ne sont composées que de marabouts. Ils sont très disparates comme valeur, fortune et situation sociale, mais très influents et très vénérés des Arabes qui viennent de fort loin leur demander de faire mûrir leurs grains et de rendre leurs femmes fécondes.

(1) A vrai dire, nous nous acquittons de cette obligation d'une façon dérisoire, puisque le traitement des mofti, presque des évêques, varie de 1,200 francs à 4,000 francs, et celui des imans, correspondants à peu près à nos curés, de 300 à 1,500. (RINN, *Marabouts et khouans*, p. 7 à 12.)

Quelques-uns même sont passés maîtres en ce dernier genre d'exercice.

Au-dessous, il y a les khouans, associations religieuses qui se ramifient du Maroc à la Perse, du Soudan à Constantinople, chez lesquelles s'est réfugiée l'âme du Prophète et qui sont l'obstacle le plus sérieux à notre extension en Afrique. Enfin, au-dessous encore, on trouve les ouali ou amis de Dieu, qui font des miracles sans en avoir conscience, nagent dans l'air, conversent avec les bêtes féroces, et « par la bé-« nédiction de leurs pieds attirent la pluie du ciel » : collection extrêmement variée de saints personnages, de naïfs, d'imbéciles, de charlatans et de farceurs. Ce sont les bohèmes de l'islam, éternels exploiteurs de la bêtise humaine, car jamais religion ne fut à la fois plus mesquine et plus grande.

Aujourd'hui, Alger compte à peine vingt mosquées ou chapelles. La plus ancienne, la grande mosquée (Djama-Kébir), est située rue de la Marine. Sa fondation remonte en effet au moins au onzième siècle, puisque El-Bekri en parle dans sa relation. Elle est précédée par une galerie de quatorze arceaux en fer à cheval, retombant sur des colonnes de marbre blanc, au centre de laquelle s'élève une élégante vasque sous une double arcade ornée d'arabesques du meilleur goût. Des portes basses et sculptées donnent accès dans une cour rafraîchie d'une fontaine et de là dans la mosquée. Devant soi, comme une forêt de pierre, ses soixante-douze piliers s'alignent en onze travées, dont les arcs, soit lisses, soit dentelés, font une perspective décroissante jusqu'au mur du fond. Aucun ornement, sauf quelques lampes de clinquant, pendant sous les poutres de cèdre bruni du plafond, et les nattes qui couvrent le sol. Aucun sanctuaire, que le mihrab orienté vers la Mecque; mais la majesté de Dieu emplit l'espace, se révélant à chaque croyant.

On n'entre dans les mosquées qu'en se déchaussant, autant par respect que pour ne pas salir les tapis qui les garnissent : cette coutume est invariable en Orient, et le mieux est de s'y conformer. Les musulmans laissent leurs babouches à la porte sous l'œil vigilant du gardien, mais les Européens emportent leurs chaussures à la main, crainte sans doute qu'on ne les vole, et ils ont ainsi l'air grotesque.

C'est à Djama-Kébir, dans l'ombre propice d'un pilier, priant ou dormant, je ne sais plus au juste, que je rencontrai un Arabe avec qui je liai conversation. Il s'appelait Taher-ben-Saad. Il était de Djidjelli en Kabylie, et quand il sut que je devais aller sous peu à Constantine, il voulut à toute force partir avec moi, comme interprète, ne me demandant que de le nourrir et de payer son voyage, moyen assez pratique de regagner son domicile sans bourse délier. Il est vrai qu'il se déclarait peu difficile : un peu de couscous matin et soir et quelques figues lui suffisaient : « Emmène-moi, « môssieu, me disait-il en me secouant par le bras, je « te montrerai et t'expliquerai tout; je te suivrai aussi « longtemps que tu voudras, puisque tu me donneras « à manger. » Tout en parlant, il tirait d'un pan de son burnous, où il les avait enfermés, deux gros bracelets d'argent kabyles, et me les montrant avec mystère : « C'est pour ma femme, ajouta-t-il ; si tu m'em-

« mènes, je t'indiquerai où on en fait de semblables, « pour que tu en rapportes à la tienne. » Je le remerciai de ses services et eus sans doute tort : à sa combinaison chacun de nous eût trouvé son compte.

En revanche, je lui demandai certaines explications sur les pratiques extérieures de son culte, qu'il me donna de fort bonne grâce et avec détails, car il était lettré. « Celui qui prie, dit-il, doit se tourner vers la Mecque. Là est la kaàba, la cité de Dieu, bâtie par Sidi-Ibrahim (Abraham), et la pierre noire que Gabriel apporta pour sanctifier le temple du Seigneur (1). Il faut prier au moins cinq fois par jour, et plus, si tu le veux, car la prière est meilleure que le sommeil : le matin au lever du soleil, à une heure de l'après-midi, vers trois heures quand le soleil décline, le soir quand les ténèbres vont remplacer le jour, enfin vers huit heures quand la nuit est venue. Ainsi l'a décidé Sidi-Mohammed sur l'ordre de Dieu le tout-puissant. Mais tu ne prieras pas sans avoir fait tes ablutions, car tu ne peux paraître souillé en présence de Dieu. » Et là-dessus, il m'exposa le cérémonial assez compliqué des purifications qui précèdent tout acte religieux chez les musulmans.

La petite ablution se répète trois fois avant de prier, en prononçant la formule consacrée : « Au nom de Dieu « vivant et miséricordieux, je veux faire cette prière. »

(1) La pierre noire était, d'après la légende, un rubis (yakout); mais elle serait devenue noire à force de se charger des péchés des hommes. Elle voit et elle entend, et elle rendra témoignage au jour du jugement. (Général DAUMAS, *Mœurs et coutumes de l'Algérie*.) — Cette pierre noire ne serait-elle pas simplement un aérolithe?

Elle a tout un rituel : d'abord, on se lave les deux mains, on se gargarise, on aspire de l'eau par les narines, afin de « sentir l'odeur du Paradis »; puis on se lave les bras jusqu'au coude, en commençant par le bras droit, la figure du front au menton, les oreilles en passant derrière la tête, enfin les deux pieds. Et gravement, comme un soldat à l'exercice, la bouche entr'ouverte marmottant les formules pieuses, il se livrait à un nettoyage en règle, se lavant la tête jusqu'à la racine des cheveux et se passant consciencieusement l'index entre les doigts de ses deux pieds. Franchement, je ne sais d'où vient la réputation de saleté des Arabes.

Telle est l'ablution dans une mosquée où se trouve toujours une fontaine; mais, sur les routes, où l'eau est rare, on la remplace par un simulacre fait avec une pierre, une poignée de poussière. Les gestes sont les mêmes; la loi est observée, le Prophète satisfait, seule la propreté n'y trouve pas son compte : c'est la purification pulvérale. Enfin, quiconque a approché sa femme se lave tout nu avant de prier. C'est la grande ablution. Je dois dire que Taher n'alla pas jusque-là.

Je ne puis m'empêcher de faire remarquer ici la ressemblance étroite qui existe entre certains préceptes de la religion juive et du mahométisme. Ainsi, les eaux du Jourdain étaient en honneur chez les Hébreux, auxquels Moïse avait imposé de fréquentes ablutions, et les prêtres israélites devaient, avant toute cérémonie, se purifier à la mer d'airain. Ainsi également, nul ne pouvait pénétrer dans le sanctuaire du temple, sans avoir ôté sa chaussure, comme avait fait

Moïse en foulant la terre bénie où Dieu lui apparaissait sous l'emblème d'un buisson ardent. Chez les musulmans, l'ablution est une chose sacrée. Elle est d'origine divine, puisque, selon la tradition, l'ange Gabriel, après avoir fait jaillir une source dans une grotte jusqu'alors desséchée, se lava lui-même en présence du Prophète, la nuit où il lui apporta le Koran. Elle est enfin une des cinq grandes prescriptions de la religion de Mahomet, qui comprend en outre le jeûne, l'aumône, le pèlerinage et la profession de foi.

Taher-ben-Saad m'expliqua encore bien des choses. C'est ainsi qu'il m'apprit que les musulmans devaient se mettre devant un mur ou un pilier pour prier, afin que personne ne puisse passer entre eux et Dieu ; qu'il me donna le sens des prières que récite l'iman et qui, à de certains moments, renversent les croyants le front dans la poussière et les relèvent comme des pantins articulés ; qu'il m'enseigna à laisser glisser entre mes doigts les grains ambrés d'un chapelet, en répétant mille fois le nom d'Allah grand et miséricordieux. Chose bizarre, seuls les hommes et les garçons âgés de sept ans sont obligés de prier. Le Koran interdit l'accès des mosquées aux femmes : il les retranche, comme des sarments inutiles et qui affaiblissent, du tronc vigoureux de l'islam. Pour un peu, Taher m'eût débité tout le commentaire de Sidi-Khalil qui contient, dit-on, trois mille articles. Il n'en eut pas le loisir.

De là je gagnai Djama-Djedid, la mosquée nouvelle ou de la Pêcherie, le seul monument qui, au centre de l'Alger moderne, rappelle l'Orient par son mur d'un blanc éclatant, sa coupole ovoïde et les calottes aplaties de ses angles. Elle a la forme d'une croix grecque, et la légende raconte qu'elle fut édifiée par un esclave chrétien, esclave puni de mort pour avoir osé donner à une mosquée la forme d'un signe proscrit par le Koran. En tous les cas, l'édifice, par sa forme, est unique, je crois, en Algérie. Les voûtes sont romanes, décorées d'un simple cordon de carreaux. Une galerie, ou tribune, en bois brun, court le long des murs. L'ornementation est nulle; seul le mihrab est richement orné de carreaux de couleur et d'arabesques en stuc. L'impression est tout autre qu'à Djama-Kébir. On se sent ici plutôt dans une église désaffectée que dans une mosquée.

La prière venait de commencer au moment où j'entrai. Une trentaine d'Arabes, accroupis dans un coin, psalmodiaient sur un rythme étrange, tandis que l'iman, placé dans le mihrab, tantôt tournait sur lui-même les bras en l'air, tantôt se prosternait le front contre terre. Les fidèles imitaient ses gestes et ses intonations, comme si, dans le même moment, une même pensée de foi et d'amour traversait leur cerveau. C'était vraiment le souffle de Dieu qui passait sur toutes ces têtes, les courbant ainsi que des rangées de roseaux et les redressant ensuite, pour faire parfois de ces dévots, suivant qu'il est nécessaire, des héros ou des martyrs. Et je songeai à mon tour aux mystères de l'ancienne loi quand Dieu se révélait aux hommes, et je me rappelai ces paroles du Psalmiste : « Un « esprit passa devant ma face; j'entendis un petit « souffle, et le poil de ma chair se hérissa. »

Ce spectacle est beau dans une mosquée, mais il

l'est encore plus sur le sable brûlant du désert, quand les chameaux paissent en liberté, que le feu des tentes monte droit au zénith, que le soleil luit comme une braise dans l'immensité du ciel, et que l'Arabe, sur un tertre élevé, se tient debout, embrassant l'espace et conversant face à face avec Dieu.

Je ne veux pas terminer cette étude sur les mosquées sans dire un mot de la zaouïa d'Abd-er-Rhaman-et-Tcalbi. Elle est la plus curieuse d'Alger et une des plus riches de l'Algérie. Ce petit bijou à lui seul vaut le voyage. A vrai dire, c'est moins une mosquée qu'une réunion de koubbas et de mosquées, car trois saints au moins, Sidi-Abd-er-Rhaman, Sidi-Mançour et Sidi-Ouali-Daddah, ont là leur tombeau, sans parler des seigneurs de moindre importance qui dorment en plein air dans le jardin.

Tout d'abord le minaret carré attire les regards, avec ses trois étages d'arcades superposées, couronnées d'un large bandeau de faïences jaunes et vertes. On ne peut rien imaginer de plus délicieux au-dessus des arbres du jardin Marengo. Des escaliers, entourés de murs bas qui laissent voir la mer à travers un treillis de cactus et de grenadiers, conduisent dans l'enclos, et, à gauche, une porte romane, encadrée d'ornements byzantins, sous un auvent de poutrelles de cèdre, s'ouvre dans la mosquée. Il faut encore traverser une série de chambres et de couloirs, aux arcs surbaissés, puis on pénètre dans la Koubba. Elle est assez grande, octogonale de forme, et des colonnes de marbre soutiennent sa voûte enrichie d'arabesques. Un lambris de carreaux multicolores court à hauteur d'homme ; sur les murs, entre les draperies de soie, de pourpre, d'or et d'argent, brodées de franges merveilleuses, de grandes inscriptions koufiques retracent en lettres de couleur des versets du Koran et disent les louanges d'Allah le Victorieux. Des tapis, vraies mosaïques de laine, nuancés comme un vitrail de cathédrale, couvrent le sol, tandis que sur vos têtes des lustres de Venise, des lanternes en verre émaillé, affectant des formes fantastiques de tourelles et de navires, accrochent la lumière et la décomposent en prismes adoucis.

Abd-er-Rhaman-et-Tcalbi était un saint terrible, chef d'une des puissantes tribus de la Mitidja. C'est lui qui, rencontrant un jour une fraction des Beni-Salah en train de célébrer le Seigneur par des orgies et des danses pendant le Râmadhan, l'entraîna sur le bord d'un précipice, et là, avec des malédictions, l'ensevelit à jamais dans les profondeurs de la terre. Il a son tombeau dans un coin : une châsse oblongue de bois peint et sculpté, en forme de coffre. L'ornementation est une guirlande de feuillages rouges piqués de roses d'or. Des étoffes bleues brochées sont jetées par-dessus, et des faisceaux de drapeaux garnissent les quatre angles. L'ensemble est très magnifique.

D'autres koubbas occupent le bas du jardin : celle de Sidi-Mançour et d'Ouali-Daddah, l'habitué des tavernes qui, dans un jour d'ivresse, à l'époque où Charles-Quint assiégeait la ville, s'en fut tout à coup battre la mer à coups de savates, et déchaîna ainsi une tempête effroyable où périt une partie de la flotte espagnole.

Du reste, tout cet enclos est plein de tombes, très simples en général : une dalle horizontale avec deux pierres droites sur lesquelles sont inscrits les noms et qualités du mort. On y rencontre celle d'Ahmed, le dernier bey de Constantine, qui faisait dévorer par ses chiens le ventre des prisonniers français. Des mendiants à la poitrine velue dorment çà et là entre les touffes de verdure, ou cherchent dans la prière un refuge contre leurs passions. Mohammed n'a-t-il pas écrit en effet : « La religion maintient l'homme comme « le mors maintient le cheval. »

Je ne dirai rien des autres édifices religieux, mosquées ou églises, car ils n'en valent pas la peine. Les unes, en dehors des trois que j'ai citées, ne sont que de petits monuments, quelquefois de simples chambres sans caractère et assez pauvres; les autres sont de construction trop récente. La mosquée des Ketchaoua, « dont les splendeurs avaient souri sur l'horizon des « siècles », dit une inscription arabe, mériterait toutefois une mention, si les remaniements maladroits qu'on lui a fait subir pour la changer en cathédrale, ne l'avaient gâtée au point de la rendre méconnaissable. De plus, je n'aime pas à parler des constructions hybrides, des mosquées qui sont devenues églises et des églises qui sentent la mosquée. Je me souviens toujours de l'impression pénible que je ressentis à Rome, au Panthéon, où un christianisme mesquin est écrasé par un paganisme gigantesque. N'enlevons pas aux autres religions leur cachet, et n'abaissons pas, à leur profit, la nôtre qui les dépasse toutes par son spiritualisme, la divinité de ses promesses et sa bonté infinie.

Avant de clore ce chapitre, je veux toutefois présenter au lecteur un grand personnage musulman : le mofti de la mosquée de la Pêcherie, chef du rite maléki à Alger, titre qui correspond à peu près à celui d'évêque. J'étais allé le prier de me laisser voir un manuscrit du Koran, merveille d'ornementation que possède la mosquée. Le manuscrit malheureusement était à Paris depuis plusieurs mois pour être réparé ; néanmoins, il m'invita à entrer dans son cabinet et, après m'avoir fait asseoir, engagea la conversation.

C'était un vieux serviteur de la France, tour à tour conseiller municipal, couseiller général et conseiller à la cour d'Alger, fonction qu'il avait dû abandonner pour devenir mofti. Très vénérable avec sa longue barbe blanche, il était assis à la turque et, tout en causant, égrenait un chapelet fait de grosses perles blanches. Il me parla de la France, de Paris où il allait parfois, mais qu'il trouvait trop bruyant ; puis il parla de Dieu et du Koran. Il m'étonna alors par la largeur de ses vues, sa tolérance vis-à-vis de ceux qui pratiquent d'autres cultes. Loin de les exclure, il les attendait au contraire dans la paix du Seigneur, répétant que Dieu est unique, et que chrétiens et musulmans adorent tous le même, quoique avec des rites différents. Je lui fis quelques questions auxquelles il répondit volontiers. Il n'y eut que sur le chapitre des femmes où il se montra d'une grande réserve, se contentant de dire que les envoyer au cimetière ou au bain était un voyage presque aussi long que celui d'Alger à Marseille. Évidemment, l'Arabe n'aime pas à parler de ses femmes, pas plus que l'avare de son trésor. En revanche, il ne tarit pas de louanges sur le cardinal Lavigerie, qu'il appela « une grande tête « et un grand cœur ».

L'heure de prendre congé était venue, et je me levai. Il se leva à son tour, ne s'aidant que d'un doigt pour se redresser; puis, en guise d'adieu, il me toucha la main de son pouce qu'il porta ensuite à ses lèvres, et d'un grand geste me montra le ciel pour m'y donner rendez-vous. Sa haute taille s'encadrait dans la porte. J'eus là comme une vision des prophètes bibliques, et je compris que la foi et les œuvres suffisent, et que toute religion peut être une religion de paix et d'amour, du moment qu'elle est pratiquée par des hommes intelligents.

CHAPITRE V

LA FEMME DANS L'ANTIQUITÉ ARABE ET DEPUIS L'ISLAMISME. — UN INTÉRIEUR MAURESQUE. — LA SOCIÉTÉ ARABE. — LE MARIAGE : LES FIANÇAILLES, LA RÉPUDIATION ET LE DIVORCE. — LÉGENDE DES AMOURS D'ORWAH ET D'AFRA.

> « Le mariage est comme une citadelle assiégée : ceux qui sont dehors veulent y entrer ; ceux qui sont dedans veulent en sortir. »
>
> (Proverbe arabe.)

> « De tes larmes mensongères, j'ai distillé une essence qui a le pouvoir de tuer ; j'ai pris sur tes lèvres le charme qui fait naître les maléfices ; j'ai dérobé le serpent qui était sur ton sourire, où il roulait ses anneaux comme dans un buisson. »
>
> (Byron, *Manfred.*)

Parler de la femme chez les musulmans n'est pas facile, car tout ce qui la concerne est enveloppé d'un impénétrable mystère. La femme y est considérée comme un être à part; pour mieux dire, c'est une chose, un objet d'une utilité incontestable, indispensable même, destinée par l'homme à la reproduction de sa race, à l'embellissement de sa maison, mais rien de plus. Elle est quelquefois la compagne de son mari, sa servante souvent, son égale jamais.

A vrai dire, cet état d'infériorité sociale et intellectuelle dans lequel on la confine, ce rôle purement matériel et génital auquel on la réduit ne se rencontrent pas seulement chez les Arabes, mais bien chez tous les Orientaux. Cela tient au climat, qui amollit les sens et les porte vers les amours physiques; à la vie nomade que ces peuples ont menée, au moins à leurs origines; aux difficultés qu'ils rencontrent journellement pour assurer leur existence matérielle, et qui ne leur permettent pas, celle-ci satisfaite, de policer leurs mœurs et d'affiner leurs relations sociales. Au fond, quand on y réfléchit, la conduite de l'homme est logique dans ses rapports avec l'autre sexe. Pourquoi chercherait-il à émanciper des êtres qu'il n'a jamais appris à considérer que comme des instruments propres à satisfaire ses exigences et ses plaisirs, soit qu'il s'en serve pour garder ses brebis, pour tisser ses burnous ou pour assouvir ses appétits charnels? Il a pour lui la force, à défaut du droit. Il en use avec brutalité, comme un barbare qu'il est encore, et son égoïsme naturel s'accommode parfaitement d'une vie où il est seul maître au milieu d'un troupeau d'esclaves.

Rien, en effet, n'est encore venu lui dire que la femme est faite à son image, et qu'il lui doit le respect comme à lui-même. Le christianisme ne lui a pas appris à mortifier sa chair pour élever son cœur, et n'a pas purifié ses amours en les restreignant. La civilisation n'a pas installé, en plein steppe, l'appareil compliqué de ses formules et de ses droits. La polygamie enfin, vrai concubinage légal, enserre toujours son esprit et son corps dans les nœuds de plus en plus étroits et sensuels de ses enlacements.

La femme, avant Mahomet, avait pourtant plus d'indépendance qu'elle n'en a eu depuis. Dans l'absence des lois précises réglant sa condition, au milieu des plaines sans fin déroulées du Nedjed et du Yémen, elle marchait libre, prenant sa part des discussions qui intéressaient la tribu, choisissant à son gré le maître qui devait l'asservir, humble esclave souvent, fière dominatrice parfois, quand la hauteur de son esprit la faisait s'élever au-dessus des intelligences bornées de la foule. Si plus tard elle s'est faite la servante de son mari, c'est par suite d'une convention tacite, en raison de la force physique dont dispose le mâle, et non en vertu d'une législation qui l'y aurait contrainte.

L'islamisme a innové sur ce point. Il a inscrit dans la loi civile ce qui n'était qu'une coutume générale, et bien que par ailleurs il eût donné certains droits aux femmes, en réalité il a resserré leurs chaines. Il enseigna aux hommes que leurs épouses étaient « leurs « captives, leurs prisonnières », ce que les hommes soupçonnaient bien déjà, mais ce qu'ils ne savaient pas encore d'une façon absolue (*le Koran*, ch. II, V, XXXIII). Il leur apprit que les deux voluptés qui leur étaient permises étaient les parfums et les femmes, et les Arabes en usèrent sans contrôle (*le Koran*, ch. V et suiv.). Il leur parla de leurs droits et très peu de leurs devoirs, si bien que l'équilibre social fut rompu au profit d'un sexe et au détriment de l'autre.

Pourtant Mahomet aimait passionnément les femmes. Il le prouva par sa tendresse pour sa fille Fatimâh et son épouse Aïcha, qu'il défendit, le Koran à la main, contre ceux qui l'accusaient d'adultère. De plus, sa haute intelligence de législateur de peuple lui faisait trouver nécessaire une émancipation au moins partielle. Mais les mœurs furent plus fortes que lui; on ne modifie pas, par un texte, des coutumes plus que millénaires. Aussi ses réformes ne portèrent-elles que sur quelques points. Ainsi, il conseilla la monogamie, tout en tolérant la polygamie, qu'il n'eût pu supprimer sans compromettre son œuvre entière. Mais il limita à quatre le nombre de femmes légitimes que pût prendre chaque Arabe, tout en y joignant des concubines à discrétion. Je dois dire qu'il ne prêcha pas d'exemple, et qu'en qualité de prophète, se faisant la part plus large, il s'octroya jusqu'à dix-sept épouses légitimes, à ce que raconte Sidi-Khalil. Une haute morale ne présidait pas toujours à son choix, témoin le jour où il força Zaïd, son fils adoptif, à répudier sa femme, dont il fit ensuite la sienne. Il est vrai qu'en ces occurrences délicates, des versets du Koran descendaient tout exprès du ciel pour rassurer sa conscience et légitimer ses actes aux yeux du peuple.

Il défendit d'enterrer vives les filles, bouches inutiles qui n'ajoutaient rien à la force de la tribu, ainsi que les Koraïchides le faisaient encore de son temps quand un passant ou un saint ne les rachetait pas par le sacrifice de deux chamelles pleines et d'un chameau mâle (*le Koran*, ch. VI). Il proclama que, devant Dieu, elles valaient des garçons; il leur permit le divorce, pour les soustraire aux brutalités de leurs maris; enfin, il leur donna une part dans la fortune de leurs parents. (*Sidi-Khalil,* vol. II. Seignette, *Code musulman.*)

Mais, en retour, il consacra leur assujettissement

par des défenses et des prescriptions. Il les élimina du nombre des croyants, leur fermant la mosquée, de peur qu'elles ne distrayent, par leur présence, les fidèles en prières, et ne leur accordant qu'une part minime des joies sensuelles du paradis, puisqu'un homme là-haut doit suffire à soixante-dix femmes *le Koran,* ch. xxxv et suiv.). Il les mura pour la vie dans le harem, et leur prescrivit de se voiler jusqu'en bas, les privant de la nature, leur mesurant le soleil (*le Koran,* ch. xxxviii). Il les courba sous une autorité maritale absolue, inflexible, ainsi que de frêles roseaux. Il en fit des instruments dociles, bêtes de somme destinées aux durs labeurs de la vie, poupées complaisantes réservées aux plaisirs de l'homme et à la procréation de ses enfants. « Vos femmes sont vos « champs, dit le Koran; allez à vos femmes comme vous « iriez à vos champs. » (*Le Koran,* ch. xxxiii.) Il mit, par ses préceptes, les maris en perpétuelles défiances contre elles, les représentant comme des dépensières, des égoïstes et des fourbes, exprimant avec d'autres termes la pensée d'Hésiode dans sa *Théogonie :* « Qui « se fie à la femme se fie au voleur. » Dans la société singulièrement théocratique qu'il fonda, il modela la famille à l'image de sa religion; de même qu'il n'y eut qu'un maître au ciel : Dieu, il n'y eut qu'un maître sous la tente : le mari.

Mahomet a donc été, en réalité, un des hommes qui, tout en assurant à la femme une position sociale et maternelle, ont le plus contribué à l'annihiler d'autre part. Il a rétréci peu à peu le cercle où elle était enfermée; il lui a interdit de se mêler des affaires publiques; il l'a exclue du domaine de l'intelligence et de l'action, la confinant dans son rôle de servante et d'épouse. Il l'a proclamée le parfum, le bijou de la vie; mais, de même qu'une perle rare, il l'a cachée à tous les regards dans un écrin d'où elle n'a pu sortir. L'arbre vigoureux de l'islam qu'il plantait au cœur du sanctuaire de la Mecque, et dont l'ombrage était destiné à couvrir la moitié de l'ancien monde, ne devait, dans sa pensée, porter que des fleurs mâles.

La conséquence de cette doctrine est que la femme est peu considérée chez les Arabes. Au point de vue social, c'est un être au moins inutile, généralement une cause de faiblesse et d'ennuis. Ce sentiment est si vif que souvent, dans les tribus, quand il naît une fille, le père s'écrie : « Il m'est née une malédiction ! » A peine apprend-on à lire et à écrire aux filles, sauf dans quelques grandes familles maraboutiques. A quoi bon, du reste, instruire celles que l'instruction tenterait peut-être de faire indépendantes ? De bonne heure, à douze ou quatorze ans, on les marie pour s'en débarrasser et préserver leur pureté. Dès lors commence une existence de durs labeurs et de privations. La femme travaille la terre (j'ai vu, sur le chemin de Kairouan, une femme attelée de paire avec un âne et tirant la charrue), se rend à la fontaine, au bois, tisse les burnous et les tapis. Au printemps et à l'automne, elle accompagne son mari dans les caravanes qui vont chercher le blé du Tell ou les dattes du Deglet-Nour. C'est lamentable alors de voir, par les grands chemins du désert, ces misérables créatures, drapées de lambeaux d'étoffes bleues ou noires, les mamelles chargées de nourrissons, défilant au pas des chameaux et s'arrêtant parfois, au bord d'un fossé, pour accoucher d'un enfant qu'elles lavent au ruisseau voisin. Puis, quand elle est vieille ou seulement flétrie, on la met au rebut, au fond du gynécée, et l'Arabe, qui ne connaît pas ce que Shakespeare a appelé « le lait des ten- « dresses humaines », cherche une autre compagne, gardienne de ses troupeaux.

Ce n'était pas ainsi autrefois, et les légendes de la vieille Arabie nous ont conservé le souvenir de « ces « femmes à la parole éclatante, belles filles de l'étoile « du matin », illustres par leur génie, aimées pour leur bonté, dont les images, ainsi que de brillants météores, resplendissent dans les lointains vaporeux et perdus des âges antéislamiques : Bilkis, reine de Saba, surnommée *Mokéda,* qui épousa Salomon, et si belle que l'on appela de son nom, *Mokédiennes,* les belles esclaves d'Abyssinie ; Zalbâ, qui, plutôt que de laisser son mari vendre sa ville à un roi voisin, lui ouvrit les veines dans une nuit d'ivresse ; Aïcha, femme du Prophète, la plus haute personnification féminine de ces temps reculés, et jusqu'à Marie, la mère de Jésus, que les poètes arabiques ont appelée dans leurs chants la *mère des croyants*, la médiatrice bénie entre le ciel et la terre.

Comme la Grèce, l'Arabie eut ses sages, et ces sages furent quatre femmes : Sohr, Amrah, Djoumah et Hind, qui résolvaient les énigmes et conseillaient les juges. Comme Rome, elle eut ses mères heureuses et sa Lucrèce, Fâtimah, fille d'un roi de l'Irâk, qui, prisonnière dans une razzia, se jeta du haut de son cha meau sur le sol, plutôt que de servir au vainqueur, mais qui, plus jalouse de sa virginité que la fille de Tarquin, se tua avant l'outrage. Comme nos bourgades du moyen âge, elle eut sa sainte, Ofayrah, qui affranchit les filles des Djàdis de l'infâme droit du seigneur.

L'Arabie eut ses femmes poètes, idoles adorées autour desquelles les guerriers se réunissaient le soir pour conter les récits de bataille et de pillage, qui distribuaient des lances aux plus méritants, et qui, en des kacideh immortelles, belles parfois comme les poésies bibliques, chantaient les tiédeurs embaumées du crépuscule, les frémissements de l'amour, les splendeurs de la nature éternelle et vivante. L'Arabie eut ses femmes galantes, dont la chevelure exhalait le musc et la lèvre distillait une salive enivrante, qui mettaient un petit drapeau en guise d'enseigne à la porte de leur tente. Quelques-unes excitaient des passions terribles, jamais assouvies, et, pareilles à des goules, suçaient tout le sang de leurs amants épuisés. Pour les malheureux affolés qu'elles repoussaient sans merci, c'était alors la mort par amour, la plus affreuse des morts, *la mort rouge.*

L'Arabie enfin eut ses héroïnes qui enfantaient des guerriers ardents, « cimeterres coupants au fer mâle « et éprouvé », qui inspiraient les combats et soufflaient la vaillance dans les cœurs les plus amollis : Ryhânàh, qui ne laissa de repos à ses fils que lorsqu'ils l'eussent vengée, par l'extermination de toute une tribu, d'un indiscret qui avait levé son voile; Hind, fille d'Otbah, qui, à la journée d'Ohod où Mahomet faillit périr, se faisait un collier des nez et des oreilles des ennemis qu'elle avait tués; et surtout les filles du poète Find, qui, désespérées de voir les troupes de leur père faiblir dans une bataille, se dépouillèrent de leurs vêtements, montèrent nues sur des chevaux impétueux et, belles d'impudeur, exposant dans la mêlée, à tous les regards, les trésors de leur virginité dévoilée, promettaient aux vainqueurs les ivresses infinies de leurs bras et de leurs lèvres, l'extatique ravissement de leur amour.

O Arabie heureuse de l'Hedjaz et de l'Yémen, source aujourd'hui tarie des poésies fécondes en images, laisse-moi évoquer ton fantôme, et sur la tombe où tu dors ensevelie entre l'immensité des sables et l'immensité du ciel, déposer une couronne de roses pâles et de lauriers verts.

J'ai parlé de la femme chez les Arabes telle qu'on la rencontre sous la tente. Dans les villes, sa vie est moins pénible, mais sa séquestration plus complète. J'eus occasion à Alger de me rendre compte de ce qu'est un intérieur mauresque, et c'est à Ahmed que je dois ce privilège. Il avait déjà offert aux personnes qui m'accompagnaient de les conduire chez lui, mais il n'avait pas voulu de moi : « Toi, me disait-il, je ne « puis te laisser entrer, ce serait péché. » En effet, outre que sa jalousie naturelle ne s'accommodait guère de me montrer sa femme, il aurait eu, je l'ai su depuis, maille à partir avec les voisins qui logeaient sous le même toit. Toutefois, je vous conterai la visite. Supposez donc que j'aie violé la clôture à l'aide d'un déguisement, ou que, pareil au diable boiteux, j'aie soulevé un instant ces toitures de pierre et plongé mes regards dans les secrets des gynécées.

La maison qu'il habitait était occupée par plusieurs locataires. L'apparence extérieure était nulle, et l'intérieur rappelait la disposition de toutes les constructions mauresques : au bout du vestibule ou skiffa, garni de banquettes pour recevoir les visiteurs, une cour carrée ouverte par en haut et entourée de deux rangées d'arcades; des appartements donnant sous ces galeries; une terrasse en guise de toiture et un jet d'eau rafraîchissant la cour. Après de longs détours, Ahmed nous arrêta devant une porte. Il l'ouvrit sans bruit et tout aussitôt se mit à siffler d'une façon particulière. C'était un signal. En effet, dans ces maisons communes, habitées parfois par douze ou quinze ménages de petites gens, où les maris vont et viennent pour leurs affaires, les femmes seraient exposées, à tout instant, à se rencontrer dévoilées avec eux. Leur pudeur en serait offensée, puisqu'il est de règle qu'une femme qui se respecte ne peut montrer son visage à nul autre qu'à son époux. Les hommes, d'autre part, se doivent entre eux de ne pas chercher à voir celles qui ne leur appartiennent pas : « Et je ferme les yeux, « dit le poème d'Antar, quand la femme de mon voisin « vient à paraître, jusqu'à ce que sa tente dérobe à mes « yeux la femme de mon voisin. » En conséquence, chacun a-t-il adopté un signal qui le fait reconnaître. L'un tousse, l'autre siffle, le troisième frappe dans ses mains, et ainsi de suite. Au bruit, les femmes rentrent chez elles, et le plus malin des diables n'y saurait trouver son compte.

Notre arrivée avait été un peu brusque. Aussi, comme nous sortions du couloir, il se faisait un grand brouhaha. C'était un essaim de femmes, occupées à des savonnages au milieu de la cour, qui, surprises, s'enfuyaient avec des bourdonnements, pareilles à des guêpes, et se hâtaient, une fois rentrées chez elles, de tirer devant leurs portes de grands rideaux rouges. Cependant, seule, près de la cuve de pierre, les bras nus jusqu'aux épaules, tordant un linge mouillé, en caleçon de toile blanche très court et la gorge ouverte sous sa foutah de laine rose, la Mauresque, femme de notre guide, se tenait. Elle était petite et brune, avec de grands yeux largement fendus, deux grosses nattes de cheveux tombant sur le dos et une petite moue dans la lèvre. Elle s'appelait Yamina, qui veut dire jasmin. Elle gronda son mari de nous avoir amenés sans la prévenir; néanmoins, elle nous fit bon accueil, et nous conduisit à son logement.

Il tenait un des quatre côtés de la cour, ouvrant directement sous la galerie par une porte et une fenêtre garnie de gros barreaux de bronze. Des rideaux de mousseline épaisse, rouge et bleue, se tiraient du dedans et permettaient de se soustraire aux regards, tout en laissant entrer l'air et la chaleur. A l'intérieur, c'est la chambre d'un petit ménage d'ouvriers : un lit au fond sur un exhaussement correspondant à la saillie des porte à faux sur la rue, un coffre et une armoire de bois peint pour les hardes, quelques coussins ou mokheda de cuir jaune à franges de laine que l'on empile les uns sur les autres, une ou deux tables basses, autour desquelles on s'accroupit pour les repas. Une natte d'alfa tressé couvre le sol. Mais tout est d'une propreté minutieuse. Les murs sont d'un blanc de chaux éclatant, et le soleil, qui entre à flots par les portes ouvertes, court en ondées lumineuses sur les carreaux posés en revêtement.

En somme, il y a le nécessaire, ce qui suffit à la vie simple et alanguie de l'Orient; pas de ces meubles encombrants, de ces inutilités coûteuses, dont, sous prétexte de confortable, nous compliquons, comme à plaisir, notre existence. Il n'y a guère plus chez les riches, sauf que les tapis remplacent les nattes, que les carreaux sont plus beaux, que les murs sont ornés d'arabesques en stuc ou garnis d'étoffes de soie brochée, et que les coffres recèlent des merveilles de broderies. Mais toute la maison est au maître; des servantes courent sur les dalles, en faisant sonner leurs talons de bois, et les femmes, belles indolentes aux doigts inoccupés, attendent dans l'apathie du harem que le maître rentre et les honore d'un regard.

Mon guide s'était assis par terre et nous contait sa vie ainsi que celle de sa femme. Il allait à ses affaires le matin (il travaillait dans une compagnie); pendant ce temps, Yamina faisait le ménage, s'occupait des enfants, surveillait le couscous. Il rentrait vers salat-ed-dohor, l'heure de la prière de midi, inspectait le logis, déjeunait, puis repartait pour ne revenir qu'à la nuit. Il faisait les courses et achetait les provisions; tant pis s'il commettait des oublis. Sa femme ne sortait jamais, tout au plus une fois par mois pour aller au cimetière ou au bain. Elle ne voyait presque personne. Son père, vieux tailleur installé à l'Agha, venait quelquefois; mais il était âgé, et la marche le fatiguait. Sa mère était morte, et elle n'avait ni frère, ni sœur. Il y avait bien aussi un oncle maternel qui faisait le commerce du côté de Bône; mais c'était si loin, et une femme, même une nièce, compte si peu pour un Arabe, qu'il ne se dérangeait pas souvent. Sa vie s'écoulait donc ainsi, entre ces murs blanchis à la chaux et la terrasse de la maison où elle avait permission, à la nuit tombante, d'aller respirer quelques instants, n'ayant pour elle que l'amour jaloux de son mari et les caresses de deux enfants roses, une fillette de trois ans et un garçon de cinq, qui portait déjà le burnous; mais heureuse pourtant, car elle n'avait jamais regardé par-dessus sa prison, et ne savait pas ce qui se trouvait au delà.

J'obtins cependant pour elle la permission d'aller au cimetière le vendredi suivant. Ahmed n'osa refuser; mais, visiblement, il disait oui à contre-cœur. Yámina ne comprenait pas le français; elle devina toutefois ce que je demandais, et subitement ses yeux qu'elle avait fixés sur moi eurent un agrandissement : deux grands yeux de bête humble et reconnaissante. Puis j'interrogeai Ahmed sur la vie de recluse à laquelle il condamnait sa femme, sur la défense qu'il lui imposait de voir aucun autre homme.

« Et en cas de maladie, comment fais-tu? lui dis-je.
— Je la soigne.
— Mais il y a des maladies que tu ne peux connaître. Appelles-tu un médecin?
— Jamais.
— Mais alors...
— Dieu est grand! S'il veut la guérir, il le peut; sinon, elle mourra! »

Et, comme je lui demandais encore : « Tes compa-
« triotes agissent-ils de même? » il fit un signe de tête,
et ajouta :

« Chez les Maures, nous sommes tous ainsi. »

Il avait un air féroce en disant cela, qui me remit
en mémoire le mot de Byron : « O hommes, beaux
« tigres à deux jambes! »

Quelques instants après, nous voulûmes partir;
mais Yàmina, tandis que son mari restait enfermé chez
lui, avait entrepris, d'accord avec les autres femmes,
de nous faire visiter la maison. Il n'y avait là que des
ouvriers, des gens de condition modeste, et chaque
ménage occupait une ou deux pièces semblables à celle
que j'ai décrite. Néanmoins, il fallut pénétrer partout,
voir la cuisine commune à tous les habitants d'un
étage, monter sur la terrasse, descendre dans la citerne :
une course folle en compagnie d'oiseaux rieurs. Il
était de bonne heure, et tous les hommes se trouvaient
dehors. Mais voici qu'en tournant l'angle d'un couloir, un cri modulé retentit, et subitement une bous-
culade se produisit dans l'essaim des femmes. C'était
un Maure qui rentrait et avertissait de sa présence. La
plupart s'étaient enfuies; quelques-unes pourtant
n'eurent pas le temps, et aussitôt cherchèrent à se
cacher. L'une se couvrit la figure de ses mains, l'autre
se blottit derrière un pilier; quant à Yàmina, elle se
coiffa d'un panier à salade qui se trouvait là. L'homme,
cependant, passa, sévère et prude, affectant de tourner
ses regards du côté du mur, et entra dans une chambre dont il tira le rideau. Aussitôt les femmes revin-
rent, et la promenade recommença. Pendant ce temps,

notre guide, en pénitence derrière son rideau rouge, attendait qu'elle fût finie pour reparaître. Je ne voudrais pas faire de jugement téméraire; mais n'y a-t-il pas des indiscrets qui, quelquefois, lèvent un coin du voile?

Enfin, nous prîmes congé. Une à une, les femmes vinrent nous dire adieu, et après des *salam aleikoum* sans nombre, des mains touchées et portées ensuite aux lèvres, remontèrent légèrement chez elles. Ahmed quitta alors sa chambre, et nous reconduisit jusqu'à la rue. L'impression que nous emportions était étrange : il nous semblait sortir d'une maison de retraite, où des jeunes filles folles, douces et paisibles, mais éternellement jeunes, seraient enfermées depuis des siècles.

Cette coutume de se voiler en présence des hommes est générale en Orient. Il y a là plus qu'un précepte religieux : il y a une question de convenance et de pudeur. Évidemment, une femme arabe aimerait mieux montrer n'importe quelle partie de son corps que son visage. On m'a conté, à Constantine, que l'épouse d'un marabout assigna un jour devant le juge de paix un individu qui lui devait deux cents francs. Comme le magistrat la priait de retirer son haïk, ne pouvant rendre une décision sans s'assurer de son identité, elle refusa et préféra perdre ses deux cents francs plutôt que de se dévoiler. Des anomalies semblables se rencontrent, du reste, dans toutes les civilisations. Chez nous, une femme du monde ne voudrait à aucun prix montrer son pied nu à un étranger, et elle se décollète parfois de façon très indécente.

On conçoit que, dans un pays où la femme fuit à ce

point le regard de l'homme et compte pour si peu, il n'y ait pas de société possible. Pas de réceptions, pas de fêtes, au sens moderne du mot. Les appartements, du reste, n'y sont pas destinés. En fait de meubles, on ne trouve que ceux qui sont indispensables : un lit pour se coucher, une table pour prendre le café, un coussin pour se reposer, un coffre pour serrer les hardes. La maison, ou la tente, n'est, en réalité, qu'un abri contre le chaud ou le froid, une alcôve agrandie. L'Arabe, très égoïste, garde ses femmes pour lui seul. Sa discrétion est extrême à leur égard, à tel point qu'il ne demande jamais, même à un parent, des nouvelles de ses épouses; il emploie une périphrase : « Comment va la famille, la tente?... » Si, par hasard, il donne des fêtes où tourbillonnent des fantasia, des diffa où rôtissent des troupeaux entiers, c'est hors de chez lui, et les hommes ont seuls part à ces reliefs. Quand un mariage a lieu, la même règle est observée : hommes et femmes mangent à part, soigneusement triés comme l'ivraie et le bon grain.

La femme, écartée ainsi des sentiers publics, vit dans une prison : elle travaille et elle enfante. C'est même là sa principale fonction; et les soins qu'elle reçoit, l'affection de son mari sont en raison de sa fécondité, surtout si elle donne naissance à des mâles. L'Arabe se marie de bonne heure, à peine pubère; les textes du Coran ne concordent pas sur ce point. Qu'en dirait Aristote, qui ne conseille le mariage qu'à trente-cinq ans, et Platon, qui le limite entre trente et quarante-cinq ans! La fille, nubile à douze ans, est souvent mariée plus tôt, et c'est une monstruosité.

Quoique la polygamie soit permise, beaucoup d'hommes n'ont qu'une femme, car ils sont pauvres, et plusieurs coûteraient trop cher à nourrir. Mais, dès qu'elle est flétrie, et cela lui arrive parfois à trente ans, ils la remplacent par une seconde, et ainsi de suite jusque dans l'âge avancé de leur décrépitude. « Leur vieillesse caduque et rance », suivant le mot de Montaigne, aime à se réchauffer sur le sein des beautés jeunes et vivantes.

Pourtant, les sages ont dit : « Vieillard, n'épouse pas « une jeune fille, quand bien même ses dents seraient « des perles et ses joues des bouquets de roses. Elle « mangerait ton bien, et t'ensevelirait dans une natte. » Et encore : « Prends bien garde à toi ; la femme fuit « la barbe blanche, comme la brebis fuit le chacal. » La femme, reléguée, ne murmure pas, tant est grand le respect qu'inspire la volonté du mari. Quelquefois, il se passe une chose inouïe : elle choisit elle-même la nouvelle épousée de son maître, lui cède sa couche et humblement se fait sa servante.

L'esprit des femmes est aussi vide que leur rôle est effacé. Quand elles sont assez riches pour ne pas travailler, elles passent leur temps à mille futilités, chiffonnent les belles étoffes, se couvrent de bijoux et d'oripeaux. Elles sont fardées et peintes comme des poupées. Le henné, qui n'est que la feuille d'un arbrisseau pulvérisée, enduit leurs ongles, la paume de leurs mains et leurs pieds, d'une couleur orange. Un composé d'oxyde de cuivre et de noix de galle, appliqué sur les cheveux, les empêche de tomber et les fait paraître blonds. Enfin, obéissant à une des dix prescriptions du Koran, elles se teignent le bord des paupières avec du koheul. C'est un mélange de sulfure d'antimoine, d'alun calciné et de noir de fumée, que l'on passe sous la peau des cils avec un petit bâton, et qui encadre les yeux d'un liséré bleuâtre. La légende veut que ce soit Dieu lui-même qui ait changé le mont Sinaï en montagne de koheul, le jour où il apparut à Moïse; et la croyance des Orientaux est que cette teinture empêche les ophtalmies, rend le regard plus perçant, et donne aux yeux, ainsi dessinés, « l'éclat lumineux d'une source d'eau vive au milieu « des sables ».

Telle est la vie de la femme en Orient, conséquence naturelle de sa faiblesse physique, de la loi religieuse qui la gouverne, des coutumes séculaires qui régissent ses rapports avec les hommes.

Pour peu que l'on étudie les formalités des fiançailles et du mariage, les maximes qui concernent le divorce et la répudiation, on demeure frappé du soin apporté par le législateur arabe, d'accord avec la tradition, à maintenir la femme dans cet état de dépendance absolue, à en faire la chose, la propriété du mari.

Ainsi, le mariage n'est pas, comme chez nous, l'union de deux êtres libres qui se donnent librement l'un à l'autre, mais un marché conclu entre deux individus mâles : l'un qui cherche une épouse, l'autre qui cède pour de l'argent un objet propre à ce rôle. « Je te vends ma fille ou ma nièce, dit le second Arabe. — J'accepte », répond le premier; et aussitôt, il stipule un prix qu'il devra payer et qui sera la sanction du contrat. C'est un champ génital qu'il achète, et rien de plus. Le mariage est donc bien une vente, et la femme une marchandise vendue. La preuve en est dans les formalités mêmes. Il y a un représentant de la femme, qui contracte pour elle : son père ou un cousin, voire même les parents de son mari mort quand elle est veuve, car elle est toujours au pouvoir de quelqu'un. Il y a un consentement : celui de l'époux qui achète. La fille n'est consultée que si elle est orpheline; autrement, elle doit s'incliner devant la volonté de ses auteurs, et ne peut protester que par son silence. Il y a, enfin, un prix : la dot ou don nuptial, que le mari devra payer au père de sa femme pour la posséder, et sans lequel rien n'est fait. (*Sidi-Khalil*, vol. II.)

Toutefois, certaines entraves sont apportées à ce droit absolu des hommes sur l'autre sexe. Il y a des empêchements d'âge et de parenté fort mal définis, l'obligation pour le mari d'entretenir sa femme suivant sa condition, de la nourrir, fût-elle d'un appétit vorace (mais il peut, cependant, lui interdire de manger de l'ail), et, s'il en a plusieurs, de partager ses nuits entre elles, sous peine de paraître, dans le paradis, avec une jambe plus courte que l'autre. (*Le Koran*, chap. IV.)

Rien n'est curieux comme les préliminaires d'un mariage chez les Arabes et les Maures. Dans le désert, où les femmes et les filles ne sont pas voilées entièrement, puisqu'elles aident aux travaux des champs, les jeunes gens peuvent faire leurs recherches eux-mêmes et voir le visage et les mains de leur fiancée, « signes « de la beauté, dit Sidi-Khalil, et de la conformation du corps ». Mais, dans les villes, chez les Maures en particulier, où nul homme ne pénètre dans l'intérieur de l'habitation, et où les filles, à l'inverse du précepte de Lycurgue qui voulait qu'elles se montrassent en public n'ayant que leur pudeur pour tout vêtement, ne sortent que complètement cachées sous les plis du haïk, la chose se passe autrement.

Quand un jeune homme veut se marier, il charge sa mère ou quelque vieille amie, sorte d'entremetteuse à gages, de lui trouver une femme. Celle-ci se met alors en campagne, pénètre dans les gynécées, soulève les voiles, inspecte minutieusement les postulantes, et revient faire son rapport. Il faut lire, dans les poésies arabes, la description d'une femme parfaite : « Ni trop grasse, ni trop maigre, les yeux noirs comme la gazelle et les joues comme des bouquets de roses, la poitrine saillante ainsi que celle de l'antilope et les seins durs, le ventre léger, les hanches larges, l'haleine agréable... et la langue courte. » Je ne sais si, malheureusement, les sujets répondent toujours à ce portrait.

Le choix fait et le mariage arrêté en principe, il reste à formuler la demande. Ceci regarde les parents du jeune homme, qui vont alors trouver ceux de la jeune fille et, dans de longs entretiens, fixent la dot que doit payer le futur; là est le point important : sans dot, pas de femme. Le mari achète sa femme, et, en retour, celle-ci lui apporte son travail et sa puissance procréatrice. Sous les tentes, ces conférences donnent naissance à des diffas où l'on égorge force brebis, et où l'on fait « parler la poudre »; mais, dans les villes, l'accord se fait plus vite. Puis les parties se rendent chez le cadi, qui inscrit les conditions sur un registre et lit la Fatâh.

Le mariage est fait, mais la femme n'est pas livrée, et cette dernière peut se refuser à toute entrevue conjugale tant que le don nuptial ou dot n'a pas été payé. Enfin, tout est en règle; le père de la jeune fille lui a composé un trousseau de vêtements, de meubles et de bijoux, avec l'argent de sa dot, car le mari est censé acheter sa femme nue; les futurs ont échangé, toujours sans se connaître, de menus cadeaux : gâteaux au safran, bâtons de cosmétique ou écharpes brodées; il n'y a plus qu'à faire la cérémonie. Alors viennent des fêtes sans fin, « réjouissances au lait et au miel », qui durent plusieurs jours. Dans la cour de la maison, transformée en bassin, la fiancée est baignée en présence d'un triple rang de matrones : on lui teint les pieds et les mains avec du henné; on lui met du koheul aux paupières; on l'habille richement. Puis le cortège se met en marche sur deux rangs, et au milieu d'interminables you, you, sous l'escorte de cavaliers et de chameaux, la conduit dans sa nouvelle famille. Il y a encore un banquet, où hommes et femmes mangent séparément. Enfin, à l'heure de l'Eucha (8 heures du soir), dans la chambre nuptiale purifiée par l'encens et illuminée de bougies roses, le mari est entré impatient. Par une autre porte, des mains invisibles poussent la jeune fille que l'on a débarrassée de quelques-uns de ses vêtements, mais qu'un haïk transparent recouvre encore. Le mari peut soulever ce voile en toute liberté; il voit alors sa femme pour la première fois : elle est bien à lui.

Le lendemain, le charivari recommence et se prolonge pendant sept jours. Armées du bendaïr ou tambour de basque, les femmes de la noce viennent danser autour de la mariée, assise dans sa chambre. C'est la tesdora. Puis, le dernier jour, on la revêt de la ceinture qu'elle ne doit plus quitter, symbole de sa maternité future, et les amis se retirent enfin. La vierge a, dès lors, passé sept nuits consécutives avec son mari (trois nuits suffisent, si c'est une veuve). Le mariage est définitivement consommé.

On conçoit qu'une union conclue de cette manière, où l'amour a si peu de part puisque les futurs époux ne se connaissent pas, est quelquefois précaire. L'homme achète chat en poche, et la femme livrée, vendue sans son consentement à un inconnu, peut avoir des révoltes qui rendent la vie commune insupportable. Les remèdes sont alors la répudiation et le divorce.

La répudiation est aussi ancienne que la société arabe. L'islamisme ne l'a pas créée : il l'a seulement consacrée. Autrefois, on pouvait prendre autant d'épouses que l'on voulait. Mais, alors, le mari n'avait pas seul le droit de répudier sa femme : la femme pouvait aussi répudier son mari. Le procédé était simple : sous sa tente en poil de chameau foulé, elle tournait le gynécée dans un sens opposé à celui qu'il occupait d'abord, et le mari dès lors n'approchait plus d'elle ; il comprenait que tout rapport était fini entre eux. Mahomet réglementa le mariage ; il ne permit à l'homme que quatre femmes légitimes, mais lui réserva le bénéfice de la répudiation.

C'est donc un acte essentiellement marital, et, quoique le Koran exige qu'il y ait motifs graves, en réalité il en est autrement. On répudie une épouse pour un rien, parce qu'elle a été insolente, qu'elle a cessé de plaire, qu'elle est trop maigre. Aussi y a-t-il des degrés. Si l'homme dit simplement à sa compagne : « Va, « je te répudie », ou : « Tu es un péché pour moi », c'est la répudiation simple. La femme se met en *iddet*, c'est-à-dire en retraite : elle doit s'abstenir de parfum et de henné ; elle habite encore sous le même toit que son mari, mais ne peut approcher de sa couche ; elle a droit à des égards quand elle quitte la maison conjugale, et au bout d'une attente légale de trois à quatre mois, ou de onze mois si elle se croit enceinte, peut se remarier. Souvent, cela ne va pas aussi loin. La colère passée ou la faute réparée, il suffit d'une parole, d'un baiser, pour que la femme réhabilitée reprenne sa place dans le gynécée.

Mais si les parties vont devant le cadi et que l'époux prononce la formule consacré : « Je te répudie au troi-« sième degré, tu n'es plus pour moi qu'un être mort ou « de la chair de porc », alors la rupture est définitive ; la femme passe le temps de sa retraite dans un domicile séparé, et ne peut être reprise par son mari qu'après avoir été unie à un autre homme. Il est vrai que la difficulté se tourne aisément. En cas de réconciliation, on s'adresse à un ami complaisant qui épouse votre femme, la respecte, la répudie le lendemain de son mariage, et vous la renvoie après. Il y a, paraît-il, en Algérie, des saint Joseph dont c'est le métier : on les appelle des *Hulla*.

L'épouse divorcée ne rend pas la dot qu'elle a reçue. Néanmoins, sa position est parfois terrible, car cette dot est restée entre les mains de ses parents. Si ces derniers ne veulent pas la recevoir, abandonnée sans argent et presque sans vêtements, il ne lui reste qu'à mendier ou à se prostituer. La répudiation, en effet, suppose une faute chez la femme, et nuit à son établissement dans l'avenir. Mais il peut arriver que tous les torts viennent du mari, qu'il soit brutal, débauché, partial dans ses faveurs, et alors que son infortunée compagne n'ait d'autres ressources que l'insurrection ou la fuite. Aussi, Mahomet, en face de la répudiation exclusivement réservée au mari, a-t-il institué le divorce qui peut être sollicité par la femme et qui tend au même but.

Le divorce suppose un jugement. Il est prononcé par le cadi, généralement contre le mari, pour cause de brutalité ou d'impuissance. C'est le divorce forcé qui laisse à la femme sa dot et sa liberté. Dans la pensée du Prophète, il ne devait pas y en avoir d'autre. Mais, à côté, on a vu s'établir le divorce volontaire ou par délivrance (El Khellali). Chacun des deux époux peut le solliciter, et pour le premier motif venu : incompatibilité d'humeur, désir réciproque d'avoir un autre mari ou une autre femme. On pourrait l'appeler un *divorce par consentement mutuel;* mais, à l'inverse de ce qui se passe dans le premier cas, la femme doit rendre, sous le nom de *don compensatoire,* la dot qu'elle avait reçue : c'est la rançon de sa liberté. Le mariage, qui était alors une vente, devient un contrat de société où chacun reprend son apport : la femme sa personne, le mari son argent.

La position de l'épouse ainsi divorcée est supérieure, moralement parlant, à celle de l'épouse répudiée, car elle n'est pas flétrie ; pécuniairement, elle est pire, car elle rend sa dot. Dans la pensée de Mahomet, elle devait la garder dans les deux cas ; mais les mœurs ont été plus fortes que sa volonté. Bien plus, les maris musulmans ont trouvé le moyen d'aggraver les choses à leur profit. Ils ne pratiquent jamais le divorce forcé, et transforment la répudiation en divorce volontaire afin de reprendre l'argent qu'ils ont versé. Il est vrai que les légistes ont une raison pour expliquer cette façon d'agir : ils prétendent que si les femmes divorcées pouvaient garder leur dot, la plupart divorceraient sous le moindre prétexte et s'amasseraient ainsi une fortune en courant les maris.

La législation musulmane arme terriblement le mari contre sa femme. En cas d'infidélité, sa puissance est illimitée : il peut fouetter jusqu'au sang l'épouse adultère, il peut la tuer. A Constantinople, on la cousait dans un sac que l'on portait au Bosphore ; à Constantine, on la précipitait dans le Rummel ; dans d'autres pays, on élevait un mur autour des coupables qu'on laissait ainsi mourir de faim. Ce droit de punir n'appartient pas seulement au mari, mais à tout parent de la femme soupçonnée. Il y a trente ans, on a vu, en Kabylie, un marabout, dont la fille s'était livrée à un nègre, creuser en plein jour une tombe au cimetière, y traîner la malheureuse, l'égorger et l'ensevelir de ses propres mains.

Malgré ces châtiments terribles, les femmes arabes, kabyles et mauresques, continuent à tromper leurs maris avec un entrain admirable. Jusque sous la tente étroite, qu'un burnous tendu sépare en deux, elles introduisent « le larron d'honneur » qu'elles ont entrevu dans le ravin de la source, recevant sans pudeur

>Le jeune amant sans barbe à la barbe du vieux.

Le harem est sur ce point une terrible école de débauche, d'autant plus que la séquestration leur aiguise l'intelligence et leur fournit l'idée de mille ruses : « Voulez-vous donner de l'adresse à la plus ingénue? « disait Figaro au comte Almaviva. Enfermez-la. »

Comment, du reste, la femme serait-elle fidèle? Livrée à elle-même, sans préceptes moraux, sans occupation intellectuelle, sans intérêts dans la vie, tenue à l'écart par son mari qui n'entre chez elle qu'à la nuit, elle va vers ce qui la charme et la fascine, vers cet inconnu qui, de loin, semble une aurore, vers ce qui est lumineux et aimable, vers le soleil et vers l'amour. Épouse souvent maltraitée de vieillards impuissants et sensuels, elle est à la merci du premier galant qui franchit les murs de sa prison, surtout s'il est beau, jeune et riche, si sa main se répand en parfums et en présents, car le mot de Childe Harold sera éternellement vrai : « L'éclat attire les femmes comme « les papillons, et Plutus réussit là où échoueraient « des séraphins. »

Je ne veux pas terminer ce chapitre sans rapporter ici une gracieuse légende arabe, celle des amours d'Orwah et d'Afrà. Elle est tirée de l'*Aryani,* recueil poétique analogue à notre *Romancero,* et donnera une idée de ce qu'étaient les femmes dans l'antiquité arabe avant que l'islamisme les eût courbées sous son joug (1).

C'étaient deux nobles enfants de l'Hedjaz, non loin de la blanche Médine, riche en coursiers, qu'ombragent des palmiers toujours verts et qu'entoure un désert de sable infranchissable. Orwah, fils d'Hizâm, était poète, comme on l'était alors, de cette poésie barbare éclose dans le sang des batailles ou épanouie au parfum des fleurs nocturnes, qui savait mêler, dans des kâcideh inégales, au cliquetis des lances les frémissements harmonieux de l'amour. Il était jeune et beau, la taille svelte comme une colonne, et quand il passait sur sa chamelle blanche, le long du ravin de lauriers-roses, il chantait Afrâ, sa cousine, fille de son oncle Ikal, avec qui il avait été élevé, car il était orphelin.

C'était une belle jeune fille, au col argenté et flexible, à la bouche ouverte par la grâce comme un anneau de fiançailles, aux yeux d'antilope, à la poitrine ferme et ronde, à l'haleine douce comme du miel. Les deux jeunes gens s'aimaient depuis l'enfance et souvent s'étaient juré de n'être jamais que l'un à l'autre. Ikal encourageait leurs désirs, mais sa femme rêvait une alliance plus brillante pour sa fille, car Orwah était pauvre. Aussi, quand celui-ci lui vint demander la main d'Afrâ, elle lui déclara qu'il ne l'obtiendrait que s'il apportait une dot de cent chameaux.

Orwah ne possédait rien que sa noblesse et son courage, mais il avait en Syrie un oncle qui l'aimait ten-

(1) Voir la traduction de M. le docteur Perron, *Les femmes arabes avant et depuis l'islamisme.*

drement et qui était riche. Il résolut d'implorer sa générosité, et il partit, l'esprit agité d'un triste pressentiment, le cœur tremblant d'inquiétude comme si un blond kata (perdrix rouge) s'y fût suspendu de son aile frémissante. En effet, voici que, pendant son absence, un opulent marchand du Yémen planta sa tente auprès de celle d'Ikal. Il vit Afrâ, s'en éprit et la demanda en mariage. Le père hésitait, mais la mère, que l'étranger avait séduite par ses largesses et le nombre de ses troupeaux, trouva moyen de le décider, et Afrâ, mariée malgré elle, quitta ses contribules et les lieux témoins de ses premiers serments.

Pendant ce temps, Orwah avait heureusement accompli son voyage, et déjà il revenait, poussant ses chameaux sur le sable brillant de blancheur. Dès qu'il l'aperçut au détour de la colline, Ikal s'avança vers lui le visage bouleversé, lacérant ses vêtements de deuil; il le prit par la main, et le conduisant à un tombeau fraîchement fermé, lui conta qu'Afrâ était morte. La douleur d'Orwah fut immense; trois jours et trois nuits, le crépuscule et le lever du soleil le trouvèrent sanglotant sur la pierre, appelant la fiancée que l'ange Azraël lui avait ravie. Enfin, une jeune fille lui apprit la trahison dont il était victime. Il se leva alors, prépara quelques provisions et partit seul pour le pays du mari d'Afrâ.

La route fut longue; enfin un soir, à la nuit venue, il atteignit sa demeure. Il demanda l'aumône; une servante vint qui leva le rideau de la tente, et, comme il semblait las, lui permit d'entrer et de se reposer. Le matin, il interpella cette servante et lui dit :

« Prends cet anneau et jette-le dans le vase de lait que tu portes à ta maîtresse. »

Et comme la fille hésitait, il ajouta :

« Va, ne crains rien ; si ta maîtresse demande d'où vient ce bijou, tu lui diras simplement : Ce matin votre hôte aura bu de ce lait avant toi et y aura laissé tomber son anneau. »

En effet, quelques instants après, Afrâ prit la jatte, but le lait, et l'anneau s'arrêta à ses lèvres ; elle le reconnut et de suite s'écria :

« C'est l'anneau d'Orwah, comment est-il ici ? »

Aussitôt elle s'en fut trouver son mari et lui conta la chose. Cet homme était juste et bon. Il fit venir Orwah, le gronda du mystère dont il s'était entouré et l'invita à s'établir auprès d'eux. Mais Orwah ne demandait qu'à voir Afrâ. Elle parut enfin, et dès qu'il la vit, il se mit à pleurer :

« Oh ! disait-il, vierge de l'Hedjaz, toi qui devais être à moi, pourquoi as-tu quitté nos vallées ? Depuis que ton visage s'est caché derrière la montagne de Kora comme le pur croissant de la lune, mes yeux pleurent du feu, ma langue se colle à mon palais, et mon cœur, que transperce le fer aiguisé du malheur, est prêt à défaillir. »

Afrâ le consola, lui jura qu'elle ne s'était mariée que sur l'ordre de son père, et que son souvenir restait toujours vivant. Orwah la crut. Toutefois il ne voulut pas rester ; le bonheur des deux époux lui faisait trop de mal.

Le soir même il partit, traînant après lui sa douleur comme la lourde entrave que l'on met aux pieds des coursiers. Et tandis qu'il s'en allait par la plaine aride et solitaire, les échos éloignés répétaient ses plaintes :

« Oh! jeune fille délicieuse, plus suave que les fruits du zendjebil, je te pleurerai tant que mes pieds me porteront sur la terre, tant qu'à l'Orient étincellera le soleil, tant que roucoulera la colombe au brun collier. »

Mais l'amoureux avait trop présumé de ses forces. A tout instant un vertige le forçait à s'arrêter ; il défaillait, il se desséchait comme un palmier dont on eût coupé les racines.

Sur sa route, il rencontra un savant médecin du Nedjed qui voulut le guérir ; mais les remèdes furent inutiles, et le thaleb le quitta, préférant renoncer à la médecine que de continuer une cure si difficile.

Quand il eut regagné sa tribu, ses sœurs, ses tantes, ses amis essayèrent par leurs chants de l'arracher au mal qui le consumait. Mais il ne les écoutait pas, restant tout le jour couché sur la pierre de la fontaine où autrefois venaient boire les chameaux d'Afrâ ; et ses sœurs, ses tantes, ses amis préférèrent pour leur vie renoncer aux chansons que de consoler par ce moyen celui qui ne voulait pas l'être.

Quelque temps après, un saint docteur, que le Seigneur avait toujours exaucé, était en dévotion sur la montagne de la Mecque, quand il vit une procession de jeunes gens lui amener un jeune homme décharné et mourant qui n'était autre qu'Orwah. Il pria pendant six mois ; mais comme ses prières demeuraient vaines, il descendit de la montagne et s'éloigna, préférant renoncer à la prière, dans son impuissance à guérir cette victime de l'amour.

Une autre fois, un homme pieux et charitable parcourait les tribus, distribuant des aumônes et faisant briller la joie au front des plus misérables. Voilà qu'il rencontra un Arabe couché devant une tente, et si maigre qu'on eût dit un squelette. C'était Orwah, qui lui conta ses malheurs en termes si touchants que l'homme pieux et charitable jeta sa bourse et prit un bâton, préférant mendier que d'avoir à secourir de pareilles infortunes.

Enfin l'ange Azraël passa devant la demeure d'Orwah. Une dernière fois il ouvrit les yeux et faiblement murmura :

« O Afrâ, il n'est plus, celui qui eût donné pour toi le sang de ses veines, la moelle de ses os, les chairs de son corps, le dernier battement de son cœur épuisé ! Malheur à ceux qui aiment ! Qu'après moi nul jeune homme ne se prenne aux plaisirs de l'amour ! »

Puis il expira.

Ses contribules le portèrent sur leurs épaules jusqu'à la tombe qu'il s'était choisie sur la colline, regardant le pays d'Afrâ. Derrière, ses sœurs, ses parentes, dans leurs longs vêtements de deuil qui tombaient autour d'elles comme les ailes pendantes du corbeau blessé, gémissaient et pleuraient, et leurs plaintes semblaient redire la suprême prière de l'infortuné Orwah : « Qu'après lui nul jeune homme ne se prenne aux plaisirs de l'amour ! »

Afrâ apprit peu après la mort de son cousin. Ce fut un coup terrible. Elle languit trois jours, et le quatrième, comme elle prenait l'anneau qui naguère avait touché ses lèvres, il lui sembla qu'un fer rouge la brûlait dans tout son être ; elle tomba inanimée sur le sol ; elle était morte.

CHAPITRE VI

LES ENVIRONS D'ALGER. — LA TRAPPE DE STAOUÉLI ET SAINT-EUGÈNE. — LES GORGES DE LA CHIFFA ET BLIDAH.

> « A la montée et à la descente, les chants charment le pénible chemin de rochers, quand le guide, avec ravissement, sur la haute croupe du mulet, chante pour éveiller les étoiles et pour effrayer les brigands. »
>
> (Goethe : *Divan, Moganni Nameth.*)

Parcourir les environs d'une ville demande quelquefois autant de temps que visiter la ville elle-même. Aussi bornerai-je à deux mes excursions autour d'Alger : Staouéli et la Chiffa. La première, assez courte, donne un aperçu rapide, mais suffisant, de la campagne algérienne. On monte à la porte du Sahel et de là jusqu'à El-Biar par l'infernale route poudreuse qui serpente sur les contreforts du Bouzaréa. Des cactus, des figuiers de Barbarie font cortège en double haie, et, dans la sécheresse dévorante d'octobre, allongent leurs langues et leurs cuillères hérissées de piquants. Au-dessus tremblote le feuillage glauque des Eucalyptus, auxquels se mêlent des poivriers chargés de longs épis de graines rouges, et plus haut encore, quelques oliviers sauvages se tordent sur les pentes. La végétation est prodigieuse, mais la poussière met sur tout une teinte uniforme et désespérante de gris.

On laisse à gauche le fort l'Empereur, vaste cube de maçonnerie où fut signée la capitulation de la ville en 1830 ; des vallées s'entr'ouvrent profondes et ombragées, semées de maisons roses, pendant que, en arrière, une tache blanche décroît peu à peu pour n'être bientôt qu'un point imperceptible entre la mer bleue et la terre grise : c'est Alger. La vigne commence à apparaître. C'est la grande industrie du pays avec les céréales et les distilleries de plantes odoriférantes. Des fermes s'échelonnent le long de la route entre des haies de cactus et d'aloès. Avant d'arriver à Cheraga, on jouit d'une vue admirable sur tout ce plateau, coupé de vallées sinueuses, constellé de villages européens et de ruines romaines qui ne seront bientôt plus qu'un souvenir, tandis que le rivage, dans le fond, décrit une courbe prolongée de Sidi-Ferruch à Cherchel.

Staouéli, que l'on atteint peu après, est surtout célèbre par l'établissement que les trappistes y fondèrent en 1843, à l'endroit même où s'était livré le combat qui ouvrit au maréchal de Bourmont la route d'Alger. Les Pères y possèdent aujourd'hui des champs entiers de géraniums pour leur distillerie d'eau de rose, un vignoble de six cents hectares et une exploitation agricole d'égale étendue.

D'habitude, on déjeune à la Trappe. L'hospitalité est cordiale et gratuite ; mais on y fait toujours maigre, et la cuisine est à l'huile. Encore le dimanche est-il jour privilégié, car des œufs s'ajoutent au menu. En revanche, le vin est très bon, quoique un peu chargé, et le Père procureur vous fait goûter des contrefaçons d'Alicante et de Malaga qui ont quelque mérite. Le monastère est cloîtré; aussi les hommes seuls sont-ils admis dans l'intérieur, qui, en dehors des énormes palmiers de la cour et de la bibliothèque, n'offre rien de très curieux. Mais il faut voir la ferme, les greniers, les étables où sont des bœufs français qui réussissent fort bien et les grands appareils de la distillerie.

De là, le voyageur peut gagner Cherchell ou revenir à Alger à travers une plaine poudreuse coupée de rares bouquets d'arbres. A Guyotville, on retrouve la mer. La route longe désormais le rivage dont elle suit les découpures, passant quelquefois au travers de rochers sauvages. A droite, les pentes du Bouzaréa, verdoyantes et ravinées, s'élèvent graduellement. Les palmiers nains, mêlés aux cactus, poussent par touffes dans les anfractuosités des roches; des haies de cassissiers, au feuillage découpé et aux longues épines garnies de boules jaunes, mettent un parfum âcre dans l'air; et parfois, dans l'encadrement d'un taillis de pins d'Alep, au milieu de buissons d'arbousiers à fruits rouges, apparaît une villa blanche avec ses toits en terrasse superposés. Entre la route et la mer s'étendent des vergers, protégés contre le vent par des haies de roseaux élevées de trois mètres. Voici le cap Caxine et son bizarre entassement de roches mégalithiques, la pointe Pescade, que domine le vieux bordj turc aujourd'hui ruiné, et plus loin Saint-Eugène dans un site admirable.

C'est là que chaque mercredi, je crois, près de la source d'Aïoun-Menad, les négresses d'Alger vont sacrifier des poules noires et blanches, et évoquent par l'incantation du « Fal » le Djnoun de la caverne. Sur un réchaud allumé, elles placent, après l'avoir rempli d'eau, un vase déjà purifié par l'encens. Les assistants, qui déplorent l'absence d'un parent ou d'un ami, y jettent des objets ayant appartenu à ces derniers, des bagues, des ferrailles. Le liquide se met en mouvement, et ses bouillonnements dictent ses réponses à la prêtresse. Il est rare qu'on se retire imparfaitement renseigné.

De l'autre côté, sur un contrefort de la montagne, la grande cathédrale de Mgr Pavie élève la série de ses minarets et de ses coupoles, et, sous le dôme étincelant de mosaïques, l'inscription romane de son autel, implorant, en face de l'intolérance de l'islamisme, Notre-Dame d'Afrique « pour les chrétiens et les musulmans ». Plus loin, la côte s'infléchit, toujours soulignée par la mer d'un bleu intense; la route, blanche de poussière, est parcourue en tous sens par des corricolos coiffés de leur parasol de toile et par de petits ânes chargés de rameaux verts. Mais voici que l'on approche d'Alger : les guinguettes, les villas imitées des constructions mauresques se font plus nombreuses dans l'entrelacement des feuillages. Allons! il y a encore un peu de couleur locale; cela ne ressemble pas trop à Bougival et à Chatou.

Staouéli est presque à la porte d'Alger. Les gorges de la Chiffa, au contraire, vous font pénétrer au milieu des premiers contreforts de l'Atlas. Le chemin de fer d'Oran y conduit en deux heures à travers l'immense plaine de la Mitidja. Cette plaine, ancien bassin lacustre que les sédiments ont comblé peu à peu, et qui s'étend entre l'Atlas et le Sahel, de Marengo à la mer, sur cent kilomètres de long, est, à proprement parler, le grenier de l'Algérie. Ses deux cent mille hectares de terres fertiles nourrissaient une partie de la régence bien avant la conquête ; aussi les poètes arabes l'avaient-ils surnommée la « mère des pauvres », l' « ennemie de la faim », et la célébraient dans de touchantes élégies :

« Où es-tu, belle Mitidja,
« Toi qu'on nommait la mère du pauvre ?
« Tes troupeaux se comparaient à des degrés :
« On les voyait défiler vers le soir.
« Où es-tu, la chérie des malheureux ?
« On préférait ton séjour à celui des villes les plus belles.
« Tes biens coulaient comme des rivières,
« Et ton orgueil consistait à nourrir qui avait faim. »

Après les Arabes, nous avons colonisé le pays et transformé en villages, qui s'échelonnent entre de superbes cultures de froment, de vignes et d'orangers, les anciens centres indigènes. On traverse ainsi Bir-Touta, Bou-Farik, Beni Mered, et l'on arrive à Blidah.

Blidah a ses oranges, comme le Sahel a ses vins. Les arbres, au nombre de plus de cent mille et hauts de trois à cinq mètres, sont plantés par rangs espacés de huit mètres environ. Ils forment des champs entiers qui rayonnent tout autour de la ville et que des bordures d'eucalyptus garantissent du vent. Mais nous passons vite et partons pour la Chiffa, dont on aperçoit déjà la découpure au milieu de la chaîne de l'Atlas à

6

quinze kilomètres dans l'ouest. C'est la route de Médéah. On y construit actuellement un chemin de fer qui doit se prolonger jusqu'à Boghar et Laghouat.

Avant le paysage, voyons la légende, car ici chaque manifestation de la nature a une origine sainte ou fantastique. Ce pays, propriété immémoriale de la tribu des Mouzaïa, fut envahi au douzième siècle de notre ère par une émigration partie du Rif marocain. La lutte fut longue avec les nouveaux venus, et allait se terminer par l'extermination des Mouzaïa, quand quelques-uns d'entre eux eurent l'idée de prier le Seigneur, bien oublié jusqu'alors. Leur cause était juste, et Dieu l'entendit.

Voici que par une nuit sans lune, un globe de feu apparut tout à coup à l'Occident, suivant le sillage que la Medjerra ou voie lactée laisse dans le ciel. Il descendit, s'allongea et bientôt se transforma en un vieillard armé d'une hache de diamant, qui marchait en rasant les collines, « portant sa lumière devant lui et « à sa droite », suivant l'expression du Koran. C'était Sidi-Mohammed-bou-Chakour (l'homme à la Hache). A sa voix, les tribus ennemies se réunirent et subitement oublièrent leurs discordes. Le saint ne se contenta pas d'avoir ramené la paix parmi elles, il leur donna encore une nouvelle preuve de son affection. Le pays était stérile ; une arête rocheuse fermait l'Atlas et rejetait vers d'autres directions les eaux du versant supérieur. Sidi-Mohammed invoqua le Seigneur, puis il gravit la montagne, et, d'un coup de sa hache, la fendit du haut en bas. Un torrent sortit en bouillonnant : c'était l'Oued-Mouzaïa, qui prit le nom d'Oued-

Chiffa, « rivière de la lèvre », en souvenir de la coupure faite dans le rocher. Sidi-Mohammed se retira ensuite sur le pic de Tamezguida, où on lui bâtit une hutte de feuillage. C'est là qu'il dort son dernier sommeil, au milieu des tribus qu'il a pacifiées, entouré de centaines de cruches d'eau que les croyants apportent chaque année, en souvenir du miracle qui a fertilisé la contrée.

La légende est jolie, n'est-ce pas? A mesure que l'on monte, le paysage se lève comme un décor d'opéra. Sur la gauche, la chaîne de l'Atlas, haute et escarpée, court de l'est à l'ouest, pareille à une barre fixe. En face s'étagent les pentes adoucies du Sahel. Quelques douars arabes apparaissent çà et là; le tombeau de la chrétienne émerge au dernier plan de l'horizon, et au fond la plaine s'étend immense, coupée de bouquets d'arbres et de cultures qu'arrosent des dérivations de l'oued, avec ses lointains noyés de demi-teintes mystérieuses. On passe sur un pont de pierre, et l'on voit s'ouvrir la gorge profonde dans l'encadrement assombri de ses versants, au-dessus de laquelle le ciel met un ruban bleu. Je ne la décrirai pas. A quoi bon? C'est la gorge étroite que l'on trouve en Suisse et partout ailleurs : le torrent roulant entre des blocs énormes, et la route suspendue sur des abîmes.

Mais la nature africaine a mis son cachet. Sur les pentes presque droites des palmiers nains poussent par touffes, et leur feuillage découpé fait à la montagne comme une peau de chagrin vert. Des oliviers, des cèdres séculaires se tordent avec des contorsions de damnés dans l'air inclément, et parfois, à travers le tissu infiniment serré des lauriers-roses mêlés aux myrtes, aux tamarins, aux lentisques opulents, un ruisseau se fait passage et glisse sur le calcaire poli, pareil à un filet d'argent.

On monte ainsi à la roche pourrie et de là au confluent de l'Oued-Merdja. Le défilé se fait plus sauvage. Des masses de schiste bleuté, effritées par le temps, surplombent la route, barrant presque le passage, et, vers le sud, une haute montagne ferme l'horizon. La nature paraît comme endormie sous le ciel de feu, et l'étouffant silence de cette solitude n'est troublé que par le bruit des cascatelles qui tombent en gouttelettes coloriées à travers lesquelles rit la lumière et, presque sous terre, au fond de sa coulée de pierre polie, par la grande voix du torrent,

« . . . . qui gémit dans l'abîme,
« Et se traîne en sanglots de rochers en rochers. »

La Chiffa a une autre célébrité : c'est la patrie des singes. Longtemps, j'ai cru que c'était une légende, et qu'en fait de ces animaux, il n'y avait dans le pays que ceux qu'un artiste a peints en grisaille sur les murs de l'auberge du ruisseau des singes, abominable hôtellerie installée au plus beau de la gorge et où l'on paye fort cher un très mauvais déjeuner. Je dois faire amende honorable. Je vis des singes à trois reprises durant cette seule journée. Ils sautillaient dans les fourrés, ou bien venaient par petites troupes boire au ruisseau dans le creux de leur main avec des contorsions impayables. L'aubergiste prétend même qu'ils sont plus nombreux que les mouches, qu'ils couchent sur le toit de la maison et mangent ses figues et ses oranges. Il paraît qu'un arrêté du gouverneur défend de les tuer.

Le soir, je suis rentré à Blidah. Je n'en dirai rien, car celle que l'on appelait la petite rose (ourida), la voluptueuse, est méconnaissable aujourd'hui. La Blidah d'autrefois, la ville des plaisirs faciles et des filles de joie, vaste lupanar où, dans l'obscurité des cafés chantants, à l'ombre des bosquets chargés de fruits d'or, dans le parfum amollissant des fleurs, les prostituées du désert, depuis les filles d'Oulad-Naïl jusqu'aux négresses du Soudan, offraient à tous les débauchés de l'Afrique les séductions de leur chair et les chauds enlacements de leurs bras, a disparu dans les remaniements de la conquête pour faire place à des rues droites et à des casernes.

Il ne reste plus rien que le bois d'oliviers séculaires, qui cache la tombe de Sidi-Yakoub : arbres vénérables, tordus, noueux, grimaçants, crevassés, aussi vieux que le saint qui dort à l'ombre de leur feuillage pâle, puisque Dieu les avait fait pousser tout exprès pour abriter ses tentes au retour d'un pèlerinage qu'il avait fait à la Mecque. On l'appelle le bois sacré : ceux de Delphes et d'Éphèse devaient être ainsi.

DEUXIÈME PARTIE

DE CONSTANTINE A BISKRA

CHAPITRE PREMIER

D'ALGER A CONSTANTINE. — LA KABYLIE.

> « Hauts sont les puys et ténébreuses les vallées,
> « les rochers noirs ; les défilés sinistres ! »
> (*La Chanson de Roland*, ch. ii.)
>
> « Rude et sombre contrée à la sanglante histoire. »
> (F. Coppée, *Récits épiques*.)

Ce n'est pas un petit voyage que celui d'Alger à Constantine. On part à six heures du matin pour n'arriver qu'à minuit, et ces dix-huit heures de chemin de fer, malgré le pittoresque défilé des Portes de fer et la traversée de la grande Kabylie, manquent un peu d'intérêt. Je pourrais ajouter également que la compagnie de l'Est-Algérien ne me semble pas avoir un très grand souci du bien-être des voyageurs. Le matériel est assez primitif, s'il n'est le rebut de quelque grande ligne européenne; pourquoi aussi ne pas avoir adopté le système des wagons à galerie, si commodes sur le réseau algérien du Paris-Lyon et le Bône-Guelma?

Bref, il faut partir de très bonne heure, alors qu'Alger est encore voilé des dernières brumes de la nuit. A mesure qu'on s'éloigne, le triangle dentelé que fait la ville mauresque, illuminé par les blancs rayons du soleil levant, diminue peu à peu, et finit par disparaître derrière la croupe verdoyante parsemée de maisons claires où Mustapha est bâti. Nous longeons la mer et des vergers plantés de choux énormes, et nous traversons l'Harrach, non loin du vieux pont d'Ibrahim-Ramdan que son inscription qualifie de « bâtisse « merveilleuse et brillante », pour atteindre Maison-Carrée.

On gagne de là Ménerville à travers la forêt d'oliviers de la Reghaïa : c'est le commencement de la Kabylie. Ce nom s'applique au massif montagneux qui va de la Mitidja à Constantine et que l'Oued-Sahel divise en deux parties : la grande et la petite Kabylie. Le pays devient accidenté ; à gauche, court une chaîne de hauteurs moyennes, et en avant, la profonde dépression de l'Isser ouvre des échappées circulaires sur le massif du Djurjura, dont les sommets sont bleuis par l'éloignement. A Beni-Amran, la voie s'engage dans une gorge étroite, à tout instant barrée par des escarpements rocheux dans lesquels il a fallu percer des tunnels. Du haut des terrasses maçonnées où court le train, la vue plonge dans le torrent qui roule, quelquefois à une grande profondeur, ses flots jaunes parmi des blocs de grès énormes. Ce passage ne dure qu'un quart d'heure, mais il est aussi grandiose que les plus sauvages défilés des Alpes. A Palestro, l'horizon s'élargit : une plaine onduleuse, qui va en s'évasant jusqu'à Bordj-Mansour, à quatre-vingt-dix kilomètres de là, s'étend vers le sud-ouest, dominée à son début par les trois cimes du Tigremoun, qui affecte un peu les allures du mont Cervin, tandis que les montagnes que nous venons de quitter dessinent un immense cirque dans la direction du nord.

Nous sommes en Kabylie. Le pays prend un autre aspect. Les oliviers, les figuiers se montrent au milieu des cultures. Les villages commencent aussi à apparaître et animent le paysage. Les maisons, bâties en pierres sèches ou faites de morceaux de bois liés par des roseaux et grossièrement enduits de terre, s'échelonnent par groupes sur les pentes des coteaux. Ce sont de petits cubes bas, percés d'ouvertures étroites, quelquefois couverts en tuiles rouges, mais le plus souvent en chaume. L'aspect en est triste et misérable. Des jardinets les entourent; et parfois, quand l'agglomération est plus importante, il s'y joint un cimetière bordé simplement d'une haie d'aloès.

Les Kabyles qui les habitent ne sont en réalité que des Berbères ou Numides qui se rattachent eux-mêmes aux premières races qui aient occupé l'Afrique. Ils seraient ainsi le peuple primitif, aborigène. Je ne reviendrai pas sur leur origine, en ayant suffisamment parlé dans l'introduction. A la chute de l'empire romain, ils englobèrent les colonies grecques et romaines, assistèrent en spectateurs à la lutte des Vandales et de Bélisaire et végétèrent jusqu'à l'invasion arabe. Chassés alors de leurs pâturages, cernés dans leurs montagnes, ils se firent musulmans, plus pour échapper aux impôts dont les frappait l'envahisseur que par conviction, puisque Ibn-Khaldoun raconte qu'ils apostasièrent onze fois, mais non sans engager des luttes terribles, puisque le même historien parle de trois cent cinquante batailles.

Aujourd'hui, les Berbères sont un peu partout. Il y en a jusque dans le Sahara, car les Touaregs ne sont qu'un rameau détaché ; mais la plupart ont perdu le sentiment de leur origine. Ils se disent et se croient de même souche que les Arabes, se confondent avec eux, suivent la même loi civile ou religieuse, parlent la même langue. Les Kabyles seuls, et plus spécialement ceux du Djurjura, ont conservé leur physionomie primitive. Les montagnes les ont gardés des Arabes, des Turcs et de nous.

Les Kabyles sont avant tout des sédentaires et des agriculteurs, tandis que les Arabes sont des nomades et des pasteurs. Ils vivent en tribus comme ces derniers; mais chez eux, une sorte de lien fédéral réunit les tribus entre elles, et par derrière, on trouve une organisation communale et démocratique des plus curieuses. La famille est l'unité sociale ayant un caractère patriarcal très prononcé. Plusieurs familles constituent le village, et plusieurs villages la tribu. Le village est par excellence l'unité politique et administrative. Il est gouverné par une Djemâa, assemblée générale des habitants dont tout Kabyle majeur fait partie de droit, qui règle tout ce qui l'intéresse : paix, guerre, justice, impôts... Les décisions se prennent à l'unanimité, ce qui est un obstacle; aussi, souvent a-t-on recours à des arbitres. Mais une fois prises, elles sont souveraines, et c'est un Kabyle, élevé par ses concitoyens à la dignité d'Amin ou de gardien, qui est chargé de leur exécution, ainsi que de l'administration des biens communaux. Quant à la tribu, elle n'a qu'un pouvoir compensateur. C'est elle qui, autrefois, dans un conseil où se rendaient les délégués des villages, décidait de la guerre sainte, et qui, encore aujourd'hui, s'efforce d'apaiser les querelles de ses membres, quand un sujet de discussion s'élève entre eux.

La commune est donc autonome ; elle a en outre, si je puis m'exprimer ainsi, une personnalité civile : elle perçoit des impôts pour son propre compte, elle concourt aux dépenses qu'occasionne l'hospitalité, elle achète aussi, en cas de disette, des animaux et du blé dont elle opère le partage entre les pauvres. Elle est à la fois un pouvoir tutélaire et paternel. Cette organisation si parfaite et si sage est à bon droit étonnante, surtout quand on considère qu'elle ne repose sur aucun texte : c'est une tradition coutumière qui se transmet oralement de siècle en siècle, et dont l'origine se perd dans la nuit de l'histoire. Depuis la conquête française, cette puissance est bien déchue. Le village a perdu son autonomie comme corps politique, tout en la conservant encore au point de vue administratif. Il ne connaît plus des faits criminels, et un commissaire du gouvernement, l'Amin-el-Oumena, exerce son contrôle sur les décisions de la Djemâa.

Tels sont les Kabyles dans leur vie politique, encore indépendants malgré leur asservissement séculaire. Seules les races primitives se survivent ainsi à travers les temps. Au point de vue privé, leurs mœurs ne sont pas moins curieuses. Ils parlent une langue spéciale, pleine de métaphores, qui ne s'écrit pas, mais qui passe de génération en génération dans des poèmes ou des contes populaires. Leurs vêtements sont faits de laine grossière, serrés à la taille par une corde, et sur le tout ils jettent un grand haïk qui rappelle la toge des Romains. Physiquement, ils sont plus petits que les Arabes, plus bruns, et ont les traits plus accentués. Au point de vue religieux, ils sont musulmans; mais on sent, aux pratiques restreintes de leur culte extérieur, que leur foi manque d'enthousiasme et de conviction.

De longues discussions se sont engagées pour savoir s'ils n'étaient pas chrétiens avant la conquête arabe, et l'on a invoqué comme argument la croix que beaucoup d'entre eux portent tatouée en bleu sur le front. Le doute toutefois est permis, car rien ne vient confirmer cette opinion, et l'on sait par ailleurs que d'autres tribus berbères, établies dans l'Aurès, étaient juives ou idolâtres à cette époque.

Le Koran est leur loi civile et religieuse; mais il ne s'applique qu'à défaut de la coutume générale ou Aàda, et jamais contradictoirement avec elle. Aussi les divergences sont-elles assez nombreuses. Ainsi, ils ont droit à quatre femmes légitimes, mais il ne leur est pas permis d'y joindre des concubines, comme dans la loi musulmane. Les femmes, chez eux, sont traitées encore plus durement que chez les Arabes; elles n'ont aucune protection et ne peuvent même pas recourir au divorce : ce sont bien de véritables marchandises achetées par le maître et abandonnées quand elles ont cessé de plaire. Elles jouissent, en revanche, d'une plus grande liberté que l'épouse arabe ; mais elles s'emploient aux travaux des champs où elles font l'office de bêtes de somme.

L'agriculture est en grand honneur dans la Kabylie.

Pas un pouce de terre qui ne soit cultivé. Aussi le sol, malgré ses parties stériles et l'insuffisance des instruments aratoires, nourrit-il une population plus dense que la France. Les habitants récoltent du blé, de l'orge. Ils se livrent également à l'élevage des bestiaux, ainsi qu'au commerce des figues et de l'huile. Le Kabyle est belliqueux de sa nature, plus encore que l'Arabe. Il a installé ses villages sur des crêtes, véritables places de guerre, d'où il surveille ses récoltes et où il se retire en cas de danger. Ces mamelons, couronnés de cabanes, sont une des curiosités du paysage; il est facile de s'imaginer les résistances que nos troupes ont rencontrées quand elles ont voulu pénétrer dans ce réseau serré de montagnes.

Après Bouira, la chaîne des Bibans s'éloigne vers le sud; une plaine large de plus d'une lieue la sépare des monts du Djurjura, qui dressent vers le nord leurs hauts sommets escarpés, labourés de vides profonds. Le sol est nu, coloré en rouge comme s'il contenait des oxydes de fer. Au milieu de la vaste dépression qu'il s'est creusé, l'Oued-Sahel coule imperceptible. A Bordj-Béni-Mansour, la ligne de Bougie se détache sur la gauche; la grande Kabylie s'éloigne, puis la voie s'engage dans un pays de plus en plus montueux, aride et désert : on atteint les Portes de fer ou Bibans.

Ce nom est celui d'une chaîne de montagnes qui va d'Aumale à Sétif; mais il s'applique plus spécialement au défilé sauvage, long de quelques kilomètres à peine, qu'on doit franchir pour aller de la plaine du Sahel dans celle de la Medjana. Il faut lire dans le *Jour-*

nal de l'Expédition des Portes de fer, par Nodier, la description de ce passage quand il fut tenté pour la première fois en 1839 par le duc d'Orléans et l'armée française. Il a bien perdu de son cachet, depuis qu'on y a fait une route et un chemin de fer. Néanmoins, ce long couloir étroit, dominé de toutes parts par des rochers rougeâtres, inaccessibles comme des murs de forteresse, est encore une des choses les plus imposantes de la nature africaine. Au bout de trois kilomètres, le défilé s'élargit tout à coup. Les montagnes s'abaissent, et un vaste horizon se dessine. De là, jusqu'à Sétif et El-Guerra, nous allons traverser une plaine immense, coupée de nombreux oued, monotone et déserte. Plus de chaînes de montagnes, mais une foule de petits chaînons, jetés çà et là et se ramifiant à l'infini; pas un arbre ni une broussaille. On dirait qu'un immense incendie a dévasté ce pays. Octobre est commencé : la moisson est faite, et le chaume, qu'on laisse assez long, ajoute encore par sa teinte jaunâtre à l'aspect désolé.

Nous voilà dans la partie ennuyeuse du voyage. C'est laid et triste : la Beauce sans cultures, la campagne romaine sans ruines ni souvenirs. On rencontre encore quelques gourbis bâtis en terre grise et couverts d'un voile noir. Puis la nuit vient : la lune emplit l'espace vague d'une molle clarté, et très tard on voit se dresser Constantine, couronnée de sa Kasbah, sur son piédestal de rochers.

CHAPITRE II

CONSTANTINE. — SON HISTOIRE ET SA POSITION. — LES SOUKS ET LE QUARTIER EUROPÉEN. — LES BENI-RAMASSÈS. — LA VILLE ARABE. — LA KASBAH. — LE RAVIN DU RUMMEL.

> « Pareil au bracelet qui cercle le bras, le fleuve rugissant, au fond du ravin taillé à pic, enserre la roche qui la supporte, et la défend comme les monts escarpés protègent le nid du corbeau. »
>
> (EL ABDÉRY, *Voyages en Afrique,* au viie siècle de l'hégire.)

Constantine remonte à une plus haute antiquité qu'Alger : elle est aussi d'aspect plus oriental et a mieux conservé son type primitif. Cela tient aux difficultés que nous avons eues pour nous y installer, à l'éloignement de la mer, à l'esprit de fanatisme qui anime ses habitants, en relations suivies avec les grandes familles sahariennes et, par là même, beaucoup moins accommodants que les Maures, enfin surtout à la situation exceptionnelle de la ville qui est plutôt celle d'une forteresse que d'une cité. Nous avons encore une demi-Constantine arabe, alors que nous n'avons plus guère qu'un dixième d'Alger du même style. La chose est rare dans l'Algérie française et vaut la peine d'être notée.

Constantine fut connue et célèbre dans les temps anciens : elle eut rang de capitale comme Tunis, Kairouan et Tlemcen. On dit qu'Afrikech, cet Arabe qui le premier colonisa l'Afrique sous les rois pasteurs de l'Égypte, fut son fondateur. Toutefois, elle ne paraît dans l'histoire qu'à l'époque des Numides et des guerres de Syphax et de Massinissa. Elle s'appelait alors Cirta, qui veut dire rocher dans la langue numide : un nom parlant s'il en fut jamais. Rome en fit la capitale d'une de ses provinces et y mit pour proconsul Salluste, qui s'y enrichit et y acheta une vaste propriété, ainsi que le témoigne une inscription latine du rocher du Mécid. Strabon avait déjà écrit que c'était « une ville bien fortifiée par la nature et magnifique- « ment ornée de toutes sortes d'édifices et d'embel- « lissements ».

Constantine, qui prit ensuite son nom d'un de ses gouverneurs, Flavius Constantin, ne cessa dès lors de grandir jusqu'à la conquête arabe. Entrepôt du commerce de la côte et de l'intérieur, elle dut enjamber son fossé pour s'étendre, occupant la plaine de Mansourah, englobant le Koudiat-Aty jusqu'au Bardo. Elle s'enrichit de monuments romains dont on voit encore des débris remarquables. Sidi-Okba la respecta; puis tour à tour elle appartint aux Hafsides de Tunis et aux Mérinides de Bougie, jusqu'au jour où, soumise aux Turcs, elle se vit rattachée à la régence d'Alger.

Elle doit son importance à sa position inaccessible qu'Okba comparait au nid de l'aigle. Rien, en effet, ne saurait être plus formidable. Figurez-vous un rocher, sorte de cône tronqué, ayant la forme d'un losange irrégulier, long de 1,200 à 1,500 mètres, large de 900 mètres au plus, incliné du nord au sud, suivant une pente très forte, et séparé sur deux de ses faces de la campagne environnante par un ravin monstrueux, large de 25 à 50 mètres, véritable fossé taillé à pic dans le granit. Au fond, le Rummel roule ses eaux avec un bruit sinistre, et la profondeur du précipice est de 60 mètres à la pointe sud ou Sidi-Rached, de 170 mètres à la pointe nord ou Sidi-Mécid. Du côté ouest, le contrefort du Koudiat-Aty seul le fait communiquer avec le dehors. C'est par là que le général Valée et les conquérants anciens ont pénétré dans la ville. Mais l'amorce est étroite; et à droite, à gauche, partent des rampes abruptes, dominées par des escarpements infranchissables, qui conduisent au fleuve.

Sur cet étroit plateau, mesurant un peu plus d'un kilomètre carré et complètement isolé de ce qui l'entoure, où l'eau, l'espace et l'ombre manquent tout à la fois, est bâtie une ville habitée par 20,000 Européens et 25,000 musulmans, une des cités les plus actives et les plus laborieuses de l'Afrique. El Bekri l'appelle *Belad-el-Haoua*, la cité de l'air ou du ravin : aucun nom ne saurait être mieux choisi. En effet, quand on gravit de bonne heure les hauteurs de Mansourah, et que la ville apparaît au-dessus des brumes matinales, qui se roulent ainsi qu'un turban de molle mousseline autour de son noir rocher, avec les deux masses imposantes de la Kasbah et du théâtre qui pointent à ses extrémités, on croirait voir quelque cité fantastique, éclose tout à coup des ombres de la nuit et portée dans le ciel par deux oiseaux blancs.

On ne pénètre aujourd'hui dans Constantine que par trois points : la porte d'El Kantara du côté du Mansourah, la place de la Brèche ou Valée du côté du Koudiat-Aty, et la porte Ed-Djabia un peu plus bas.

Nous entrons par El Kantara. Un pont (*El Kantara*) en fer traverse le ravin du Rummel à une grande hauteur en cet endroit. De là, part une rue neuve, la rue Nationale, qui va jusqu'à la place Valée, divisant la ville en deux parties inégales. La plus grande, à droite, renferme le quartier français, les maisons juives et les souks ou bazars indigènes. A gauche, dans un triangle très limité, s'étend le quartier arabe encore intact. Des hôtels et des magasins européens la bordent. Sur un des côtés s'élève la grande mosquée, Djama-Kébir, dont le minaret est assez original. Le seul intérêt du monument consiste dans son ancienneté : il remonte en effet au onzième siècle, à la fondation des royaumes berbères. Cette rue qui met ainsi en communication les deux principales issues de Constantine est très animée : Européens allant à leurs affaires, voitures conduisant des voyageurs à la gare, Arabes se rendant à la place des Galettes pour y faire leurs achats. Je suis ces derniers, et je m'engage dans la rue Vieux qui doit me mener au centre du quartier commerçant indigène.

C'est une des plus vieilles rues, malgré son nom moderne qui est celui d'un général des premiers temps de la conquête. Elle est bordée d'échoppes, sortes de trous noirs à toitures de tuiles, peu profonds et peu larges, où différents corps de métier se sont installés. Il y a des cordonniers qui cousent de belles sandales en cuir noir ou rouge à semelles débordantes, des tisseurs de burnous, des chaudronniers, des tonneliers. D'autres ruelles, étroites et enfumées, s'amorcent à droite et à gauche. On gagne ainsi la place des Galettes, appelée encore marché à la laine, Rahbat-es-Souf. Un grand hangar en occupe le milieu, et tout autour, dans l'épaisseur des maisons, s'ouvrent de petits réduits garantis par un auvent. Ce n'est pas un marché : c'est un bazar. Aussi y rencontre-t-on les industries les plus diverses. Des bancs de bois ou de pierre occupent le devant des boutiques; les Arabes s'y asseyent, pelotonnés dans leurs burnous comme des chats, et restent ainsi des heures immobiles, parlant à peine au marchand et humant une tasse de café avec des gestes de sphinx.

Je revins par la rue Combes; elle est voûtée en partie. Parfois les auvents sont si rapprochés qu'ils forment un plafond à deux mètres du sol. Là-dessous, les tailleurs juifs, accroupis et serrés les uns contre les autres, mettent des vermicelles d'or sur des vestes de velours violet ou brodent des burnous. Plus loin, des séries de masures en ruine, aux toits crevassés, branlantes et inégales, se succèdent à l'aventure. Il en sort un bruit affreux de ferraille et une odeur âcre qui prend à la gorge. Quand on passe, l'illumination subite du fer battu fait entrevoir au fond de ces turnes enfumées de grands corps demi-nus gesticulant comme des démons : ce sont des forgerons arabes.

Aux angles des ruelles, sur d'immenses plaques de tôle creusées à leur centre et chauffées par en dessous, des Sahariens font frire dans une huile d'olive très parfumée des galettes de maïs, minces comme du papier, que l'on nomme *mthya* ou *roccom*. En attendant que les acheteurs les emportent au bout de longues aiguilles, ils les déposent sur le bord du fourneau, et l'huile qui en dégoutte, ramassée soigneusement avec leurs mains, sert pour une autre friture. La saveur en est fade : c'est une mauvaise crêpe. Chaque industrie est ainsi bien à sa place, renfermée dans une rue ou une portion de rue. L'ensemble est des plus originaux ; cela donne un avant-goût des souks de Tunis.

La rue de France limite ce quartier du côté de l'ouest et ramène à la place Valée, le centre du mouvement, comme la place du Gouvernement à Alger. C'est le rendez-vous des officiers qui descendent de la Kasbah, le passage obligé des ouvriers travaillant aux constructions neuves du Koudiat-Aty, de tous ceux enfin qui entrent à Constantine ou en sortent. On y rencontre des Kabyles conduisant des troupeaux d'ânes au marché, et quelquefois des chameaux, agenouillés en cercle et portant dans leurs hottes des fagots de bois ou des dattes dont la récolte est commencée au désert. La halle et le théâtre s'élèvent sur un des côtés ; mais des trois autres, par-dessus les squares ombreux, la vue s'étend infinie sur le vaste horizon des montagnes.

Vers la gauche, on aperçoit les maisons de la ville arabe, pressées les unes contre les autres sur leur haut piédestal de rochers, et, au delà, un paysage idéal. Les pentes, marquées par places de grandes taches vertes inégales, s'abaissent jusqu'au Rummel qui luit dans son lit de cailloux, pareil à un ruban d'acier. Le pont du chemin de fer de Biskra l'enjambe dans un massif de verdures; et, plus loin, une série de croupes mamelonnées, piquées d'arbres, s'échelonnent jusqu'aux hautes cimes arrondies et bleuâtres qui ferment le bord du bassin.

C'est là, dans une espèce de dépression qui s'allonge entre le Koudiat-Aty et la ville, qu'est installée de temps immémorial une tribu arabe : celle des Beni-Ramassès. Comme le dit Dante, « descendons dans le « monde aveugle ». En réalité, ceci est moins une agglomération d'êtres humains que de bêtes innomées; quelque chose d'informe, de sale et par-dessus tout de puant : une vaste ordure s'étalant librement au grand soleil de l'Afrique. Les cabanes, alignées sur plusieurs rangs, sont faites en pierrailles sèches ou en planches mal jointes que recouvrent des écorces d'arbres et des morceaux de fer-blanc sur lesquels, par crainte du vent, on a placé de grosses pierres. Des linges, souillés comme s'ils avaient servi à panser des ulcères, sèchent au-dessus, et plus loin, attachés ensemble à la corde, des chevaux, des ânes, des chameaux mangent une herbe, véritable fumier.

Dans ces gourbis, grands de dix mètres carrés, hauts de deux mètres, couchent parfois quinze à vingt personnes, hommes, femmes et enfants, tous pêle-mêle comme des bêtes, dans une promiscuité effrayante, au milieu d'une atmosphère lourde d'odeurs malsaines et de miasmes morbides. Le jour, les femmes vont travailler dans la ville; les hommes restent sous leurs tentes et y exercent des industries aussi bizarres que leurs personnes. La plupart sont des revendeurs, et devant eux s'entassent les choses les plus hétéroclites : fioles et poteries préhistoriques, chaussures éculées, ferrailles rongées de rouille, peaux mangées des insectes. Sur des sacs à charbon des nègres posent des pains ou offrent des régimes de dattes tout engluées de mouches, tandis que, sur un réchaud de briques, des rôtisseurs font cuire du foie de cochon ou de petits morceaux de peau de bœuf trempés dans l'huile rance.

Quand on passe à travers ce campement, où l'on dirait que se sont amassées toutes les impuretés du désert, évitant avec soin les déjections qui parsèment le sol, et que l'on contemple ces mangeurs de choses immondes, drapés dans leurs guenilles repoussantes et immobiles comme des dieux, on se demande involontairement si le monde est bien tel qu'il doit être ; si, à tout prendre, la propreté ne serait pas un vice et la saleté une vertu.

Sur le côté, un grand mur nu, crevassé, pareil à un emplâtre de lépreux, au pied duquel les Arabes vont discuter leurs affaires, comme les Juifs le long du mur de Jérusalem, conduit à la porte Ed-Djabia. C'est la seule qui reste des anciennes portes de Constantine, et, de même que le rempart, elle est faite de matériaux romains mis en place par les Vandales. Elle ouvre dans la rue Pérégaux, qui est la grande artère de la ville arabe.

L'aspect est le même qu'à Alger ; toutefois les pentes sont moins rapides et les architectures moins fantaisistes. Le blanc est aussi moins éclatant : on se sent sous un climat plus humide, et la pluie qui tombe souvent fait de longues raies noires sur les murs. Mais en revanche le quartier est bien arabe, et l'œil n'est pas choqué par des bâtisses européennes. Les maisons sont construites en briques non cuites ou en pisé et passées à la chaux. La toiture n'est ni plate ni en terrasse comme dans les habitations mauresques : c'est un toit très peu incliné, en briques creuses et rouges, embouties les unes dans les autres, et qui fait saillie sur la rue; couverture nécessaire dans une ville fréquemment visitée par la pluie et la neige. Les portes s'ouvrent sous des porches cintrés et profonds, généralement marquées d'une main rouge ou noire qui doit préserver du mauvais œil. Au-dessus, les étages s'avancent en surplomb; mais ici, ils sont soutenus par des encorbellements de pierre, au lieu de porte à faux en cèdre.

Le sol montueux est pavé de petits cailloux pointus sur lesquels résonne le sabot des mules. Des auvents d'écorce de chêne garnissent parfois les façades des maisons et abritent des marchands de légumes. Puis, dans l'entre-bâillement des étages en saillie, on découvre un tas de choses étranges : des fenêtres grillées, des voûtes enjambant des impasses, des lignes de toitures brisées et sinueuses. Quelques rues, étroites et mystérieuses comme la rue Abdallah, s'ouvrent à droite et à gauche; là sont les demeures des grandes familles arabes, des marabouts chefs de khouans : habitations closes et silencieuses, ombragées parfois d'une touffe de figuier de Barbarie. On ne rencontre que des Arabes, pieds nus le plus souvent et le burnous attaché sur la tête par une fine cordelette de crin. Leur teint est bruni, presque noir : ce ne sont plus les chairs rosées des Maures; on se sent ici en présence de races hâlées au grand soleil du Sud. Quand on les voit passer avec leur démarche lente et les vastes envolées de leur burnous, on dirait une procession de blancs moines aux amples robes de bure.

Des femmes circulent aussi, plus nombreuses qu'à Alger et moins sévèrement voilées, surtout quand elles sont vieilles; mais le haïk dans lequel elles s'enveloppent est bleu, marron ou rouge, et ces vives couleurs, au milieu de la teinte générale de gris, font le plus étrange effet.

Ailleurs, rue de la Cotte et rue Cirta principalement, celles que l'on rencontre affectent une démarche lascive. Elles portent des jupes de soie claire, attachées aux hanches par des ceintures rouges ou dorées, et ont les cheveux retenus par un bandeau de métal. Dans l'angle d'un porche notamment j'en remarquai une, immobile et débordante de graisse. Son corsage dégrafé laissait voir une chair opulente et molle, sur laquelle tombaient des guirlandes de sequins d'or : madone lubrique offerte à l'adoration des carrefours. Ce sont des hétaïres, femmes de maisons mal famées, institution dont nous avons doté l'Algérie et que ne connaissait pas l'Arabe; car, de son temps, l'amour se faisait au grand air, sans contrainte ni inscription. Ces courtisanes viennent d'un peu partout, du désert principalement, où quelques tribus sont connues pour se livrer à la prostitution. Elles s'habillent suivant leur fortune, et, comme Bias, portent tout leur bien avec elles. Quelques-unes ont pour 20,000 francs de bijoux sur le corps : bracelets enrichis de cabochons, garnissant le bras jusqu'au coude ou s'enroulant sur la jambe de la cheville au genou, colliers faits de pièces d'or enfilées avec des perles.

La rue en montant se rétrécit peu à peu. Les auvents qui s'avancent au-dessus des portes superposent leurs plates-formes de la plus originale façon et découpent le ciel par bandes régulières. Nous atteignons ainsi sur le bord du rocher le quartier des corroyeurs, où de fortes odeurs de peaux tannées prennent à la gorge. Leurs maisons surplombent le précipice; par les fentes des murs on aperçoit les pentes verdoyantes du Mansourah et, au-dessous, les escarpements affreux du ravin. Une des curiosités est encore la place des chameaux, où de bonne heure le matin se tient un marché aux burnous. Acheteurs et vendeurs sont debout, ceux-ci portant leurs marchandises empilées sur l'épaule, gesticulant et s'apostrophant. Les enchères se poussent en cris gutturaux, et les teintes blanches des étoffes qui ondulent ont des effets de neiges mouvantes.

Tout à l'opposé, sur la partie extrême du rocher, se dresse une série de bâtisses neuves : ce sont les casernes occupant l'emplacement de l'ancienne Kasbah. Des constructions antérieures, il ne reste rien que d'immenses citernes qu'avaient creusées les Romains et qu'alimentaient des sources traversant le Rummel par un siphon. Les Vandales le coupèrent au moment de leurs attaques; car cette ville, dévorée d'une soif inextinguible, devait se rendre ou mourir dès qu'on la privait d'eau. Après eux, les habitants se contentèrent de faire des barrages dans le torrent où ils puisaient avec des outres : du temps d'Ahmed-Bey, cinq cents porteurs approvisionnaient ainsi Constantine chaque matin. Aujourd'hui, les citernes servent de château d'eau pour la distribution de nouvelles sources que le génie militaire a captées.

On jouit de ce point élevé d'une vue admirable sur les monts de la Kabylie et le ravin de Rummel. Il faut se munir d'une permission du colonel commandant l'artillerie et gagner le jardin de l'arsenal établi sur le bord même du plateau. De là, l'œil plonge directement dans le gouffre. C'est une des plus effroyables choses qui se puissent voir : une muraille taillée à pic, droite, sans aucune saillie, sauf quelques petites pointes de rochers qui se dressent ainsi que des aiguilles le long de la paroi ; un précipice de plus de 500 pieds de profondeur, et au fond le torrent, presque perdu dans un amoncellement de blocs énormes, qui sort de trois grandes voûtes de pierre, trois arches naturelles, au-dessous desquelles il s'est frayé un passage, pour se précipiter ensuite par cascades dans la vallée.

On appelle cet endroit la pointe de Sidi-Mécid ou encore le Kof-Chekora, le rocher du sac, nom qui lui vient de l'usage auquel il servait. De cette plate-forme, en effet, on précipitait dans le Rummel les femmes adultères ; et il est permis de croire que bien d'autres qui n'étaient pas coupables, mais dont on voulait se débarrasser, suivaient le même chemin. Le matin, de bonne heure, des hommes arrivaient, portant un sac, d'où s'échappaient des plaintes, et une planche de bois assez longue. Celle-ci était installée sur une sorte de banc de granit qui surplombe le précipice; puis, une fois inclinée, on faisait glisser dessus le sac et son contenu. On entendait un grand cri et le bruit sec que font des os se broyant contre un corps dur, et c'était tout : une justice était faite ou une vengeance exercée. Seulement, quelques jours après, si une main amie n'avait été recueillir pieusement ces débris, on entrevoyait au fond du gouffre des corbeaux tournoyant en cercle avec des croassements : c'est qu'ils se disputaient un cadavre.

Ce supplice était le privilège des chefs. Ahmed, le dernier bey de Constantine, en fit surtout usage; il est vrai que son palais renfermait trois cent quatre-vingt-dix femmes, épouses ou concubines : il avait donc de quoi fournir au bourreau. En souvenir de ces événements, le peuple a aussi baptisé cet endroit le rocher de la femme adultère, et de mauvaises langues prétendent que bon nombre d'épouses arabes ne peuvent encore le regarder sans terreur. Bien que la descente soit des plus périlleuses, quelques audacieux pourtant l'ont tentée. Ainsi en 1837, lors de la prise de la ville par nos troupes, plusieurs musulmans se firent descendre dans le ravin par des cordes pour échapper aux soldats français.

Je compléterai cette rapide description de Constantine par une promenade dans le vallon vert au milieu duquel se dresse son rocher, et sur le plateau de Mansourah qui le domine. Cette ville, inaccessible pour qui l'attaque de front, est, en effet, commandée par trois hauteurs disposées en triangle, à l'ouest, au nord et à l'est : le Koudiat-Aty, le Mécid et le Mansourah.

Le premier, qui n'est qu'un monticule isolé, disparaîtra bientôt. Il est en effet question de l'enlever et de combler avec ses débris l'espèce de dépression où les Béni-Ramassés ont établi leur campement. Sur cet emplacement s'élèvera un nouveau quartier; mais Constantine aura perdu un de ses aspects les plus pittoresques.

La route qui fuit entre des bouquets d'arbres verts laisse le Bardo sur la droite, traverse le torrent, passe sous les arches d'un admirable aqueduc romain et revient vers la ville par la rive droite du Rummel. De là, le rocher de Cirta, terminé par la pointe de Sidi-Rached, haute de près de 200 pieds et à peu près lisse, apparaît comme la proue d'un gigantesque navire à l'ancre. Des touffes de verdure se montrent sur la gauche; mais à droite, une dépression lugubre, béante, étroite et noire, s'ouvre dans la paroi rocheuse. C'est la coulée formidable que le Rummel s'est creusée tout autour de la ville. Jamais le soleil n'éclaire ces mystérieuses profondeurs où l'eau glisse silencieuse dans une nuit éternelle. Un pont, le pont du Diable, le traverse à une certaine hauteur, et de là, par une pente extrêmement rapide, on regagne le bord supérieur du ravin.

Les maisons, qui font des lignes confuses et sinueuses de l'autre côté de ce fossé étrangement sinistre, couronnent le roc nu, généralement bâties à pic, quelquefois en surplomb sur le précipice. Le granit, creusé en gouttières par les égouts de la ville,

affecte des formes bizarres de tourelles et de bastions. Des corbeaux croassent au-dessous, et j'ai compris alors ce proverbe arabe, sale, mais expressif :
« O hommes, bénissez vos pères qui ont construit
« votre ville sur un roc. Les corbeaux fientent ordinai-
« rement sur les gens, tandis que c'est vous qui fientez
« sur les corbeaux. »

Plus loin, El Kantara ouvre sa grande arche de fer au-dessus du pont romain reconstruit par Salah-Bey, tandis qu'à l'est le Mansourah émerge d'un massif de pins d'Alep et de chênes-liéges. De ce point élevé, Constantine, isolée sur sa table de granit, offre le plus magnifique panorama. Sur la droite, une énorme entaille la sépare du plateau du Mécid, laissant voir par derrière la plaine grise et les cimes ondulées de la Kabylie. Puis, c'est la ville elle-même, s'étageant jusqu'à la Kasbah qui la domine, pareille à une acropole; les bâtisses modernes rangées en ligne de bataille de l'autre côté du ravin, et, tout à fait à l'extrême gauche, l'infinie multitude des petites maisons arabes, à toits plats et rouges, pressées les unes contre les autres, semées en tous sens comme des taupinières, avec d'étroites ouvertures qui semblent des yeux curieux.

CHAPITRE III

CONSTANTINE. — LE PALAIS D'AHMED-BEY. — LES MOSQUÉES. — LES ENVIRONS DE CONSTANTINE : LE RAVIN DU SMENDOU.

> « Vois, fils de Nestor, cette maison toute splendide d'or et d'airain, d'argent et d'ivoire. Sans doute, telle est la demeure de Zeus, tant ses richesses sont nombreuses. »
> (HOMÈRE, *Odyssée*.)

C'est une singulière physionomie que celle d'Hadj-Ahmed, dernier bey de Constantine, qu'il gouverna et rançonna sans contrôle pendant onze ans, jusqu'au jour où il en fut chassé par le général Valée. Il est même le type le plus complet de ces anciens pachas d'Orient, cruels et voluptueux, luxueux et avares, qui ne se maintenaient que par la terreur, et dont on ne pouvait se débarrasser que par le poignard ou le lacet.

Sa cruauté était extrême, s'il faut en croire son historien, M. Féraud (1). Il lui arrivait parfois, pour un caprice, de faire couper en morceaux ses serviteurs les plus fidèles et de les donner à manger à ses chiens. Un jour, soupçonnant deux de ses femmes d'avoir des

(1) FÉRAUD. *Monographie du palais de Constantine*, 1867.

intrigues avec le dehors, il leur fit coudre les lèvres et percer le sein, et, après les avoir rouées de coups, ordonna de les précipiter dans le Rummel. Une autre fois, il cloua lui-même à l'arbre avec un stylet la main d'une autre femme qui s'était permis de cueillir une orange en sa présence.

A peu près indépendant dans sa province, il résolut, quelque temps avant notre entrée à Alger, de se construire un palais gigantesque. Comme il lui fallait de l'espace, il tailla en pleine ville : quarante maisons furent ainsi envahies et rasées, et, sur cet emplacement grand de six hectares, commença à s'élever une construction disparate, sans grand goût ni grand style, mais qui est le spécimen le plus complet et le plus riche que nous ayons en Algérie de l'architecture civile arabe. Les marbres, les colonnes, les carreaux de couleur furent achetés en Italie par le Génois Schiaffino. La Kabylie et l'Aurès fournirent le bois des charpentes. Tous ces matériaux arrivaient à dos de mulet, à travers un pays accidenté, au prix d'efforts et de dépenses inouïs. Quand ils manquaient par hasard, on prenait, sans payer, chez l'habitant ce dont on avait besoin. Les ouvriers étaient des Kabyles que l'on payait peu ou des esclaves chrétiens que l'on ne payait pas. Malgré toutes ces exactions, la dépense fut extrême, puisque les comptes de la trésorerie du bey parlent d'un million et demi de piastres, soit sept à huit millions de francs.

Horace Vernet appelait, je crois, ce palais un rêve des Mille et une nuits. L'extérieur n'a aucun style, mais l'intérieur est une féerie. A vrai dire, c'est moins un palais qu'une réunion de corps de logis, généralement élevés d'un étage et séparés entre eux par cinq cours, entourées parfois d'un double rang d'arcades et transformées en jardins. Des jets d'eau chantent dans les vasques de marbre; des grenadiers, des myrthes ouvrent leurs baies au soleil, et des lierres aux larges feuilles s'enlacent autour des colonnes. Rien ne saurait être plus enchanteur. Sous les galeries, des carreaux italiens à dessins verts, jaunes et bleus font des revêtements hauts de deux mètres; les plafonds sont formés de poutrelles assemblées et peintes. Une forêt de colonnes, la plupart en marbre, unies ou torses, à chapiteaux diversement sculptés, s'allonge à l'infini dans toutes les directions. Sur des portes sont gravés des versets du Koran, merveilles de ciselure, et, dans l'angle d'une cour, s'ouvre une loggia à balustres de bois tournés où le dey venait écouter ses musiciens.

Sur les murs, au-dessus des carreaux, des peintures représentent des fleurs et des fruits, des villes et des paysages. Très bizarrement conçues et fort grossièrement exécutées, elles ont donné lieu à bien des discussions. Suivant quelques-uns, elles seraient dues à un pauvre cordonnier français, prisonnier du bey et condamné à mort pour je ne sais quelle faute, qui n'aurait obtenu la vie et la liberté qu'en décorant ainsi les murs du palais; cet ouvrage lui aurait valu ce compliment d'Ahmed, peu flatteur pour notre amour-propre : « Je savais bien que tous les Français étaient « peintres. » Mais ceci est la légende. Des recherches plus sérieuses ont appris qu'elles avaient été faites par un certain El-Hadj-Youssef, qui avait voyagé en Égypte et en Orient, et qui, sur l'ordre du pacha, représenta les villes qu'il avait visitées. Le dessin varie peu : une pyramide de maisons blanches, surmontées de quelques palmiers, au bord d'une flaque verte ou bleue qui est la mer, avec des taches jaunes qui sont des canons. L'artiste, du reste, en guise de pinceaux, n'avait que ses doigts et des éponges. Ce barbouillage toutefois mérite d'être cité, car seul le palais d'Ahmed en Algérie possède des peintures à fresque.

Les chambres, occupées aujourd'hui par le général commandant la division et le service de l'état-major, n'offrent rien de remarquable. Comme, du reste, celles de toutes les habitations orientales, elles ne contenaient que peu de meubles. Le soir, on apportait des coussins et des tapis pour la nuit : le nécessaire, mais aucun confort. Le bey mangeait le plus souvent chez sa mère, de crainte d'être empoisonné.

Ce palais est néanmoins la plus délicieuse retraite qui se puisse rêver, et les effets de lune, sous les longues galeries aux arcs cintrés en fer à cheval, dans l'exubérante poussée des plantes exotiques, doivent être merveilleux. Ahmed y vivait en compagnie d'un personnel féminin des plus respectables, puisqu'il y entretenait trois cent quatre-vingt-dix femmes, épouses légitimes ou concubines : un peu plus d'une par jour. Une négresse redoutable, appelée le caïd des femmes, avait sous sa direction ce personnel encombrant et remuant. Le soir, le maître les réunissait autour de lui dans les jardins, se faisait faire un rapport sur leur conduite, distribuait des cadeaux ou des corrections, et choisissait la favorite de la nuit, à laquelle, comme insigne de sa faveur, il remettait sa pipe.

Malheureusement, celui qui avait accumulé ces merveilles, et auquel de glorieuses inscriptions arabes souhaitaient une vie aussi longue que le roucoulement de la colombe, ne jouit de son palais que pendant quelques mois. Il l'avait à peine achevé que les Français l'en chassèrent et s'emparèrent de son trésor et de ses femmes. Quelques-unes furent employées à faire des vêtements pour les troupes; mais, comme elles étaient fort paresseuses et très sales, le général Valée, afin de s'en débarrasser, les adressa au Muphti. Celui-ci accepta le cadeau d'assez mauvaise grâce : c'était une dépense et une responsabilité; aussi s'empressa-t-il de les vendre, après les avoir toutefois dépouillées de leurs bijoux.

Ahmed, pendant ce temps, errant à travers les steppes, balayait les rudes sentiers de l'Aurès de son manteau de bey doublé de soie amarante. Onze ans il soutint la lutte contre nos troupes, jusqu'au jour où, traqué et misérable, il s'en vint dans ce même palais implorer l'aman du vainqueur. « *Et nunc reges,* « *intelligite : erudimini qui judicatis terram!* »

Constantine a aussi ses mosquées, dont quelques-unes sont curieuses et méritent une visite, notamment Djama-el-Akdar et Djama-el-Kettani. La première est surtout intéressante par son minaret octogone, à carreaux de couleur, et son balcon de pierre soutenu par des arcades posées en encorbellement, que recouvre un toit de bois. L'intérieur offre quelques jolies colonnes et la sépulture du bey Hassan, dont la tombe est ornée de dessins byzantins d'une infinie délicatesse.

En revanche, Djama-el-Kettani est une merveille. On l'appelle encore la mosquée de Salah-Bey, du nom de son fondateur, qui gouverna Constantine à la fin du siècle dernier et fut un des hommes les plus remarquables de l'Algérie, ce qui ne l'empêcha pas de mourir étranglé. La façade donne sur la place Négrier : elle est moderne ou nouvellement restaurée, mais néanmoins fort élégante, ainsi que le minaret pointu qui la surmonte. On pénètre dans un long vestibule, puis dans une cour plantée, ornée d'arcades et d'une ravissante balustrade de marbre à la hauteur du premier étage. Là se trouve la mosquée à laquelle conduit un large escalier. La pièce est carrée, petite, garnie de tapis du Sahara épais comme une peau d'ours : grâce au demi-jour que les vitraux en forme de trèfle laissent tomber par ondées rouges, vertes et bleues, on entrevoit quatre rangées de colonnes très simples, d'un galbe pur et délicat, toutes blanches dans ces chutes de lumières colorées, reliées par des arcs en fer à cheval et supportant un plafond fait de petits carrés de bois peint. Au-dessus du mihrab et de la travée centrale, s'évident deux coupoles décorées d'un vermicelle de pierre; de grandes plaques de faïences à dessins bleus, encadrées de carreaux blancs et rouges, occupent les murs, et, vers le fond, une tribune court légèrement soutenue par des poutrelles brunes. L'ensemble est d'une perfection rare, sans mauvais goût ni clinquant. Enfin, il faut citer la chaire ou minbar, travail italien de la Renaissance en marbres de toutes les couleurs, ornée d'une rampe représentant des chimères en relief.

La place Négrier, devant la mosquée, est le rendez-vous des brocanteurs juifs qui y vendent à l'encan, au milieu de cris effrénés, toutes les vieilles ferrailles, toutes les loques honteuses, tous les débris informes qu'ils ont pu ramasser. Le quartier israélite, Ech-Chara, se trouve non loin de là, et s'étend jusqu'à El-Kantara par une enfilade de ruelles et d'escaliers.

Puisque je parle des édifices religieux, il faut dire un mot de la cathédrale, Notre-Dame des Sept-Douleurs, qui, de même qu'à Alger, n'est qu'une ancienne mosquée. On a complètement gâté l'extérieur par un dôme énorme, mais l'intérieur offre encore quelques jolies choses : une chaire en marqueterie, des arabesques bien conservées et, du côté droit, une niche surmontée d'une coupole octogonale que décorent de fines ciselures enluminées d'or et de vermillon. C'est aujourd'hui la chapelle de la Vierge ; ce devait être l'ancien mihrab.

Les environs de Constantine sont couverts de ruines romaines, généralement posées en plein cœur des montagnes. Le désir de visiter une de ces villes oubliées, l'ancienne Tiddi, et le ravin du Smendou, comparable, me disait-on, à celui du Rummel, me conduisit un jour sur le chemin du Khreneg, à vingt-cinq kilomètres nord-ouest de Constantine. L'excursion est peu tentée... fort heureusement : c'est pourquoi j'entrerai dans quelques détails.

On sort par la place Valée, et on descend au pont d'Aumale par une route neuve qui laisse de côté l'ancienne beaucoup trop escarpée. Là, se trouve un antique abreuvoir datant des Romains. Tandis que le chemin de Salah-bey et de Milah s'éloigne à gauche, filant pendant trente-six kilomètres sur les croupes terreuses du Djébel Chettâba, la route du Hamma et de Philippeville que nous allons prendre enjambe le torrent sur un pont de fer. Derrière nous, se creuse la profonde dépression séparant le plateau du Mécid de Constantine dont on aperçoit, à une grande hauteur, la Kasbah et quelques maisons. Le paysage est très vert; des jardins bien cultivés sont disséminés dans toutes les directions, arrosés par des fontaines; des haies de gigantesques aloès, entremêlés de figuiers de Barbarie et de palmiers, bordent la route, et parfois des grenadiers sauvages ajoutent leurs fruits rouges. Nous croisons des Arabes qui s'en vont par petits groupes, conduisant des troupeaux d'ânes et de chameaux chargés de branches d'arbres ou de paniers vides, et plus loin une voiture découverte où quatre femmes, peintes comme des palettes, s'étalent effrontément dans des robes de soie rouge et bleue, la tête ceinte d'un bandeau d'or. Ce sont des hétaïres en promenade.

Le chemin du Hamma se détache à droite; un kilomètre plus loin, on traverse de nouveau le Rummel sur un mauvais pont de bois souvent emporté par les pluies. Le pays devient désert : de maigres vaches paissent çà et là l'herbe jaune, autour de gourbis misérables faits de terre battue et couverts en toile noire. Il faut encore passer deux ruisseaux à sec qui viennent du Chettâba, puis l'Oued-Begrat; enfin, au bout de deux cents mètres environ, on laisse la route d'Aïn-Kerma continuer à gauche, et l'on se dirige, à travers champs, vers une espèce de fissure qui se montre à sept ou huit kilomètres de là entre deux murailles rocheuses. A partir de ce point il n'y a plus de route : ce n'est qu'un chemin de mulets à peine tracé dans une terre arable, dont l'emplacement varie suivant l'état du sol, les pluies et les ensemencements. Aussi la marche y est-elle fort pénible. Nous rencontrons deux serpents : un tout petit qui doit être une lefâa, et une sorte de couleuvre, grosse et longue de plus de 1^m,50, ce qui n'empêche pas les Arabes d'assurer qu'il n'y a pas de serpents. On atteint ainsi le moulin Paingy, situé à un coude du Rummel. Il était occupé, lors de mon passage, par un malheureux Alsacien qui y vivait tant bien que mal avec sa femme et ses deux enfants. Il ne possédait que son moulin à deux paires de meules et quelques vaches. La fièvre ravageait souvent le pays; les chemins devenaient impraticables à la suite des grandes pluies, et l'hiver précédent, à trois reprises, il lui était arrivé de rester six jours entiers sans pain et sans vin, n'ayant que des légumes secs pour sa nourriture. Néanmoins, il payait au propriétaire le fermage exorbitant de dix-huit cents francs.

Du moulin à l'entrée du ravin, les indigènes accusent quinze cents mètres; il y a bien, avec les détours, trois bons kilomètres. Tiddi devrait être sur la hauteur à droite; mais, quand je voulus y aller, il se trouva qu'aucun sentier n'existait, et même les habitants du pays déclarèrent qu'ils ne connaissaient pas de ruines en cet endroit. Je dus me rabattre sur les gorges. Elles sont sauvages, très étroites, et rappellent un peu celles de Constantine. Le rocher est rougeâtre, taillé presque à pic et rayé de grosses veines de schiste. De l'entrée on embrasse toute la vallée, dont l'aspect désolé et désert, dans l'éblouissement furieux des rayons solaires, impressionne péniblement. Je voulus me renseigner sur la longueur de ces gorges, mais nul ne put me répondre. Évidemment, elles ne sont pas plus connues que la ville romaine. Il fallut revenir par une chaleur torride, rendue encore plus affreuse par le sol brûlant et poussiéreux; ce ne devait pas être un des moindres agréments de la promenade. Tel est le bilan de cette journée.

Tiddi est vraiment introuvable. Du reste, l'an dernier, tout une compagnie d'archéologues, armés de pioches et d'auteurs latins, l'a vainement cherchée pendant huit jours, et a passé quinze autres jours à décrire ce qu'elle n'avait pu rencontrer. Quant au ravin, il est d'accès difficile et en tous les cas très surfait. Aussi ne saurais-je conseiller cette excursion qu'aux voyageurs désireux de perdre leur temps et de se fatiguer beaucoup pour ne rien voir, et engagerai-je fortement les autres à se méfier de ce que peuvent dire les hôteliers, les voituriers et les guides vivants... ou imprimés.

CHAPITRE IV

DE L'IDÉE MUSULMANE ET DE SON EXTENSION A TRAVERS LE MONDE. — LES ARABES AVANT L'ISLAMISME. — L'OEUVRE DE MAHOMET : UNE RELIGION, UNE RACE, UN EMPIRE. — LE KORAN. — IMMUTABILITÉ DE LA LOI MUSULMANE. — L'IMAMAT. — LES ORDRES RELIGIEUX OU CONGRÉGATIONS DE KHOUANS. — L'ISLAM EN ALGÉRIE.

> « Quand tous les arbres de la terre seraient des plumes, quand la mer serait d'encre et aurait sept fois plus d'étendue, plumes et encre ne suffiraient pas à décrire les louanges de Dieu. »
> (*Poverbe arabe.*)
>
> « Le paradis est à l'ombre des épées. »
> (*Le Koran.*)

Bien avant Mahomet, dans les temps d'ignorance, ainsi qu'écrivent encore les auteurs islamiques, les Arabes formaient deux nations distinctes. Les uns, habitant l'Yémen ou Arabie Heureuse, descendaient de Jectan, petit-fils de Sem; les autres, qui parcouraient en nomades l'Hedjaz, le Tihamàh et le plateau du Nedjeb, d'Ismaël, fils d'Abraham. Ceux-ci, plus récents, reconnaissaient l'antériorité des premiers, des « Arabes « d'origine arabe », sur lesquels ils se déclaraient

« entés » par le mariage d'Ismaël avec une fille de leur race.

Les Arabes et les Hébreux ont donc une même origine. Ce sont deux rameaux issus du même tronc. Leurs ancêtres sont communs; leurs traditions identiques : encore aujourd'hui les premiers ont recours aux livres judaïques pour la période de leur histoire antérieure à Mahomet. Leurs langues ont également des affinités frappantes. De cette famille sémitique qu'ils constituaient ensemble devaient sortir trois des plus grandes religions du monde : le judaïsme, le christianisme et l'islamisme.

Mais les Arabes seuls nous occupent ici. Tous n'avaient pas le même sort. Ceux de l'Arabie Heureuse étaient civilisés et riches. Leurs villes, connues mille ans avant Jésus-Christ, faisaient, par l'intermédiaire des Phéniciens et des caravanes, un commerce important des produits de l'Afrique et de l'Inde. Le Mar'eb notamment, où résidait Bilkis, la reine de Saba, était un jardin délicieux, que des eaux, maintenues par des digues puissantes, arrosaient chaque printemps. La terre y était couverte d'arbres, à ce que raconte le chroniqueur arabe Masoudi, si bien que, sans quitter leur ombrage, un cavalier pouvait, un mois entier, la parcourir au trot de son cheval.

Les Arabes de l'Hedjaz et du Nedjeb vivaient au contraire dans la plaine stérile, divisés en tribus à peu près indépendantes, dont les seules occupations étaient la guerre, le jeu et les querelles : société d'enfants à demi sauvages perdue, au milieu du désert, à une extrémité du monde. Grâce à cet isolement, leur race s'est conservée pure. Ils n'avaient pas d'historiens, mais des poètes : dans leur langue, remplie d'images et aussi majestueuse que les lignes étendues de l'horizon des steppes, sera écrit le Koran. Chaque année, une grande assemblée, la foire d'Outâzh, réunissait toutes les tribus arabes en une sorte de congrès littéraire et politique. On y discutait les affaires intéressant le pays. On y récitait de belles rimes. Une trêve suspendait les guerres pendant sa durée. C'était le lien fédéral rattachant entre eux ces indépendants et ces guerriers.

La Mecque était depuis longtemps leur centre religieux. Là, se trouvaient le temple ou Kâaba, bâti par Abraham, auquel certaines traditions donnaient une origine encore plus ancienne, puisqu'on prétendait que, mille ans avant le premier homme, les anges et les démons y venaient en pèlerinage ; la pierre noire, apportée du ciel par l'ange Gabriel pour sanctifier la maison du Seigneur ; la source de Zem-Zem, qui avait jailli tout à coup sous les pas d'Ismaël et d'Agar et les avait sauvés de la mort.

La religion toutefois était peu à peu devenue polythéiste. L'idolâtrie, un grossier fétichisme avaient envahi les tribus qui rendaient un culte aux manifestations sensibles de la nature. La Kâaba restait toujours le sanctuaire vénéré : mais le dieu d'Abraham n'y était plus seul. Trois cent soixante autres dieux, venus des quatre coins du désert, quelques-uns monstrueux, avaient pris place à ses côtés, imposés par le fanatisme de leurs adorateurs. Une tribu spéciale, celle des Korcichides, avait, depuis des siècles, la garde de ce Panthéon formidable.

Telle était l'Arabie, quand apparut Mahomet.

Cet homme, qui naquit le 27 août 570, sortait d'une famille sacerdotale : il était fils d'un des pontifes de la Kàaba. A quarante ans seulement il commença son apostolat. Il mourut à soixante-deux ans; mais ces quelques années lui suffirent pour asseoir d'une façon immuable les bases de l'édifice prodigieux dont le Koran est la pierre angulaire. Il eut cette destinée, peut-être unique dans l'histoire, de fonder à la fois une religion, un peuple et un empire. Ces trois éléments, indissolublement associés ensemble, ont constitué l'islamisme, qui est et restera sans doute l'œuvre la plus colossale qu'il ait été donné à un homme d'entreprendre.

Que fut en réalité Mahomet? Les siècles écoulés n'ont pas dit leur secret. Vers sept ans, il fit, pendant un voyage en Syrie, la connaissance d'un moine nestorien qui lui traduisit l'Ancien Testament. Cette circonstance fortuite a peut-être déterminé sa vocation. Sans nul doute, elle explique comment il n'a cessé de se rattacher aux traditions hébraïques. Il s'est prétendu inspiré de Dieu. En tous les cas, il eut du génie et fut un laborieux. On pourrait lui appliquer cette réponse tirée du livre des Védas : « Crois-tu donc que
« c'est en nous amusant que nous avons créé le ciel et
« la terre? »

Mahomet établit d'abord une religion. Il la fallait simple, parce qu'elle devait être enseignée à des ignorants. Il la fallait traditionnelle, parce qu'elle était destinée à renverser des croyances invétérées. Il la fallait forte, parce qu'elle était appelée à former le lien entre des tribus nombreuses et ennemies. Écartant les abstractions du christianisme et du bouddhisme, il proclama qu'il n'y avait qu'un seul Dieu ; mais comme l'hésitation était permise en présence des trois cent soixante fétiches qui ornaient le Kàaba, il enseigna que le Dieu unique et vrai était le plus ancien, celui du fondateur, celui d'Abraham. Il annonça que sa religion n'était autre que celle qui avait été révélé à Noé, à Abraham, à Moïse et à Jésus, lui donnant ainsi la force de la tradition, la déclarant issue de ce culte lointain, descendu avec Moïse des hauteurs de Sinaï, qu'avaient embrassé les Hébreux, ce peuple prédestiné dont les Arabes n'étaient qu'un rameau détaché. Il admit les révélations d'Adam à Jésus, s'attacha lui-même à cette longue chaîne ininterrompue des prophètes qui remonte à travers les siècles jusqu'aux origines du monde, se présentant comme le dernier et le plus parfait d'entre eux. Son livre, le Koran, venu après le Pentateuque, les Psaumes et l'Évangile, les abrogea et les remplaça. Il n'installa personne aux côtés de ce Dieu unique, le voulant seul grand, seul créateur, seul justicier, prototype incréé des chefs mortels qu'il mettait à la tête de sa formidable organisation politique, religieuse et civile. (*Le Koran,* chap. XIII, LXII, LXIV.)

Dans l'exposé de ses dogmes et de ses préceptes, il sut avec une habileté extrême se plier aux exigences de son époque, car il s'agissait moins de donner des lois parfaites que des lois qui pussent être comprises et pratiquées. Voilà pourquoi il toléra la polygamie, livrant la femme aux emportements des races ardentes qu'il ne pouvait, sans danger, condamner à une chas teté trop rigoureuse. Mais en même temps il consacra son infériorité sociale, n'entendant pas qu'elle vînt, par une influence toujours croissante, amollir les courages de ceux qui devaient être, à la fois et avant tout, des missionnaires et des soldats. Il proclama la nécessité de la prière, qui rappelle l'homme à ses origines et met sa faiblesse en parallèle avec la toute-puissance de Dieu; la nécessité de l'aumône qui fait accueillir comme un frère le voyageur égaré dans les steppes; la nécessité du jeûne qui tempère les excitations de la chair. Il enseigna que les hommes sont égaux, que l'âme est immortelle, et « sera payée selon ses œu« vres »; qu'un enfer redoutable « arrosé d'une eau « bouillante, entouré d'une couronne de flammes », attend les pervers, et qu'un paradis, « peuplé de jeunes « vierges, au regard modeste, que n'a jamais touchées « ni homme ni génie », est réservé aux bons. (*Le Koran*, chap. XXXIX, XLVI, LV, LXXXII.)

Le mahométisme qui parlait à l'esprit par sa simplicité, aux sens par les jouissances qu'il encourage, à la volonté par le caractère autoritaire qu'il revêt, était fait pour être accepté et suivi par tous. En réalité, nulle religion n'eut une explosion plus brusque, une extension plus rapide. Il ne s'élève pas jusqu'aux sublimes vérités du christianisme, car l'œuvre d'un homme ne saurait égaler l'œuvre d'un Dieu; mais il renferme des préceptes moraux et une conception de la divinité infiniment supérieure au polythéisme barbare qui désolait l'Arabie avant lui.

Cette religion nouvelle, qui s'annonçait ainsi au monde du haut des remparts de la Mecque et de

Médine, n'était pas seulement destinée à étendre son domaine sur les âmes. Elle allait être encore le lien qui devait réunir les fragments, jusqu'alors indépendants et épars, de la nation arabe en un peuple doué d'une énergie et d'une vitalité surprenantes, appelé bientôt à fonder un empire au nom de ce même Dieu qu'il ignorait la veille. Mahomet, en donnant à ces tribus errantes l'unité d'une foi et la communauté d'une tradition, assurait la grandeur de sa race en même temps que la durée de son œuvre.

La Mecque ne fut plus dès lors seulement le temple étroit, le marché restreint où des pasteurs se rendaient pour prier et faire le commerce, mais bien la capitale universelle, commune à tous les peuples musulmans, quelles que fussent leurs origines, leur langue et la forme de leur gouvernement : sanctuaire vénéré vers lequel chaque croyant se tournera à l'heure des invocations; école de théologie et de législation où le Prophète comptera ses fidèles; centre permanent des doctrines et des idées islamiques, où les chefs d'ordres et les chefs d'empires iront retremper leur foi et contrôler l'orthodoxie de leurs enseignements.

Pour obtenir ce résultat, Mahomet, par un trait de génie, s'empara d'une antique habitude des populations de l'Hedjaz. Avant lui, elles allaient en pèlerinage à la Mecque. Il rendit ce pèlerinage obligatoire et le présenta comme un des fondements de son culte. Il exigea que tout musulman pût lire le Koran en arabe et fît, une fois dans sa vie, le voyage de la ville sainte. Par ce moyen, la langue arabe s'est répandue dans le monde, et l'idée musulmane, religieuse, politique, littéraire et civile n'a cessé de circuler à travers un immense territoire, vivifiant tout sur son passage, comme le sang qui va du cœur aux extrémités pour revenir ensuite à son point de départ. « La Mecque », suivant le mot du général Daumas, « est tout à la fois « le cœur et le cerveau de l'islamisme. »

Mais à ce peuple nouveau, encore inconscient de sa force, il fallait des espaces où il pût dépenser son activité dévorante et planter l'étendard vert surmonté du croissant. Le moment semblait favorable. L'Empire romain avait succombé sous le faix même de sa grandeur et sous les coups répétés des invasions barbares. Ses débris, rattachés par un lien factice, avaient formé l'empire bâtard de Constantinople. A l'Extrême-Orient, la puissance des Perses, colossale encore, était minée sourdement par des guerres continuelles. Des nations qui paraissaient braves commençaient, il est vrai, à surgir dans le Nord, du sein des forêts ténébreuses de la Germanie et de la Gaule, mais nul ne pouvait deviner ce qu'elles seraient un jour. Le Sud était, au contraire, en proie à la désolante anarchie, présage des grandes catastrophes. L'Espagne appartenait aux Wisigoths. Rome se débattait entre les papes et les Lombards. L'Afrique, l'Égypte, l'Asie Mineure, énervées par trois siècles d'une civilisation poussée à outrance, ne savaient que gémir sous les exactions des patrices grecs qu'on leur imposait pour gouverneurs. Le christianisme enfin, à peine lavé du sang de dix persécutions, mais à demi étouffé sous le flot montant des hérésies, n'avait ni la vitalité ni l'autorité qu'il acquit dans la suite.

Devant cet effondrement de tous les pouvoirs, de toutes les énergies, de toutes les traditions, Mahomet surgit à l'improviste. Les forces arabes dormaient éparses au milieu des sables moabiques, dans la torpeur des religions indécises. Il en fit un faisceau et, sous l'égide d'une idée implacable, les lança à la conquête du monde.

Alors, il se passa une chose surprenante et terrible. Au contact de ces hordes, qui avaient dans les yeux les éclairs du fanatisme, l'édifice vermoulu de l'empire grec se disloqua et tomba en poussière. Les royautés voisines s'effondrèrent honteusement; puis, sur leurs débris, s'éleva un empire islamique aussi vaste que celui des Romains, et qui devait être plus durable que celui d'Alexandre, de Charlemagne et de Napoléon.

En sept ans, Omar, le premier khalife, conquit la Syrie et, en deux mois, la Mésopotamie avec la moitié de la Perse. Ses successeurs envoyèrent leurs soldats jusqu'au Caucase et pénétrèrent dans l'Inde, dans le Turkestan et dans l'Égypte. Sous la dynastie ommiade, dont le siège était à Damas, le nord de l'Afrique, une partie du Sahara, la Sicile embrassèrent la foi du Prophète. En 712, le royaume des Wisigoths succomba en Espagne.

Cent cinquante ans après l'Hégire, l'empire musulman arabe avait atteint ses limites extrêmes : il allait des Pyrénées aux Indes, du golfe de Guinée à la Mogolie. Une poignée d'hommes et une idée avaient fait en un siècle et demi plus que des millions de Romains en dix siècles. Les khalifes tentèrent aussi, mais vainement, la conquête de la Gaule. La défaite de Poitiers arrêta leur essor. C'est qu'ils se heurtaient à une race nouvelle, forte de sa barbarie à peine domptée et régénérée par le baptême de Clovis, qui leur opposait l'obstacle infranchissable de poitrines bardées de fer sur lesquelles il y avait des croix.

Depuis lors, l'empire a disparu en tant que puissance politique. Les croisades, l'arrivée des Mogols au treizième siècle, conduits par Gengiskhan, l'apparition des Turcs Seldjoucides, la prise de Grenade en 1492 ont déterminé sa chute. Mais, de ses morceaux d'autres royaumes se sont formés qui sont encore debout aujourd'hui. En tous les cas, il subsiste comme puissance religieuse. La Mecque est toujours la capitale incontestée des cent millions de musulmans répandus dans le monde. A mesure que les nations modernes les repoussent, ils émigrent vers des contrées à demi barbares. Lentement, sourdement, ils reculent devant la civilisation envahissante et, portant toujours avec eux l'arche fermée de leurs croyances, s'enfoncent dans les hauts plateaux du Thibet et de l'Inde et dans l'Afrique jusqu'au-dessous de l'équateur.

La force des peuples musulmans vient moins en effet de leur puissance numérique que de l'idée religieuse qui forme le lien entre leurs diverses fractions. C'est elle qui, dès les premières années de l'Hégire, a puissamment contribué à apaiser les querelles, à effacer les divisions de races qui ne pouvaient manquer de se produire entre des peuplades différentes d'origine, opposées d'intérêts, et qui, aujourd'hui encore, à la moindre alerte, rallie tous les croyants sous un même étendard. De chaque homme elle a fait un soldat, et de chaque soldat un apôtre n'ayant qu'un but : étendre par tous les moyens le domaine du Prophète, n'ayant qu'un idéal : la grandeur de l'Islamisme. L'empire qui fut ainsi fondé a été le seul grand empire établi au nom d'une religion, et faisant dériver d'elle toutes ses institutions politiques et sociales. Voilà pourquoi il a pu résister à des secousses qui auraient jeté à bas des édifices moins solidement construits, et pourquoi il ne saurait totalement périr.

Mais, cet idéal religieux qui se confondait avec l'idéal politique devait avoir pour résultat de surexciter les intelligences et d'enflammer les cœurs. Il commandait le fanatisme et appelait la guerre sainte. Le Koran offre sur ce point des contradictions étranges. Tandis qu'il proclame qu'il ne peut y avoir de contrainte en religion, que ceux qui croiront en Dieu et auront fait le bien recevront, au jour du jugement, une récompense de leur Seigneur (*Le Koran*, chap. II), ailleurs, il s'écrie : « Oh ! croyants, n'ayez point pour amis vos « pères et vos frères s'ils préfèrent l'incrédulité à la foi! « — La haine des chrétiens doit durer jusqu'au jour « de la résurrection. » (*Le Koran*, chap. V et IX.)

Il partage la terre en deux parties : Dar-el-islam, la maison de l'islamisme, et Dar-el-hharb, la maison de la guerre, et dit : « Combattez les infidèles jusqu'à ce « que la vraie religion reste à Dieu seul. — Ce n'est « pas vous qui lancez le trait et qui tuez : c'est Dieu. » (*Le Koran*, chap. II et VIII.) Sidi-Khalil, le commentateur, ajoute cette pensée consolante : « Ceux qui tom- « bent dans la guerre sainte ne sont pas morts : ils sont « vivants ! » (*Code musulman*, vol. I.)

Aussi ne faut-il pas s'étonner si la nouvelle religion s'est propagée à la fois par la persuasion et par le glaive, si elle s'est imposée aux nations conquises par l'extrême simplicité de sa doctrine et par l'alternative à laquelle elle soumettait les vaincus de se faire musulmans ou d'être opprimés. Son élan était irrésistible ; elle parlait en outre au nom de Dieu, dont le Koran était la pensée même écrite.

Quel était donc ce livre qui se présentait ainsi au monde avec une si haute origine ? On l'appelle « El « Kitâb », c'est-à-dire *le Livre,* l'œuvre par excellence, qui renferme tout, prévoit tout, enseigne tout, dogme, morale et législation. Nul n'est admis à le contester : « Ceci est le Livre, sur lequel il n'y a pas de doute à « avoir. » (*Le Koran,* Sourate la Vache.) Mahomet l'a écrit au jour le jour, d'après les révélations que Dieu lui faisait, pour les besoins de sa cause, par l'intermédiaire de l'ange Gabriel. Il est incohérent et ne concorde pas toujours dans ses parties. Il ne fut rédigé d'une façon définitive que sous Othman, le troisième khalife. Quatre saints docteurs, aux deuxième et troisième siècles de l'Hégire, en donnèrent des interprétations orthodoxes, correspondant aux quatre rites reconnus : malékite, hanéfite, chaféite et hanabite. Elles demeurèrent interdites dans la suite. De peur qu'on ne fît des interpolations, on a compté le nombre des versets, des mots, et le nombre de fois que chaque lettre est répétée dans le même livre. Il y a six mille versets et soixante-dix-sept mille six cent trente neuf mots (1).

(1) DES GODINS DE SOUHESMES, *Tunis.*

C'est donc un livre révélé, incréé, et par conséquent inaltérable. Il est à la fois code civil, religieux et politique. On prêche, on rend la justice, on gouverne en son nom. Et, comme il vient de Dieu, tout ce qui se fait ainsi par lui est divin et indiscutable. Il est la base même du mahométisme. « Il complète et clôt les lois « anciennes. Il est la vérité même. » (*Le Koran*, chap. LXIX.)

Mais ce carctère authentique et définitif que le Koran imprime à tout ce qui prend en lui sa raison d'être, et qui a fait, au début, la force incontestable de la puissance islamique, a été plus tard une cause de faiblesse et de dépérissement. A l'inverse de la religion catholique, qui, tout en maintenant l'inébranlable fermeté de sa doctrine, accommode au moins ses pratiques et son esprit aux mœurs des époques, à l'inverse des législations modernes constamment renouvelées, la loi religieuse musulmane est restée ce qu'elle était à ses origines, aussi farouche, aussi exigeante, aussi intransigeante, et la loi civile, son émanation directe, ne s'est modifiée en rien sous l'influence des idées nouvelles et des besoins nouveaux. Liées l'une à l'autre, découlant d'une même source divine, toutes deux sont demeurées immuables, hors de l'atteinte des hommes.

L'islamisme a dès lors été condamné à une immobilité improductive. Indifférent à tout ce qui était action et progrès, il s'est tenu stationnaire au milieu du flot passant des siècles, l'œil fixé sur un point du ciel, « tournant le dos à l'avenir et la face au passé ». (SEIGNETTE, *Code musulman.*) Voilà pourquoi, chez les nations reconnaissant sa loi, les gouvernements sont encore théocratiques, pourquoi les prêtres sont toujours des juges, pourquoi l'autorité maritale est incontestée, pourquoi l'art, sous quelque aspect qu'il se manifeste, réédite indéfiniment les mêmes pensers et les mêmes formes.

Du reste, il faut avouer que le Koran renferme des doctrines commodes. N'admettant pas de résistance aux décrets du Seigneur, il supprime le libre arbitre et le remords, qui en est la conséquence. Ce fatalisme a été une des causes de l'apathie des nations musulmanes et de la décomposition de leurs gouvernements. A quoi bon, en effet, s'agiter, à quoi bon s'inquiéter, puisque tout n'arrive que par la volonté de Dieu ? « Vos actions, dit-il, sont réglées une à une et inscrites « dans le livre. Vous ne pouvez vouloir que ce que « veut le Seigneur : tout dépend de lui. » (*Le Koran*, chap. III et LXXXI.) Aussi, le vrai croyant s'absorbe complètement en Dieu et a de continuels retours vers lui. Et quand, par hasard, un événement heureux lui arrive, ou une calamité le frappe, à peine s'il a un mot de reconnaissance ou de plainte. A quoi bon, en effet ? « Mektoub : c'était écrit. »

La force du peuple arabe, comme de tout peuple ayant embrassé la loi du Prophète, c'est donc l'idée musulmane, qui, partie de la Mecque, en un siècle et demi a été d'Ispahan à Séville, unifiant des races, fondant des royaumes, élevant des mosquées, et qui, aujourd'hui encore, malgré les efforts contraires du christianisme, pénètre lentement, mais sûrement, les continents obscurs, renversant les fétiches et s'imposant à des peuplades à demi barbares : idée ailée, qui vole de minaret en minaret à travers l'empire du Croissant, rappelée à toute heure du jour par la voix du muezzin; qui se transmet, intacte et pure, par les enseignements des marabouts et les pratiques des Khouans; qui demeure vivace et féconde en dépit des siècles écoulés, emplit les espaces et fait, en l'élevant vers Dieu, tressaillir de joie et d'aise le cœur des vrais fidèles; idée puissante, implacable, irrésistible, qui arme les bras, suggère les résolutions extrêmes, et qui peut encore, à l'heure où on s'y attendra le moins, soulever l'étendard vert aux quatre coins de l'Islam, et lancer de nouveau la foule des croyants dans le tourbillon des conquêtes et des invasions.

Comme l'idée romaine, l'idée musulmane était destinée à dominer une partie du monde. Mais, tandis que la première, issue du paganisme et baisée au front par le génie de la Grèce, se retrouve dans les débris impérissables des œuvres qu'elle avait inspirées, dans ses routes et ses aqueducs, dans la divine harmonie de ses temples, dans l'incomparable perfection de ses écrits, dans la vigueur des institutions dérivées des siennes; la seconde, au contraire, tirant toute sa force d'une religion qui n'admet pas de partage et se propage au moyen du glaive, qui supprime l'initiative individuelle par l'institution du fanatisme, qui proclame que rien n'est utile de ce qui n'est pas commandé par Dieu, ne pouvait que faire le désert autour d'elle. Aussi n'a-t-elle rien créé et rien laissé en dehors des œuvres essentielles, produits de cette religion même : c'est-à-dire d'un livre renfermant sa morale et ses lois; d'un temple à la fois oratoire, tribunal et siège du gouvernement ; d'un drapeau, signe de ralliement dans la guerre contre les infidèles. L'une était, avant tout, progrès et civilisation ; l'autre n'est qu'immutabilité et néant. Et pourtant, malgré les assauts répétés des peuples éclairés, l'idée musulmane est plus vivante aujourd'hui dans le monde que la civilisation romaine trois siècles après Jésus-Christ.

Mais, pour conduire et diriger ces tribus guerrières qu'unissait désormais la communauté d'un culte et d'un idéal, il fallait des chefs ; et comme chez elles dominait surtout l'ardeur des convictions religieuses, ces chefs ne pouvaient être que des hommes tirant leur pouvoir directement de Dieu. Aussi les premiers souverains furent des prêtres avant d'être des rois. Ils se nommaient eux-mêmes : « Pontifes et vicaires du « Prophète ». Dès les premières années de l'Hégire, la forme théocratique se dessina donc avec netteté chez les Arabes. Dans la suite apparut l'imamât, c'est-à-dire la direction de tous les croyants, au point de vue politique et religieux, attribuée à un seul homme. Des guerres terribles, allumées par ceux qui ambitionnaient cette fonction auguste, déchirèrent l'Islam, mais l'unité de la foi n'en fut pas ébranlée.

Cette prédominance de l'élément sacré sur l'élément civil est si fortement marquée chez les peuples musulmans, que la plupart de leurs fondateurs de dynastie furent des personnages religieux. Plus tard, il est vrai, le pouvoir temporel se sépara du sacerdoce ; mais celui-ci est toujours resté le dépositaire de la loi, l'autorité suprême devant qui chacun s'incline. Il a pour lui la tradition et le Koran qui, dans ses textes, con-

9.

sacre sa suprématie. De là vient l'influence considérable, primant parfois celle des beys, des khalifes et du Sultan, qu'ont exercée et qu'exercent encore les marabouts et les chefs de congrégations de Khouans, qui tous se proclament les successeurs de Mahomet et les héritiers de son enseignement. L'idée théocratique est donc demeurée la clef de voûte de l'édifice islamique. Le pouvoir souverain, à la suite de révolutions sans nombre, a passé des dynasties arabes aux Turcs Seldjoucides : il est aujourd'hui entre les mains du Sultan, qui s'intitule encore « l'ombre de Dieu sur la terre ».

Le point essentiel et canonique de la doctrine musulmane est l'établissement d'un iman ou d'un chef chargé de veiller à l'observation de la loi, de rendre la justice, de défendre les frontières, de célébrer la prière du vendredi, de marier et de procéder au partage du butin (1). Le Koran précise cette obligation et ajoute : « Soyez soumis à Dieu, au Prophète et à celui d'entre « vous qui exerce l'autorité suprême. » (*Le Koran*, ch. IV.) Aussi une organisation religieuse puissante et respectée s'est formée au sein des nations islamiques, soit par les soins des khalifes, soit par l'initiative personnelle de ceux qui se sentaient une vocation.

Tout d'abord, il faut mentionner le clergé salarié, composé des moftis et des imans qui siègent dans les mosquées et y commentent la loi divine. On le consulte

---

(1) On consultera avec fruit, pour l'ensemble de ces questions, les ouvrages suivants : RINN, *Marabouts et Khouans*. — LE BON, *Civilisation des Arabes*. — DAUMAS, *La vie arabe et la société musulmane*. — F. FRESNEL, *Lettre sur l'histoire des Arabes avant l'Islamisme*. — KHALIL, *Code musulman*.

peu d'habitude, en Algérie surtout, où il dépend entièrement du gouvernement français. Les marabouts, au contraire, jouissent d'une autorité plus grande. Ils sont libres et tiennent leur prestige d'un ancêtre qui était cheriff, c'est-à-dire noble. Ils composent la noblesse religieuse. Quelques-uns sont de très saints personnages et méritent, par leurs vertus, des titres honorifiques. On les appelle : *R'out,* qui veut dire sauveur, chargé des péchés du monde; *Qotb,* ou étoile polaire, axe du monde; *Aoutâb,* piquet, point cardinal.

Mais, à côté de cette puissance séculière et quasi officielle du clergé investi et des marabouts, se rencontrent les ordres religieux ou associations des Khouans, qui constituent la grande force de l'Islamisme et son principal moyen de diffusion. On en compte quatre-vingt huit principaux, dont cinquante à soixante purement locaux. Chaque jour, il s'en peut établir de nouveaux : c'est affaire de doctrine et de disciples. Ils sont très écoutés et très influents, complètement dégagés d'une attache temporelle quelconque, et n'enseignent rien que de parfaitement conforme au Koran. Ils rappellent les ordres religieux catholiques; mais ils se suffisent à eux-mêmes et ne reconnaissent qu'avec mille réserves l'autorité du Sultan.

Ils ont une organisation spéciale, essentiellement théocratique. A la tête de chaque congrégation se trouve un chef qui exerce le pouvoir presque sans contrôle, le *Cheikh-Triqa,* successeur du fondateur. Sous ses ordres sont des *Moqaddem* ou prieurs administrant des portions déterminées de pays, conférant l'*Ouerd* ou initiation à ceux qui la demandent, et composant la *Hadra* ou chapitre général de la secte. Enfin, au-dessous, sont les *Khouans* ou frères, très nombreux, très dociles et non moins ignorants : le *vulgum pecus* d'Horace. Les obligations qui leur sont imposées consistent uniquement à suivre la voie ou *Triqa*, qui est l'ensemble des doctrines, des règles et des prières particulières à l'ordre ; à pratiquer les cinq commandements de Dieu ; à réciter le *Dikr* ou prières spéciales, composé généralement d'invocations assez courtes qu'il faut répéter, suivant les ordres, de deux mille à vingt mille fois par jour ; à exercer vis-à-vis des autres Khouans une charité et une solidarité poussées parfois jusqu'au communisme ; à payer la *Ziara* ou offrande ; enfin surtout à obéir aveuglément au Moqaddem ou au Cheikh, à exécuter tout ce qu'il commande, à être entre ses mains, suivant la formule consacrée, « comme des cadavres entre les mains du laveur de « morts (1) ».

Ces congrégations, établies ainsi en dehors de toute autorité investie et par le bon plaisir d'un homme inspiré ou habile, seraient des schismes si elles n'étaient orthodoxes. Aussi chaque fondateur, pour éviter ce discrédit, a grand soin de se rattacher au Prophète, soit directement, soit par l'intermédiaire d'un saint docteur qui lui-même fait dériver, d'une façon incontestable, son enseignement de Mahomet. La liste de noms formant cette généalogie constitue ce

---

(1) Je ferai remarquer ici, avec le colonel Trumelet, que la fameuse formule de saint Ignace de Loyola, *perinde ac cadaver*, comme un cadavre, a été empruntée par lui aux règles des ordres musulmans.

qu'on appelle la chaîne des saints : *Ahl-el-Selselat*. Cette chaîne est en deux morceaux; elle remonte du fondateur au Prophète, et descend du fondateur au chef alors en exercice. De cette manière, la tradition constante et véridique de la doctrine est assurée, au moins en apparence. Les chefs d'ordre sont en général d'une intelligence remarquable, très fins diplomates et très versés dans l'art de dire le moins de choses possible tout en ayant l'air d'en révéler beaucoup. Ils s'entendent à merveille pour diriger les Khouans placés sous leur influence. Du reste, les pratiques dévotieuses et mystiques auxquelles ils soumettent ces derniers, l'amour de la vie contemplative qu'ils leur inculquent ont pour résultat de développer leur tendance naturelle à la paresse et d'atrophier leur intelligence. Ils arrivent ainsi à annihiler complètement leur volonté au profit de l'œuvre impersonnelle de la communauté. Ils en font des instruments dociles, de véritables machines.

Ces ordres religieux, par suite de leur organisation et des obligations imposées aux adeptes, constituent un danger réel et permanent pour tout gouvernement établi. En effet, ils sont indépendants des chefs politiques et même du Sultan, qui est parfois le premier à souffrir de leurs menées. Ils ne reconnaissent d'autre autorité que celle de leur Cheikh, et celui-ci habite parfois très loin du pays où se fait sentir son action. Le Koran, dont ils suivent les maximes avec une rigoureuse exactitude, les approuve indirectement, puisqu'il place le sacerdoce au-dessus du pouvoir temporel. Ils ont pour eux la force d'association et les sympathies de la multitude qui se sent attirée par la sainteté de leurs enseignements, la vertu de leurs prières et certaines pratiques mystérieuses ou surnaturelles qui ne manquent jamais leur effet sur les masses ignorantes. Aussi les chefs jouissent-ils d'une influence considérable sur cette foule de croyants, pour lesquels, depuis des siècles, l'idéal politique se confond avec l'idéal religieux.

En Algérie, naturellement, nous avons eu affaire à eux. Il est certain qu'ils ont pris part aux insurrections que nous avons dû combattre; mais il est difficile de préciser exactement leur rôle. Les chefs, trop adroits pour compromettre inutilement les intérêts qui leur sont confiés, se contentent d'agir par leurs idées et de distribuer des encouragements. Quelques ordres paraissent inoffensifs, comme les Qadrya et les Tidjanya, et secondent notre action. Au contraire, les Ramanya, les Derkaoua et surtout les Snoussya se montrent notoirement hostiles. Ces derniers sont même, comme je le dirai ailleurs, les adversaires les plus acharnés de notre extension dans le Sahara central.

Il ne faut pas en effet se faire des illusions. Le peuple arabe, et sous ce nom je comprends également les tribus berbères, qui, après avoir embrassé sa foi, ont fini par se confondre presque entièrement avec lui, ne voit pas sans jalousie notre installation en Afrique. Pour lui, nous sommes toujours les usurpateurs d'un territoire qu'il tient de ses ancêtres, les novateurs dont les réformes sont en contradiction avec la loi immuable du Koran. Il ne comprend rien à nos mœurs trop faciles, à la liberté dont jouissent nos femmes, aux règles de droit que nous imposons, à notre irréligion officielle. Il plie temporairement parce qu'il n'est pas le plus fort, mais c'est avec l'espoir de la revanche. Il subit; il n'accepte pas. Un vieil Agha exprimait un jour cette idée, d'une façon originale, au maréchal Bugeaud : « N'ignores-tu pas que le lévrier porte la queue en « trompette? Eh bien! prends cette queue, enferme-la « dans un fourreau solide, et laisse-la dedans. Au bout « d'un an sors-la de ce fourreau. Tu seras tout étonné « de lui voir reprendre sa forme primitive. Ainsi de « l'Arabe. »

N'oublions pas aussi que tout croyant est fanatique, et que le peuple arabe est peut-être le plus croyant de tous les peuples. Par suite de la confusion des divers pouvoirs en un seul, sa patrie et sa religion ne font qu'un : Dar-el-Islam, la maison de l'Islamisme. Or, en nous attaquant à l'une, nous nous attaquons nécessairement à l'autre. C'est pourquoi les luttes soutenues contre lui revêtent un caractère particulier d'acharnement. Malgré les apparences, il espère en l'équitable volonté du Seigneur. Comment ce dernier laisserait-il entre des mains infidèles la terre arrosée du sang d'Okba et de trente générations de soldats martyrs? Aussi il attend, confiant dans les prédictions qu'on lui a faites, la venue du Mahdi, de l'envoyé céleste qui doit paraître à l'heure fixée, afin de « régénérer le « monde et le remplir de justice autant qu'il est rempli « d'iniquités ».

La force incontestable de l'Arabe vient de sa croyance à l'Être unique et puissant, auquel il a appris de bonne heure à tout rapporter, et duquel il trouve commode de tout attendre : croyance robuste, vivante, inaltérable, pareille aux murailles de Balbeck, produits d'un âge où la terre enfantait des géants, à la pyramide d'Égypte, qui résiste à tous les efforts des éléments et des empires, parce qu'elle s'élève au centre d'un désert et que sa base est cent fois plus large que sa tête. Il sait que rien dans le monde n'arrive que par la volonté de Dieu, et que Celui qui inspire ses pensées et conduit son bras lui réserve, pour prix de son obéissance, des félicités sans fin. Aussi, insensible à la marche des choses comme aux outrages des hommes, au milieu des plaines immenses brûlées de chaleur, ou sous la retombée silencieuse de la mosquée blanche, il demeure immobile, l'œil fixé, en une contemplation muette, vers ce point de l'Orient d'où, pareil à un météore illuminant l'espace, a surgi, il y a treize siècles, le flambeau de sa foi : *Patiens quia œternus.*

CHAPITRE V

DE CONSTANTINE A BISKRA. — COUTUMES DE LA CULTURE INDIGÈNE. — EL-KANTARA.

> « L'étendue est immense et les champs n'ont point d'ombre,
> Et la source est tarie où buvaient les troupeaux ;
> La lointaine forêt, dont la lisière est sombre,
> Dort là-bas immobile en un pesant repos. »
>
> (Leconte de Lisle, *Midi*.)

De Constantine à Biskra on traverse deux pays bien distincts : le Tell d'abord, qui va jusqu'à Batna, et l'Aurès ensuite, dont les sommets limitent le Sahara du côté du nord. Le Tell constantinois n'est que la continuation de celui d'Oran et d'Alger, et s'étend à l'est jusqu'aux monts de la Khroumirie. C'est une plaine uniforme, élevée d'environ 900 mètres au-dessus du niveau de la mer, à peine traversée de quelques ondulations sans importance et assez aride. Après Aïn-M'lila on laisse sur la gauche le Nif-Enser ou Bec de l'Aigle, rochers isolés et rougeâtres, terminés par une série de crêtes droites taillées à pic dont une en surplomb affecte la forme d'un bec. Puis la voie passe entre les lacs Tinsilt et Msouri, salés tous les deux et entourés de marais boueux. Les localités que l'on rencontre sont pauvres, mais les noms sont ravissants : Aïn-Yacout, Aïn-Touta, Ksour-R'ennaïa, la fontaine du diamant brut, la source du mûrier, le château de la charmeuse. Le paysage est désert, animé seulement par les longues files de chameaux qui serpentent sur les routes.

Ils vont par caravanes, et chaque caravane est divisée en trois tronçons qui s'échelonnent à 200 ou 400 mètres les uns des autres, afin d'éviter l'encombrement et la poussière. Le nombre des chameaux est illimité. Il peut varier de 30 à 300 : en général il est de 80 ou 100. En tête, se tient le conducteur, kébir ou ménir, monté sur un mehari de choix. C'est lui qui fixe l'ordre de marche et les haltes et qui, dans le désert, quand les pluies ou le vent ont effacé la route, parfois à la seule inspection de l'herbe et du sable reconnaît où il se trouve. Les grandes caravanes se rendent du littoral au Soudan, pays si riche, dit un proverbe, qu'il est « le remède de la pauvreté comme « le goudron est celui de la gale des chameaux ». Elles échangent les cotonnades, les armes, les denrées d'Europe contre les peaux tannées, les ivoires et les essences. Celles que nous rencontrons maintenant ne vont qu'à la récolte des dattes, à peine commencée dans les oasis.

Les animaux avancent lentement, et leur corps énorme surmonté de ballots, porté par les mouvements ondulés de leurs jambes, prend vaguement la forme d'un vaisseau dont leur tête serait la proue. Sur leur dos s'empilent des paquets de marchandises au-dessus desquels, pareil à une idole sur une pyramide, un homme est parfois juché. D'autres fois, des étoffes rayées de rouge et de bleu, garnies de franges qui traînent à terre, forment une espèce de tente qui s'évase par en haut. Dans ce nid, quatre ou cinq femmes se tiennent serrées les unes contre les autres, diversement drapées de guenilles multicolores que retiennent des agrafes d'émail brillant. Une fois la halte ordonnée, chaque tronçon campe où il se trouve, sous des tentes de feutre gris. Les chameaux s'en vont paître par groupes, et, quand ils sont ainsi réunis en masse à quelque distance, les burnous blancs des Arabes entremêlés de points colorés faisant tache sur leur robe brune, on croirait voir la palette chargée de tons vifs d'un orientaliste.

Nous sommes ici dans la région des grandes propriétés indigènes, car les Européens restent en général cantonnés près des villes. Les terres occupées par les Arabes sont de différentes sortes. Les unes appartiennent à des familles ou à des tribus qui les cultivent soit divisément, soit en commun : ce sont des biens *melk*, si les possesseurs en jouissent en vertu d'actes authentiques ou par suite d'une occupation immémoriale; des biens *arch*, si, au contraire, elles leur ont été concédées par les beys ou les sultans à charge de payer une rente perpétuelle. Le sénatus-consulte de 1863 et la loi du 26 juillet 1873 ont reconnu aux indigènes la propriété de ces terrains et se sont appliqués à transformer la propriété collective en propriété individuelle. Mais à côté se trouvent de grandes étendues de territoire sans limites bien définies, peu fertiles et généralement propres seulement au pâturage. Ces terres n'appartiennent encore à personne : ce sont des espèces de communaux, des plaines de parcours où les races nomades du Sahara font paitre leurs troupeaux. On les rencontre surtout sur les versants sud du Tell.

Partout ailleurs le sol est travaillé. L'Arabe ne cultive lui-même sa terre que s'il est pauvre; s'il est riche, il emploie un khammas, c'est-à-dire un cultivateur au cinquième, à peu près l'équivalent du métayer français. Celui-ci est généralement un Kabyle qui se loue pour une année. La moisson faite et le grain battu sur l'aire par le pied des chevaux, il prend un cinquième de la récolte, sur lequel le maître prélève encore ses avances en grains et en argent : ce maigre salaire paye ainsi le labeur de toute une année. Il est vrai que la culture est aisée. A peine donne-t-on une façon à l'automne et deux au printemps pour les ensemencements tardifs. Encore souvent se contente-t-on de semer sur le sol non préparé et d'enterrer ensuite le grain à la charrue; mais pour cela, il faut que la terre ait été en friche l'année précédente. En tous les cas le labour est peu profond : $0^m,20$ à $0^m,25$ tout au plus, et fait avec une très petite charrue. Quant au sillon, il n'est pas poussé droit comme chez nous, mais en rond ou en zigzag, suivant la fantaisie du conducteur et de l'attelage. C'est moins un labour qu'un fort hersage. Beaucoup ont blâmé ce mode de culture. Je sais, pour ma part, que des cultivateurs indigènes m'ont assuré, après expérience, qu'une façon plus complète donnée à la terre était plus nuisible qu'utile à la récolte.

Les semailles se font tard, en novembre ou au printemps, et l'on récolte en mai. L'orge arrive même à maturité en cinquante jours dans les sols humides, et, dès avril, on peut la couper dans le Tell saharien. L'alternance des cultures est à peine connue. En général, les indigènes sèment le blé dans les terres fortes et l'orge dans les terres légères, et cela indéfiniment ; il est toutefois de règle qu'une terre doit se reposer une année sur trois. Quant à la moisson, elle se fait d'une façon assez primitive et varie suivant les endroits : dans la montagne, on arrache l'orge et le froment à la main pour ne rien perdre; dans la plaine, on coupe à la faucille, en laissant un chaume très long que les bêtes vont manger ou qui reste sur la terre en guise d'engrais, car le fumier est rare, excepté dans les fermes cultivées par des Européens.

Malgré cette insuffisance de culture, le sol, réchauffé par une température constante, est d'une grande fertilité. Le rendement, toutefois, est moins élevé qu'en France, et le prix de vente inférieur. L'orge rend de 8 à 12 à l'hectare; le blé de 7 à 10 et se vend environ 13 francs l'hectolitre. Mais, comme les frais de production sont très minimes, le bénéfice est encore considérable. On parle rarement d'hectares en Algérie. Les indigènes comptent par *zouidja*, qui est l'étendue que peut labourer une paire de bœufs. Naturellement ceci est très variable, mais la moyenne de la zouidja est de huit hectares, et son rapport net de 200 à 300 francs. Quant au prix du terrain, on ne saurait le fixer d'une façon précise. Certaines terres en Kabylie ne se vendent pas plus de 80 francs l'hectare ; ailleurs, elles valent jusqu'à 300 francs. Une propriété en

Algérie paraîtrait donc un excellent placement. En principe, cela est vrai. Malheureusement, il faut compter avec les mauvaises années et les fléaux : la grêle, la sécheresse et les sauterelles.

Nous gagnons ainsi Batna et les premières ramifications de l'Aurès ; l'aspect change aussitôt.

Ce massif montueux et aride n'est lui-même qu'une partie du grand Djebel-Sahari, ou Atlas saharien, qui s'étend de l'Atlantique au golfe de Gabès sur la Méditerranée et ferme le désert du côté du nord par un vaste amphithéâtre de rochers de plus de 500 lieues d'étendue. Il rappelle encore le Tell par sa végétation. Ses habitants, Kabyles pour la majeure partie, quoique fort mélangés d'Arabes, occupent, de même que ceux du Djurjura, des villages appelés kçours sur des pitons isolés, qui ont opposé, lors de la conquête, une résistance héroïque à nos troupes. Le versant nord se relie avec la plaine élevée du Tell ; mais le versant sud domine le Sahara à une grande hauteur par des escarpements rapides, à peine échancrés de quelques coupures où passent les oueds qui vont se perdre dans les sables.

On monte, après Batna, à travers un pays aride, parsemé de touffes d'herbes sèches. Aïn-Touta, que l'on atteint ensuite, est dans une vallée plus fertile où l'on rencontre quelques petites prairies. Il y fait pourtant un froid terrible et la neige y tombe souvent. Mais après, le désert commence, un désert de rochers et de sable, couvert parfois d'efflorescences salines. Le sol, affreusement raviné par les oueds, se creuse de dépressions qui vont en tous sens, pareilles à celles que laisserait le passage de gigantesques serpents. Des bancs de pierres grises apparaissent çà et là, supportant des dunes de poussière qui semble du schiste pulvérisé. La plaine, que n'animent ni villages ni arbres, a la forme d'une cuvette, et les rochers sauvages qui la ferment vers le sud de leurs cimes déchiquetées, aux pentes noircies, contribuent encore à lui donner un aspect plus désolé et plus lugubre. On dirait le cratère éteint d'un volcan.

Le défilé se prolonge ensuite et se resserre jusqu'à la gorge d'El-Kantara, bizarre échancrure faite dans l'Aurès qui sert de passage entre le désert et les hauts plateaux. Les Romains l'ont appelé le Talon d'Hercule; mais les Arabes lui ont donné le nom bien plus juste de Bouche du Sahara (*foum es Sahara*). Dans le massif de grès rouge, poli par l'eau et strié de veines siliceuses et bleuâtres, s'ouvre une fente très étroite que l'on dirait taillée à coups de hache. Des arêtes de rocs avivées descendent obliquement, affectant des formes de créneaux et de tourelles en ruine et séparées entre elles par des pans de murs écroulés. L'oued se glisse au fond de la coulée; un pont romain orné de moulures et de médaillons l'enjambe, et au-dessus, accrochée à la paroi de gauche, court la voie ferrée.

La traversée de cette gorge ne demande que quelques instants, puis au delà se lève un décor aussi surprenant qu'inattendu. La plaine, ronde comme un cirque, est entourée de toutes parts de montagnes nues, uniformément dentelées, qui la ceignent d'un immense bandeau gris. A vos pieds, dans l'encadrement des pentes sableuses, apparaît une tache irrégulière, verte et rayée de jaune, semblable à une peau plissée : une série de petits murs bas et dégradés, construits en terre durcie, allant en tous sens et dessinant toutes les formes géométriques connues, au-dessus desquels des têtes de palmiers chargées de longues grappes mordorées, tantôt pointent solitaires, tantôt font des masses sombres de verdure. C'est l'oasis d'El-Kantara, la première apparition de la flore saharienne. Quand on se retourne, l'échancrure de la gorge, semblable à un gigantesque V, se découpe en clair dans la paroi brune du rocher, découvrant une haute montagne, bleuie par l'éloignement, qui forme barre fixe sur le ciel. Mais le tableau s'efface vite : la tache verte de l'oasis devient peu à peu une ligne mince, d'une infinie ténuité, et l'on n'a plus devant soi que la plaine pierreuse, sablonneuse, ravinée, sèche et morne, qui s'allonge jusqu'à l'autre bout du cirque.

Ce n'est pourtant pas encore le Sahara. Il faut contourner le Djebel-Selloum, que couronne une redoute romaine, le Djebel-el-Melah, ou montagne de sel, que des plaques bleuâtres et brillantes de sel cristallisé revêtent comme une armure, traverser El-Outaïa et franchir le col de Sfa. Alors seulement commence le désert, la plaine immense qui n'a que l'horizon pour limites. Mais la nuit est venue sur ces entrefaites ; un orage affreux et subit éclate en ce moment, et c'est au milieu de coups de tonnerre se suivant sans relâche que nous atteignons Biskra.

CHAPITRE VI

BISKRA. — ASPECT DE L'OASIS. — LES RUELLES ET LES PALMIERS. — LES BISKRIS. — LES FRÈRES ARMÉS DU SAHARA. — LE COL DE SFA ET LE SAHARA AU COUCHER DU SOLEIL. — LA PROSTITUTION AU DÉSERT : DANSE DES FILLES D'OULAD-NAÏL.

> « Il demande peu, il reçoit moins encore, mais c'est assez pour lui; car la misère, la vieillesse et le courage du cœur lui ont appris à se résigner. »
> (SOPHOCLE, Œdipe à Colone.)

> « Fleur sauvage, si adorablement belle, si délicieusement odorante, que les sens sont enivrés de toi! Je voudrais que tu ne fusses jamais née! »
> (SHAKESPEARE, Othello.)

Biskra veut dire « dans l'ivresse », et c'est bien l'ivresse de son ciel toujours bleu, de son royal soleil, de ses fleurs aux parfums violents, de sa vie insouciante et sensuelle, qui lui a valu ce nom. A l'entrée du désert aux séduisantes immensités, sa fraîche oasis, pareille à un éden enchanteur, s'offre tour à tour au Saharien fatigué des plaines et à l'homme du Nord qui se recueille avant d'aborder des régions inconnues. Que, là-bas, dans le pays de l'Areg, aux dunes de sables calcinés et rougeâtres, la soif brûle les entrailles et la faim convulsionne les membres grêles, Biskra, la délicieuse, rit de ces souffrances. Sur son sol humidifié par des rivières souterraines, le palmier pousse toujours fécond, et le bendaïr des filles d'Oulad-Naïl continue à raisonner dans ses maisons closes. Au pied des monts Aurès, qui la garantissent des vents du nord, elle s'allonge comme une sultane, attentive aux harmonies vibrantes des espaces, dorée par les premiers feux de l'aurore, ouverte à l'amour.

Biskra moderne est un grand village qui date de 1844. Les rues, très larges et tirées au cordeau, sont bordées de constructions élevées d'un étage, en briques crépies à la chaux, et à toits de tuiles presque plats. Au centre, se trouve une belle place, que des arbres exotiques ont transformée en un square délicieux arrosé par des eaux vives. L'hôtel du Sahara y fait face à l'église neuve, de style roman, et tout autour les maisons sont bordées d'arcades où l'on peut se retirer pendant les fortes chaleurs.

Quant au Biskra des indigènes, il est situé plus loin, dans la direction du sud-est, et s'étend sur cinq à six kilomètres le long de l'oued. Il est divisé par quartiers irréguliers de forme, mais tous semblables d'aspect, qui portent les noms des tribus qui les habitent et que séparent d'assez grands espaces vides. C'est l'oasis. Dans le sol jaune et sablonneux, on a creusé des canaux où court l'eau des torrents et des puits artésiens. Entre ces canaux, des palmiers s'élèvent, soit isolés, soit par touffes. Souvent, des murs de terre durcie au soleil les entourent, et cela fait des jardins. De place en place, sur ces murs plus rapprochés, on a posé un toit plat, et cela fait des maisons. Ainsi est Biskra; ainsi sont Sidi-Okba, Tougourt, toutes les oasis : un champ de palmiers coupé de ruisseaux et de murs de boue.

La première impression que laisse une oasis est pénible. Il vous semble voyager à travers une ville écroulée dont il ne resterait que des décombres, tellement c'est vieux et délabré. La couleur même qui la revêt ajoute à sa tristesse. Ce n'est plus la neigeuse blancheur des citées mauresques, où la chaux vive éclate en éblouissements furieux, mais une teinte uniformément jaune et terne, une teinte de poussière salie. Les maisons, les rues, les terrains avoisinants ont tous ce même aspect lamentable, brûlé et miséreux.

Les seuls matériaux en usage chez les Arabes sont les briques en tob, longues de quarante à cinquante centimètres, larges de vingt, épaisses de dix et faites d'une terre gâchée, puis séchée au soleil. On les emploie pour construire les habitations et les murs des jardins, quand ceux-ci ne sont pas de simples talus de terre couverts de mottes gazonnées. Les maisons, souvent sans étages, ne se distinguent des clôtures qui les environnent que par leur élévation plus grande. Elles sont taillées en bastions carrés et percées d'un trou noir en guise de porte. Seulement, à quelques mètres du sol, on aperçoit de petites ouvertures étroites par où passent des troncs de palmiers. Ils supportent la terrasse et, creusés en gargouilles, servent à l'écoulement des eaux. Il y a ainsi des kilomètres de murailles enchevêtrées les unes dans les autres, hautes ou basses, bombées ou rentrantes, coupées d'angles brusques et de recoins mystérieux, mais toutes, en général, effritées, gercées, ébréchées, comme en ruine. De loin, elles ont les allures altières des remparts d'une citadelle féodale surmontée de tours et de donjons, pour ne plus ressembler, quand on s'approche, dans le désordre de leur enceinte branlante, qu'aux débris d'un écroulement colossal.

Entre cette bordure irrégulière, les rues s'en vont sinueuses à perte de vue, de largeur très inégale, dessinant des places, s'ouvrant en avenues, se fermant en culs-de-sac. Planes ou vallonnées, suivant la nature du terrain, elles sont souvent creusées de fondrières et sillonnées par des dérivations de l'oued qu'il faut enjamber. Mais sur ces murs loqueteux et crevassés, où la misère sordide de ces pays brûlés s'étale en hideuses taches jaunes, les rayons du soleil tombent en averses aveuglantes, donnant aux ombres des intensités extrêmes, emplissant l'espace d'une buée dorée, chaude, impalpable, miroitante, à travers laquelle les objets apparaissent comme dans la fournaise ardente d'un brasier invisible.

Entre ces compartiments de boue et de crachat, les palmiers font des taches de verdure sombre. Ils sont là par milliers, isolés ou serrés en groupes, jeunes ou vieux, droits ou tordus, dressant bien haut dans l'azur leur tête empanachée de feuilles vertes d'où pendent en gerbes d'or les régimes de dattes, manne bénie des oasis.

Oh! le palmier; c'est le roi du désert! Il nourrit de ses fruits des peuplades entières et indique de loin les sources aux caravanes dévorées de soif. A ses pieds, la terre se maintient fraîche pour que les fleurs et les légumes poussent. Il courbe son tronc lisse, sans jamais rompre, sous les baisers emportés du vent. Il peuple les solitudes de son parasol ouvert, et dessine sur le sol des ombres bizarres au coucher du soleil. On le retrouve partout, en ligne noire aux confins de l'horizon, en sentinelle avancée à l'entrée des oasis, en curieux et tout ébouriffé au détour de la ruelle, lui, le grand, l'ineffable, le svelte, le royal, l'incomparable, pointant toujours avec la même majesté sa tête aérienne, aussi fière, aussi superbe que l'aigrette d'un sultan.

J'ai parcouru ainsi le vieux Biskra, de la ville française à la Kasbah turque, dont il ne reste que d'affreux pans de murs lézardés et roussis comme par la flamme d'un incendie. Dans ces rues brûlantes, où l'air que l'on respire semble celui d'un four chauffé à blanc, grouille une population paresseuse et fétide.

Les habitants portent le nom générique de Biskris et sont d'origine berbère. Les hommes ont le burnous, comme partout ailleurs. Ils comptent parmi les plus inoffensifs des Sahariens, malgré l'aspect rébarbatif qu'ils affectent, les poignards et les gigantesques fusils marquetés de nacre dont ils aiment à se parer au dehors. Les jeunes gens n'ont souvent pour tout vêtement qu'une chemise ouverte en laine, sans manches et sans col, sorte de toge très courte qu'ils serrent à la taille par une corde. Les femmes, plus longuement habillées, ne sont que rarement voilées; celles que j'ai vues, il est vrai, n'étaient ni jeunes ni belles, mais bien des mégères au visage parcheminé et huileux, courbées sous le faix des années et des fatigues.

La vie est toute au dehors, au grand air, car la rue appartient ici en propre à l'habitant, et la hutte de fange durcie qui lui sert de demeure, ouverte à tous, n'est souvent qu'un hangar mal fermé, une cour sans toiture. Le long des murs, sur le seuil des portes, à l'ombre des palmiers, dorment des êtres équivoques, hommes ou femmes, enveloppés dans des burnous ou des haïks, comme des squelettes dans un suaire. Le soleil a doré leur peau, mais la crasse a noirci et comme gangrené leurs membres. Aucun ne se dérange. A quoi bon, du reste? Les enfants vont et viennent, très bruyants, les coins des yeux et de la bouche mangés par des grappes de mouches qui s'y collent et qu'ils ont la paresse de ne pas chasser. Car la mouche est le fléau des oasis. Il y en a des myriades, qui font des nuées dans l'air et ne quittent les ordures où elles se repaissent que pour s'accrocher au visage et aux vêtements des passants. Aussi beaucoup d'indigènes sont-ils aveugles à vingt-cinq ou trente ans.

Quelques-uns nous invitent à entrer chez eux. Le gourbi a le même aspect que la rue : jaune et misérable. La pièce, unique très souvent, et qui est à la fois cuisine, chambre à coucher et grenier, a pour tout ornement un fourneau de briques, des nattes et quelques pots. Généralement, un jardin planté de palmiers l'entoure. Là, vivent des familles entières, dans la confusion inévitable des sexes, se nourissant mal, travaillant peu, dormant beaucoup. Les seules occupations consistent à soigner les arbres et à récolter les dattes. Ces demeures sont pauvres, mais fraîches, car les briques de tob ou terre durcie conduisent mal la chaleur. Malheureusement, elles sont d'une malpropreté indescriptible. Quand on y pénètre, des relents empoisonnés vous prennent à la gorge; des déjections de toutes sortes couvrent le sol, et la vermine s'y promène en bataillons innombrables.

Ainsi s'écoule l'existence du Biskris, sans nul souci des jouissances les plus élémentaires de la vie qu'il ignore. Stoïcien qui en remontrerait aux plus sages, il attend impassible l'heure qu'Allah a marquée pour le rappeler à lui. N'est-ce pas Montaigne qui a dit : « Philosopher, c'est apprendre à mourir » ? Il ignore le froid, puisque rarement le thermomètre descend à zéro, si bien que l'an dernier, quand l'eau a gelé à Biskra, il a cru à la fin du monde, et il s'est habitué à la chaleur au point de ne la plus sentir. Il boit l'eau saumâtre de l'oued, qui donne le clou aux étrangers, mais qui est inoffensive pour lui. Il mange les dattes qu'il cueille à sa porte quand il ne les échange pas contre le blé du Tell. Heureux pourtant, car il a la paix intérieure et la pleine lumière du ciel !

Quelques familles indigènes, toutefois, s'élèvent au-dessus de la foule par l'ancienneté de leur origine et par leurs richesses. Malheureusement, leur nombre a beaucoup diminué depuis notre arrivée en Algérie. Jadis, dans le Sahara, la féodalité régnait en maîtresse. Les chefs arabes, commandant parfois à des tribus entières, se faisaient une guerre perpétuelle et, dans ces luttes à main armée, acquéraient la noblesse et la fortune. Le plus fort mangeait le plus faible et s'emparait de ses dépouilles. Cet heureux temps n'est plus. Beaucoup de grandes familles ont disparu, massacrées ou ruinées par nous. Celles qui restent, ne pouvant plus augmenter leurs richesses, s'amoindrissent de jour en jour. Elles mangent sur le fonds, contractent des hypothèques, et le moment arrive où leurs biens sont vendus par autorité de justice. A Hamman-Meskroutin, petit village entre Constantine et Bone, le fils d'un ancien caïd est maçon à l'établissement de bains. A Biskra même, on me cite une famille, très puissante autrefois, dont les filles ne se marient pas, parce qu'elles n'ont rien, et qu'en filles de race elles ne veulent pas se mésallier.

Je suis revenu par la route poudreuse qui mène dans la direction de Saada et de Tougourt. Sur la droite, le cardinal Lavigerie a bâti une grande maison de retraite pour les Pères blancs, toute blanche entre des palmiers magnifiques. C'est là que se forment au maniement des armes, à la langue arabe, les jeunes soldats qui, sous le nom de Frères armés du Sahara, vont, bien loin dans le désert inhabité, faire la guerre aux trafiquants d'esclaves et porter haut le prestige de la France.

Ils s'engagent pour cinq ans par un vœu qui est presque monastique et qui n'a d'autre sanction que leur conscience. Leur vie est dure : l'hiver sur une natte, l'été sur la terre nue, ils dorment à peine dévêtus, alternant le chapelet et les exercices militaires, car ils prient et ils combattent, ils sont missionnaires et soldats, comme les anciens chevaliers de Malte qui portaient une épée à leur poing et une croix sur leur poitrine. Ils ont la veste et le pantalon blancs, le bonnet et la ceinture rouges. Celui qui les a institués est respecté de tous, Européens et indigènes. On ne le désigne ici que sous le nom de « Monsieur Cardinal ». Je n'ai trouvé qu'un misérable, un Sicilien, je crois, qui, par allusion à leur costume voyant, appelait ces jeunes gens les soldats du carnaval.

En rentrant, je suis allé au col de Sfa, distant à peine de 5 kilomètres. De là, on découvre jusqu'aux limites extrêmes de son horizon l'immense Sahara, que nos soldats prirent pour la mer en 1844, et que Strabon a comparé à une peau de panthère dont les mouchetures figureraient les oasis.

Nous passons le long du vieux bordj turc, remplacé aujourd'hui par un fort français. La plaine dure, sèche, rocailleuse, étale tout autour de nous sa peau nue et jaune, lavée par les pluies d'orage, roussie par le soleil. L'aspect est infiniment triste, désolé, presque douloureux, comme serait celui d'un vaste champ de mort semé d'ossements sans sépulture. Au-dessus pourtant flotte une légère buée gris perle, faite des vapeurs qui s'élèvent de la terre surchauffée et montent vers l'azur. Derrière nous Biskra diminue et se ratatine. On ne voit bientôt plus que la ligne uniforme de ses maisons européennes couvertes en tuiles, soulignant d'un trait rouge la tache vert sombre de l'oasis, au-dessus de laquelle le dôme de la mosquée luit, pareil à un dé d'argent. Devant nous, sur un fond de ciel infiniment doux, allant de l'or pâle au rose lilas, la ligne âpre et cassée des montagnes de l'Aurès, striée de vides affreux, hérissée de rocs sauvages, se détachait en noir avec des reliefs formidables, des intensités d'ombre extrêmes qui la faisaient paraître à deux pas. Des files de chameaux, flanqués de leurs conducteurs arabes, ondulaient avec lenteur sur les contreforts, et peu à peu s'enfonçaient dans les vallées sinueuses qui avaient l'air de s'ouvrir pour les recevoir. Le col lui-même est un espace découvert d'où un sentier en lacet conduit à travers des éboulis au bordj, ruiné à présent, qui jadis commandait le passage.

Le désert alors se déploie dans son immensité magnifique, blanc de lumière sous un ciel d'un bleu insondable. Ces plaines d'Afrique ne sont pas tout à fait planes et, vues à cette hauteur, semblent traversées d'ondulations minuscules, comme celles qu'un vent léger ferait à la surface de la mer. Les oasis se détachent en noir sur le tapis plus clair du sol. Les premières sur la gauche, assez rapprochées, Lilia, Filiach, font des taches inégales; mais sur la droite, ce ne sont que des barres horizontales plus sombres et plus courtes à mesure que l'œil monte vers l'horizon. Toutes ont le contour arrêté d'une ligne, la ténuité d'un fil. On en découvre ainsi quatre, cinq, et plus loin des groupes de dix et douze, se succédant à l'infini jusque dans les lointains mouillés où, éparses et trop petites, elles ne se voient plus.

Le soleil à ce moment se cachait derrière un pic de grès rouge. Ses rayons, presque parallèles à la plaine, dissipaient peu à peu l'écharpe de gaze diaphane qui traînait à terre, ainsi qu'une vapeur indécise. Les boursouflures du sol se plaquaient d'ombres fortes. Les taches vertes des oasis poussaient au noir, semblables à des îlots, et le sable lui-même s'illuminait de tons clairs, passant du jaune fauve au gris d'acier et donnant ainsi l'impression de flaques d'eau miroi tantes. L'horizon, visible jusque dans ses profondeurs limpides, qu'une bande bleue marquait d'un trait vif, semblait monter et se confondre avec le bleu du ciel. On eût dit une mer lointaine, aux rivages inconnus, mystérieuse encore sous la buée dorée qui emplissait l'espace.

Les montagnes, à leur tour, dont les lignes étendues s'enfonçaient à droite et à gauche comme autant de promontoires dans cet océan de clartés, prirent part à la fête. Leurs sommets, découpés en dents de scie, se changeaient en aigrettes éblouissantes, tandis que, sur leurs pentes jusqu'alors ternies, le soleil jetait des draperies de moire rose, lilas et gris perle, rayées d'ombres brunes : de vraies robes de bal. Plus loin, les teintes s'amortissaient, devenaient plus séraphiques, quoique toujours distinctes dans la transparence infinie de l'air. Le ciel enfin, d'azur pâli sur nos têtes, mais que des languettes noires commençaient à estomper vers l'est, avait au couchant, entre de larges bandes de carmin et d'or, des aspects effrayants de fournaise qui le faisaient ressembler au reflet d'un gigantesque volcan.

A la tombée du jour, cette illumination soudaine des vastes horizons sahariens, dans la parfaite harmonie des couleurs, depuis les claires blancheurs de l'argent fondu jusqu'à l'incandescence du rouge ardent, avait quelque chose de terriblement beau ; et une pensée d'adoration montait vers Dieu, muette et troublée devant ces puissantes merveilles, vivantes images de sa grandeur infinie.

Biskra offre encore d'autres plaisirs moins purs et

moins élevés. Je veux parler des danses des filles d'Oulad-Naïl.

L'amour, en Algérie, eut de tout temps ses autels; mais il ne se pratiquait pas partout de la même manière. Dans les villes, à Alger notamment, les femmes de mauvaise vie étaient connues et inscrites. Un fonctionnaire spécial, le Mezuar, qui était en même temps bourreau du dey, les avait sous sa surveillance, et percevait sur elles une redevance mensuelle, variable suivant leur beauté et le nombre de leurs adorateurs. Sa juridiction s'étendait jusqu'aux femmes mariées, qu'il avait le droit d'enfermer quand il les surprenait se livrant à l'adultère, à moins qu'elles ne payassent une forte somme d'argent, ce qui, on le conçoit, donnait naissance à un chantage effréné.

Une des curiosités de l'institution était que le Mezuar faisait trafic de sa marchandise. On s'adressait à lui pour avoir une fille à domicile. Le prix se fixait à l'amiable, suivant le temps qu'on la voulait garder, et il se portait garant que la personne fournie serait complaisante et fidèle, au point de rendre l'argent quand elle se sauvait. Ces hétaïres avaient défense, sous peine d'être jetées à la mer, de fréquenter les chrétiens et les juifs. Aussi le Mezuar, quand nous débarquâmes à Alger, invoqua-t-il ce règlement pour en refuser aux officiers et même aux généraux français. Il est juste d'ajouter qu'elles se hâtèrent de tirer les verrous et de prendre la clef des champs (1).

Mais à côté de cette prostitution quasi officielle, il

---

(1) ROZET, *Voyage dans la régence d'Alger.*

s'en exerce une autre plus générale, plus délirante, plus capiteuse, qui a pour théâtre les plaines du Sud et les montagnes de l'Aurès, partout où passe vibrant l'air de la liberté, car le désert, qui devrait être pur comme le feu qui l'habite, a aussi sa fange. Les femmes qui la pratiquent, originaires du Djebel-Amour, forment des tribus entières pour qui la luxure est une industrie nationale, imitant en cela les danseuses de Libye, dont parle Hérodote, les Nakria de la Bible et les adoratrices de Vénus Astarté et de l'infâme Diane d'Éphèse, qui forçait ses prêtresses à danser sans robe devant elle.

Biskra, comme toutes les villes de l'Aurès et du Sahara, a ses filles d'amour. Elles occupent des quartiers spéciaux, éclairés la nuit par des lanternes de papier; mais on les rencontre surtout dans des cafés situés à la lisière de la ville indigène. Dans ces lieux publics, ouverts à tous, où la débauche étale son ardente impudeur, elles s'exhibent vêtues de toilettes éclatantes, au son des tambourins et des mélodies monotones.

Ce sont les Oulad-Naïl, les prostituées de carrière, filles du désert et d'un amour de rencontre, vouées en naissant à l'amour libertin comme les Vestales à la virginité. Elles dansent dans les cafés afin d'y ramasser des amants, et de l'argent qui paye leur stupre se font une dot pour trouver ensuite un mari. Tribu vivante du plaisir, elles parcourent ainsi depuis des siècles les plaines d'Afrique, portant la débauche dans leur robe couverte de sequins, comme Fabius Cunctator la paix dans les plis de sa toge. Chaque soir, devant le cercle des jeunes gens attentifs ou des vieillards inassouvis, elles miment des scènes aussi lascives que provocantes. Les sens s'enflamment, les intrigues se nouent, mais la fille aux baisers de feu passe son tribut payé, sans nul souci des épuisements et des ruines qu'elle laisse après elle. Le jour arrive enfin, où, rongée du vice et comme pourrie, elle tombe au coin de quelque ksar pour ne plus se relever, à moins qu'auparavant un homme au cœur éprouvé ne l'ait conduite sous sa tente afin d'en faire son épouse, et qu'alors, régénérée par cet amour vrai, dont la graine éclôt pour la première fois en son âme, elle ne se prépare dans le recueillement du gynécée aux mystères bénis de sa maternité future.

La salle du café est oblongue, simplement blanchie à la chaux et plafonnée de poutres brunes. Sur le gradin de pierre très large qui court le long des murs, les spectateurs ont pris place : Biskris brunis par le grand air, nègres d'un noir de jais, Arabes aux traits exquis de distinction, en burnous de soie claire, tenant à la main une longue canne noire. L'orchestre se trouve sur un côté et n'a que deux musiciens : l'un, très grand, souffle dans une gasbah antique dont le son aigrelet rappelle, mais en plus fort, celui de la clarinette ; l'autre, petit et bossu, les mains allongées en pattes de canard, fait résonner alternativement un regg et un thor cerclé de cuivre.

Sur le sol battu la fille au teint d'olive s'est avancée à petits pas. Une robe d'indienne blanche, semée de fleurs roses, l'habille très amplement, et le bandeau d'or mat qui lui serre la taille fait saillir le buste comme le ventre d'une amphore. Elle danse mollement en agitant un mouchoir, énervée et langoureuse. Tout à coup un Arabe se lève, lui enlève son écharpe et s'enfuit avec elle.

Mais voici que la danse du ventre commence, la danse éhontée des promesses obscènes. La face ronde comme la lune, les joues ternies par les baisers brûlants malgré la couche de henné qui outrageusement s'étale, chaude, rutilante, effrontément cynique, avec des allures de bête lâchée à la Priape, une femme est entrée dans la salle, en compagnie d'une autre femme vêtue d'un burnous aussi rouge que le sang des artères. Un frisson d'attente a couru dans la foule. Son costume est polychrome. Sa robe de gaze bleue lamée d'argent est largement ouverte sur le ventre, que souligne une ceinture rouge. Dans l'entre-bâillement, la peau nue apparaît, hâlée et tendue ainsi que le parchemin d'un tambour. Les seins dégagés du corsage pointent en avant; un épais bandeau de cheveux noirs, enduits de graisse de mouton qui les fait friser, encadre le visage et retombe en lourdes nattes sur les épaules; enfin, au-dessus de l'échafaudage de la tignasse est posé, très en arrière, un bonnet pointu garni de soie verte et or, à pans, rappelant la coiffure d'Isabeau de Bavière.

La danseuse s'est plantée droite devant nous. Le haut du corps demeure complètement immobile, ainsi que le bas des jambes, mais tout le reste, des genoux au sternum, s'anime d'un mouvement de va-et-vient que je ne saurais mieux comparer qu'à celui d'un balancier. Lent d'abord, il s'accélère peu à peu, pressé, rapide, quoique toujours régulier, et le corps en entier se casse dans une désarticulation générale dont seuls des pantins mécaniques pourraient donner idée. Sur un couinement de la gasbah, la femme s'est arrêtée et passe à de nouveaux exercices. La peau du ventre, froissée de mille plis, se tend et se détend comme celle d'un soufflet, imprimant à la jupe tombante des saccades brusques qui parfois la relèvent jusqu'aux genoux. Les mamelles tremblotent, animées d'un titillement convulsif; puis le ventre, gonflé par un effort brusque, se met à décrire un mouvement ondulatoire d'une amplitude extrême, rappelant le remous que formerait une masse liquide sous l'action d'une rotation circulaire. Enfin la danseuse se cambre, et à plusieurs reprises se rejette en arrière, jusqu'à toucher la terre de sa nuque, dessinant ainsi, avec tout son corps, une courbe parfaite qu'aucune saillie n'interrompt.

D'autres femmes vinrent encore, habillées de soies vives, en rouge, en vert, en blanc, les bras et les jambes cerclés d'anneaux d'argent où brillaient des escarboucles, les yeux agrandis par le koheul, vagues et comme noyés d'ivresses. Les sequins d'or tombaient en grappes sur leurs seins élargis; quelquefois, le sarmah était remplacé par un bandeau fait de bâtonnets d'or réunis dans un treillis, et une large ceinture d'argent guillochée, ornée de plaques d'émail, formait cuirasse sur leur poitrine. Elles se collaient aux joues et aux épaules des pièces de monnaie, preuve de la munificence de leurs admirateurs, fumaient et buvaient du café.

Quelques-unes étaient vieilles, ressemblant, sous

les plis droits de leurs haïks, à des momies d'Égypte ; les autres, d'un âge indécis. Mais toutes, sauf une au visage de fouine éveillée, un vrai visage de Française, avaient la même expression de bestialité sensuelle, les mêmes gestes d'obscénité voulue, le même aspect d'idoles lubriques. La fille d'Oulad-Naïl est bien le type le plus complet de la courtisane arabe, faisant trafic de son corps sans scrupules et sans relâche : Phryné des solitudes, offerte indistinctement à tous,

> Qui fait passer la rue au travers de son lit,
> Et qui n'a pas le temps de nouer sa ceinture
> Entre l'amant du jour et celui de la nuit (1).

Au dehors, le quartier était en rumeur. Des rues entières s'en allaient, droites et très longues sous le dôme limpide d'un ciel ensemencé d'astres. Des maisons les bordaient, toutes pareilles avec un balcon de bois ajouré auquel étaient suspendues des lanternes que chaque femme retire quand un homme est entré chez elle ; et ces fanaux obscènes, enseignes des plaisirs proscrits, piquant de place en place la nuit chaste et sainte, faisaient le plus singulier effet. Les Arabes se promenaient par groupes, les yeux allumés de passion, pareils à des fantômes dans leurs burnous de laine, dont la blancheur, symbole de l'innocence, se rehaussait encore du contraste des vices étalés alentour. Dans cette chaude atmosphère lourde d'ivresse, où l'âcre senteur des fleurs écloses se mêlait aux modulations harmoniques du vent dans les branches de pal-

---

(1) Alfred DE MUSSET, *Premières poésies*.

miers, passaient, comme par rafales, des souffles d'impureté qui donnaient le frisson.

Cependant, accroupies sur le seuil des portes, au devant de l'escalier tortueux et éclairé, dans leurs oripeaux bizarres et leurs dorures de clinquant, les filles attendaient, passives et très grasses.

CHAPITRE VII

L'OASIS DE SIDI-OKBA. — LE SAHARA AUTREFOIS ET AUJOURD'HUI. — L'ENSABLEMENT DU DÉSERT ET LES EAUX SOUTERRAINES. — LE PALMIER-DATTIER : SA CULTURE. — LA MOSQUÉE DE SIDI-OKBA. — UNE ÉCOLE ARABE. — LA FRANCE DANS LE SAHARA. — LES TOUAREGS ET LES SNOUSSYA.

> « ... En un mot, du côté de la Lybie ou du Sahara, il n'y a ni fontaine, ni ruisseau, et toutes les eaux qu'on y peut avoir procèdent de certains puits d'eau salée qui ne se rencontrent que difficilement. Les habitants qui y demeurent sont grossiers et tiennent plus de la bête que de l'homme, sans avoir l'esprit de sortir de ces déserts pour choisir quelque demeure plus agréable. »
>
> (MARMOL Y CARVAJAL, *Description de l'Afrique*, 1580.)

Sidi-Okba est une oasis à vingt-deux kilomètres de Biskra. Pour nous y rendre, nous partons le matin, dès l'aube chantante d'une gaie matinée d'automne. La route, qui n'est en réalité qu'une piste large de cinq à quarante mètres, tracée dans le sable, est bonne encore, car les pluies ne l'ont pas défoncée. Seule, la traversée de l'Oued-Biskra offre quelque imprévu. Il faut passer à gué, au milieu de cahots affreux qui manquent à tout instant de vous jeter hors de la voiture; enfin on s'en tire.

Sahara vient de « Sehaur », mot berbère qui exprime le moment insaisissable précédant le point du jour, quand on peut à peine « discerner un fil blanc d'un « fil noir ». Les habitants des plaines voyant le Sehaur avant ceux des montagnes, on a appelé le désert le pays du Sehaur, le Sahara. Une plaine immense, uniforme, s'étend, en effet, tout autour de nous, jusqu'aux extrêmes limites de l'horizon, où elle se noie dans une vapeur gris cendré. Ni ondulations, ni exhaussements du sol : une table plane d'une rotondité parfaite, au-dessus de laquelle le ciel fait l'effet d'une cloche de velours bleu. Aucune culture, mais à perte de vue un sable léger, jaune et brillant, parsemé de légères touffes de zeïta et de chiech, sorte de bruyère très courte à fleurs violacées, qui s'élèvent sur de petits monticules et donnent ainsi au terrain l'aspect grenelé d'une peau de chagrin.

Quelques oasis rompent pourtant la monotonie du paysage par les lignes ondulées de leurs palmiers. Nous passons ainsi entre celles de Lalia et de Filiach. Plus loin est celle de Corach, et à gauche, au pied de l'Ahmar-Khreddou, la montagne à la joue rose, celle de Chetma. Devant nous, le désert s'allonge toujours en son ardente désolation, comme un océan de sable dont on cherche vainement les bords. Mais le soleil emplit ces espaces d'une clarté tellement intense que l'on croirait voguer sur une mer de feu. Les seuls hôtes de ces solitudes sont les chameaux et les caravanes d'ânes cheminant sous la direction d'un jeune garçon arabe, dont une chemise de laine constitue l'unique vêtement. Les doubles paniers que les bourriquots portent sur leur dos me remettent en mémoire une légende bien souvent racontée.

Un jour Sidi-Aïssa (Notre-Seigneur Jésus-Christ) rencontra Satan le lapidé qui conduisait vers une ville quatre ânes lourdement chargés.

— Que portes-tu là, Satan? demanda Sidi-Aïssa.

— Seigneur, répondit-il, de ces quatre ânes l'un est chargé d'injustices; qui m'en achètera? les sultans; — l'autre est chargé d'envies; qui m'en achètera? les savants; — le troisième est chargé de vols; qui m'en achètera? les marchands; — enfin le quatrième porte un assortiment complet de perfidies, de ruses et de séductions; qui m'en achètera? les femmes. »

Ceci dit, Satan continua son chemin. Le lendemain, comme il repassait au même endroit avec ses ânes encore plus lourdement chargés que la veille, il rencontra de nouveau Sidi-Aïssa.

— Eh bien, dit celui-ci, je vois avec plaisir que tu n'as rien vendu.

— Pardon, Seigneur, répondit Satan, en une heure mes paniers ont été vides. Il est vrai que j'ai eu de la peine à me faire payer. Le Sultan m'a remis des pièces fausses; les savants ont prétendu qu'ils étaient trop pauvres; les marchands m'ont appelé voleur. Seules, les femmes se sont bien conduites. Elles ont été si contentes de mes marchandises qu'elles m'ont donné le quadruple de ce que je demandais en me priant d'en rapporter de nouvelles. Elles m'ont ainsi dédommagé de la mauvaise foi des autres. Aussi, je m'en retourne mes paniers pleins d'argent (1).

Le Sahara, à proprement parler, est l'immense territoire qui s'étend de l'Algérie et de la Tripolitaine au Soudan, de l'Atlantique à l'Égypte : le quart de l'Afrique. Plus spécialement, nous entendons par Sahara algérien la portion du désert que le Touàt et les plateaux de Tademaït et de Tingbert bornent au sud, et sur laquelle nous exerçons une autorité qui n'est pas toujours efficace. Derrière, se dressent les monts Ahaggar, hauts de trois mille mètres, aux crêtes couronnées de neige, nœud du système orographique du Sahara, patrie encore inexplorée des Touaregs. Il y a de tout dans le désert : des plaines immenses et monotones comme celles qui vont de Biskra à Ouargla, des plateaux tourmentés et coupés par des oueds comme la Chebka du M'zab, des dunes de sables désolées et infranchissables.

Ce pays n'aurait pas toujours eu l'aspect qu'il présente aujourd'hui. Quelques-uns ont voulu voir dans ce grand bassin le lit d'une mer intérieure, détruite par un soulèvement contemporain de celui des Alpes suisses. Au douzième siècle, le géographe arabe Edrissi, par allusion aux nuées poussiéreuses et rougeâtres qui l'enveloppaient parfois, l'appelait encore la mer ténébreuse. Mais les savants ont abandonné cette hypothèse. Non seulement le Sahara n'a jamais été une mer, mais on pense qu'il fut autrefois un pays riche et fertile, couvert de prairies et de forêts, arrosé par de nom-

---

(1) Voir notamment : Général DAUMAS, *Le grand désert*.

breux cours d'eau, habité par une population dense, laborieuse et sédentaire.

Les récits de l'antiquité confirment cette opinion. Hérodote, je crois, prétend qu'on y rencontrait des bœufs paissant à reculons, parce que leurs cornes, qu'ils portaient rabattues sur le front, se seraient fichées en terre s'ils avaient marché en avant. Des jeunes gens de Cyrène auraient, à une certaine époque, été jusqu'à Tombouctou à travers des cultures remarquables. Plus tard, des caravanes mettaient en communication l'Égypte et le pays des nègres, apportant de l'ivoire, des bois odoriférants, des éléphants. Chez les tribus touaregs, subsiste encore le lointain souvenir de troupeaux de bœufs traversant le désert et de pâturages qui les nourrissaient. On a trouvé des silex taillés jusque dans le Sahara central. Enfin les explorateurs Barth, Nachtigal et autres, sont de cet avis.

Des eaux abondantes arrosaient alors « le pays de « la soif », fécondant les vallées de leur limon. C'est ainsi qu'un grand fleuve, l'oued Igharghar, sans doute le Niger des anciens géographes, traversait tout le centre de l'Afrique, du Soudan au golfe de Gabès. Le soulèvement des monts Ahaggar l'a brisé en deux. Une partie s'est mise à couler vers le sud, vers l'Océan ; l'autre partie, sous la forme d'un ruisseau minuscule, occupe la profonde dépression qu'il s'était primitivement creusée, et qui aboutit au Chott Melrhir, à trois cents lieues dans le nord. Dans ce lit trop large les caravanes passent aujourd'hui pour aller au Soudan. Les Arabes, du reste, sont convaincus de l'existence de rivières fertilisant autrefois la contrée, et leurs récits légendaires ont conservé trace de cette croyance. Mais, suivant eux, elles auraient disparu par suite des malices des chrétiens, qui, forcés de se retirer devant l'Islamisme triomphant, les auraient enfermées sous terre pour se venger de leurs vainqueurs.

La transformation du Sahara riche et cultivé en désert sablonneux et desséché serait un événement relativement récent. Sous l'action de l'humidité des eaux, par suite de pluies fréquentes ou d'inondations répétées, on croit que les roches se sont désagrégées et transformées en sable. Ce sable, à son tour, a tout envahi, rivières et plaines, a « mangé l'eau »; puis, poussé par les vents, a formé des dunes mobiles qui se déplacent sans cesse, ou des barres fixes, hautes de deux cents mètres, comme dans le Sahara central. Le sol même aurait donc subi un travail de décomposition lent et continu, aussi terrible dans ses résultats qu'impossible à arrêter. Tous les jours encore, vers le nord principalement, des oasis sont menacées de s'enlizer dans des flots de poussière blanche impalpable. Ce qui reste de vie dans le Sahara pourrait donc ainsi disparaître sous un ensablement gigantesque.

Pourtant, souvent à quelques mètres de profondeur court une eau saumâtre, l'abondance et la richesse pour ces contrées brûlées par l'implacable chaleur. En effet, sous la couche sablonneuse et perméable résultat de l'effritement des roches, qui constitue le sol, se trouve un banc d'argile. Les pluies qui tombent dans toute l'étendue du Sahara filtrent à travers les sables et, arrêtées par ce sous-sol argileux, se réunissent en immenses nappes souterraines. Le désert n'est pas plan; il a au contraire une pente assez prononcée, dirigée de l'ouest à l'est et du sud au nord, qui part du plateau de la Chebka, du Touât et des monts Ahaggar pour aboutir aux Chotts Melrhir et Djerid, au sud de Biskra et de la Tunisie. Là est la partie déclive du bassin; certains endroits même sont au-dessous du niveau de la mer. Aussi les eaux s'y rendent-elles naturellement; et, dans toute cette région, les terres sont plus humides et partant les oasis plus abondantes.

Ces eaux, qui fuient sous le sol, forment de véritables fleuves souterrains que parfois l'on entend faiblement gronder et qui jaillissent avec abondance dès qu'un puits est creusé. Ainsi, dans la longue dépression de l'Oued-R'hir, sorte de crevasse ouverte par une éruption dans l'écorce terrestre et allant de Tougourt au Chott Melrhir, glisse sous les sables une rivière lente qui n'est autre que l'ancien fleuve Igharghar. La vallée du Souf, à l'est de Tougourt, est le lit du fleuve Triton, que l'on retrouve à quelques mètres de profondeur. De même dans bien d'autres endroits. Ainsi le sable a bu l'eau, mais son rôle n'a pas été aussi néfaste qu'on le pense : il l'a empêchée de se vaporiser au soleil, et l'a conservée pour la rendre au premier appel.

Pour l'amener à la surface, il suffit de creuser des puits. Les Arabes l'ont fait; mais leurs procédés très imparfaits, la nécessité de boiser pour empêcher les éboulements, n'ont donné que des résultats peu encourageants. En 1854, nous avons introduit les puits artésiens en fer, et, dès lors, le pays s'est transformé. Rien que dans l'Oued-R'hir, en trente ans nous avons rétabli ou créé quarante-trois oasis et planté 300,000 palmiers. Certains puits artésiens donnent 5 à 6,000 litres à la minute, et le débit de tous les puits est par an de 130 millions de mètres cubes (1).

Nous avons appliqué ailleurs ces procédés avec le même succès, dans les Zibans, dans le Souf, dans toute l'étendue du Sahara de Constantine, le plus riche de l'Algérie, jusqu'à Ouargla, à la porte du désert. Cette région, par suite de la déclivité du sol qui y amène les eaux tombant sur toute la surface du bassin, renferme les principales oasis. A vrai dire, là n'est pas encore le désert. Pour le trouver, il faut aller plus loin, à la limite extrême de la région des dunes, dans le pays des sables calcinés et brûlants, où la vie est morte, où il n'y a ni eau, ni bêtes, ni arbres.

C'est que l'eau fait pousser le palmier : le palmier amène la datte, et la datte est le pain du désert.

Ce fruit savoureux et doré est le seul produit de ce sol ingrat. A lui seul il fait vivre les tribus sahariennes : il les nourrit de sa pulpe sucrée et leur permet, par voie d'échange, de se procurer ce qui leur manque. Aussi, chaque printemps, quand les premières chaleurs estivales ont torréfié les herbes et desséché les oueds, on voit d'immenses troupeaux de moutons et des caravanes de chameaux émigrer vers le Tell. Il en vient de partout, du M'zab, de Tougourt, des Zibans. Les premiers trouvent les pâturages qui leur manquent; les seconds portent des régimes de dattes entassés dans des paniers ou pressés dans une

---

(1) ROLLAND, *La conquête du désert.*

peau de bouc. On échange ces dernières contre le double de leur poids de blé; et ce blé, rapporté au désert dès le mois de novembre et vendu à son tour deux fois plus cher que les dattes, fait vivre pendant la saison d'hiver.

Aussi le palmier-dattier, l'arbre de vie par excellence, sans lequel le Sahara ne serait qu'un tombeau, qui peuple les espaces de son panache flottant, ou bien encore, réuni en multitude, dessine d'immenses taches vertes sur le sol jauni, est-il aimé, soigné, choyé par tous, Européens et indigènes.

Il n'est pas difficile. Peu lui importe la nature du terrain où on le plante : humus ou sable, tout lui convient. Ce qu'il demande, c'est la fraîcheur des torrents saumâtres et le plein soleil du sud. « L'eau aux pieds « et le feu à la tête », dit le proverbe arabe. Il supporte un froid de plusieurs degrés; mais, pour fructifier, il lui faut pendant huit mois une température supérieure à 20 degrés, et, seul, le désert offre cette continuité.

On plante les palmiers en ligne, à raison de 100 palmiers par hectare. Chaque arbre produit en moyenne une dizaine de régimes par an, pesant 7 à 8 kilogrammes. Un hectare de palmiers donne ainsi 7,000 à 8,000 kilogrammes de dattes, tandis que le blé, dans le Tell, rend au plus 600 à 700 kilogrammes dans le même espace. Comme la datte vaut le blé à poids égal, on comprend aisément que la culture des palmiers soit des plus rémunératrices. Le revenu d'un hectare est, me dit-on, de 1,400 à 1,500 francs par an. Quelles sont les terres en France qui en offrent un semblable?

Mais cet arbre exige des soins spéciaux : il lui faut

de l'eau en abondance. A Biskra, chaque pied en dépense l'été de 80 à 100 mètres cubes. Comme elle est rare, on a dû faire des règlements. L'eau des oueds ou des puits artésiens est dirigée dans de grandes artères barrées de distance en distance par des troncs d'arbres, munis d'encoches correspondant à des canaux plus petits qui, eux-mêmes, arrosent les jardins. Chaque propriétaire a droit ainsi à une quantité d'eau proportionnée à l'espace qu'il cultive. Un gardien spécial bouche et débouche ces encoches au moyen d'une digue de sable à des jours et à des heures fixes. Le palmier, en outre, est lent à produire. Il ne commence guère avant huit ans; à trente ans, il est en pleine vigueur, et continue à rapporter jusqu'à cent ans. Alors, vient la vieillesse. Souvent, à ce moment, on lui coupe la tête. Il en sort chaque jour, pendant deux mois, deux ou trois litres d'une liqueur laiteuse teintée de bleu, mousseuse et aigrelette, que l'on appelle vin de palmier et qui grise parfaitement.

Le palmier se plante par rejetons que l'on détache du tronc au printemps. Il y a des pieds mâles et des pieds femelles. Les seconds donnent seuls des fruits. Aussi ne plante-t-on à peu près que ceux-ci. Mais, pour obtenir la fécondation, les Arabes, ou plutôt les khammès, sortes de fermiers qui soignent les arbres et prélèvent pour cela un cinquième de la récolte, vers la fin de mars, montent sur les palmiers femelles, et introduisent dans la gousse encore fermée qui doit porter les fruits un brin chargé de pollen, qu'ils ont enlevé aux mâles. La récolte se fait en novembre. Les indigènes mangent des dattes communes, sèches et dures, qui ont l'avantage de se bien conserver et dont les noyaux écrasés forment un pain pour les bestiaux. Celles que l'on expédie en Europe viennent du Deglet-Nour et du Souf. Elles sont plus sucrées, grasses et translucides; elles exigent des soins spéciaux.

Malgré les difficultés du sol, les ardeurs du climat et l'impôt d'un franc par pied dont l'a frappé le gouvernement français, le palmier-dattier reste la providence du désert. Des sociétés se sont formées pour en répandre la culture. On ne peut qu'encourager leurs efforts; car, où il pousse la vie apparaît et la route de la civilisation est marquée d'un nouveau jalon.

Le Sahara et les dattes nous ont entraînés loin de Sidi-Okba. Devant nous cependant une ligne sombre grandit : c'est l'oasis, que le minaret carré de sa mosquée surmonte comme un mât. Les palmiers, d'abord serrés en masse compacte, se détachent à mesure qu'on approche et, tout noirs dans les rayons rouges du soleil, semblent des diablotins éparpillés sur la plaine.

Nous allons de suite chez le cheikh, qui possède un grand jardin planté de palmiers et de ficus à l'ombre desquels on déjeune à merveille. Chaque oasis est administrée par un cheikh nommé par nous, qui relève lui-même du caïd résidant à Biskra. Celui-ci est de Batna, petit, trapu et noir. Je lui rendis visite à l'heure de la sieste, et dans la pièce unique de sa demeure, aussi dénudée que celles des autres Biskris, ce qu'il me montra avec orgueil fut une table à trois pieds et le registre des contributions, qu'il perçoit pour le compte du gouvernement. N'avons-nous donc été si loin dans le désert que pour y planter la tente de notre bureaucratie? En me quittant, il m'assura que son jardin était toujours ouvert aux Français et aux Parisiens, mais pas aux Anglais. La distinction me charma.

Le seul monument intéressant de Sidi-Okba est sa mosquée. Elle est la plus vieille de l'Algérie, car elle remonte aux premiers temps de la conquête, au septième siècle de notre ère. Là, Okba-ben-Nafé le terrible, le fondateur réel de la puissance islamique en Afrique, dort son dernier sommeil sous une châsse de soie verte. Gouverneur de l'Ifrikia pour le compte des khalifes de la Mecque, créateur de Kairouan, il était parti à la conquête du Mag'reb, jurant de ne revenir que lorsqu'il ne trouverait plus d'infidèles devant lui. Il franchit le Zab, l'Atlas, poussa jusqu'à Tanger, exigeant des tribus berbères leur conversion en même temps que leur soumission. Seul, l'Océan l'arrêta; encore lança-t-il son cheval au milieu des vagues en s'écriant : « Grand Dieu, si je n'étais retenu par ces « flots, j'irais proclamer ton nom au cœur des royaumes « inconnus de l'Occident! »

Mais, comme il rentrait dans le Zab, suivi de quelques cavaliers, après avoir renvoyé le reste de son armée à Kairouan, Kocéila, le roi berbère, qu'il traînait à sa suite et qui, renégat de sa foi, avait dirigé ses armes contre les gens de sa race, se révolta, l'attaqua près de Tehouda, non loin du Chott Melrhir, et le tua.

La mosquée est modeste : des colonnes monolithes supportant une coupole centrale simplement blanchie à la chaux. La Koubba, située dans un angle, qui renferme le corps du conquérant, est plus modeste encore.

Mais Allah a sans doute gardé à son serviteur une place privilégiée dans l'oasis de son paradis. On peut voir encore une niche grossièrement enluminée de rouge et de vert, et, sous le cloître, une porte très ancienne en bois, divisée en quatre panneaux et couverte d'ornements gréco-romains d'une finesse d'exécution merveilleuse.

Je suis monté à la plate-forme du minaret. L'aspect ne varie pas : une immensité morne, coupée de plissements à peine perceptibles et enduite d'une teinte fauve. Au premier plan est le village, qui a l'air en ruine avec ses murs en tob, disloqués et branlants, au-dessus desquels les palmiers font pendre, comme des goitres, leurs régimes de dattes. Mais les oasis qui s'étendent vers le sud, dans la direction de Tougourt, font des lignes vertes entrecoupées de lignes jaunes : on dirait les portées d'une musique gigantesque.

La mosquée est entourée d'un cloître qui renferme une mécid. La mécid est l'école primaire arabe, où les bambins de six à douze ans apprennent à lire et à écrire. Quant aux filles, il n'en est pas question. Le Koran est, je crois, le seul livre en usage. La manière d'enseigner est très primitive. L'enfant, après avoir quitté ses babouches et baisé le burnous du maître ou taleb, prend une planchette de bois sur laquelle celui-ci a écrit quelques phrases. Il les épèle, se retire dans un coin et tout haut les répète, en chantant et en se balançant.

Les versets appris, il revient trouver le professeur, s'agenouille devant lui, rabat son capuchon et les récite. Alors on les efface pour en écrire d'autres : rien n'est plus économique. Comme nous passions, c'était l'heure de l'étude; et, autour de chaque pilier, des enfants accroupis ou debout répétaient leur leçon sur les modes les plus divers. Ce procédé bruyant a au moins l'avantage de les empêcher de s'endormir. Quelquefois le magister, qui ne sait pas bien son Koran, l'apprend avec ses élèves et crie plus fort qu'eux.

Il y a ainsi huit écoles installées un peu partout, quelquefois dans des trous grands comme des niches. La plus drôle me parut à l'entrée. Là, dans une sorte de cuve, trente gamins, coiffés de la chechia et vêtus de burnous pleins de trous, au travers desquels se voyait le bronze de leur peau, étaient assis à la turque, piaillant tous ensemble comme des chats. Sur un banc de pierre, le professeur se tenait, une gaule à la main pour maintenir l'ordre. Je jetai quelques sous qui furent très bien pris, puis une poignée. Un malin vit mon geste, se leva et dans un pan de son burnous, comme Danaé, reçut la pluie cuivrée. Toute la bande avait dès lors lâché Mahomet et son livre et m'entourait en se bousculant. Quelques enfants étrangers à la classe s'y étaient adjoints en intrus, malgré les coups de trique que leur administraient leurs camarades. J'envoyai chercher d'autres sous; mais bientôt ce ne fut plus tenable, et je dus fuir, poursuivi par toute l'école, y compris le taleb, qui murmurait de n'avoir rien eu pour sa part.

Le reste de l'oasis n'offre rien de très curieux. Il est aussi lamentable que Biskra. Je demeurai surtout frappé de la quantité d'aveugles que l'on rencontre. La plupart sont jeunes; quelques-uns ont trente ans à peine. On dit que la réverbération du soleil occasionne de fréquentes ophtalmies qui amènent la cécité au bout de peu de temps. La saleté y est bien aussi pour quelque chose.

L'heure s'avançait, et il fallait songer au retour : il nous réservait une surprise. Nous avions rejoint en route trois breaks pleins d'Arabes que traînaient d'assez mauvaise grâce des chevaux rétifs. Au moindre bourbier les équipages restaient en détresse, et on devait se mettre quatre ou cinq après chaque bête pour la déterminer à repartir. Le terrible allait être le passage de l'oued. Les deux premières voitures traversèrent facilement. Mais, comme la troisième était en plein milieu de la rivière, un brusque écart des chevaux la jeta hors de la bonne voie. Les roues de droite tombèrent dans un trou, et lentement, posément, avec des allures de cruche qui se renverse, le break déposa son chargement de fils du Prophète au sein de l'eau saumâtre. Ce fut un réjouissant spectacle. Ils étaient bien une dizaine d'Arabes, empaquetés dans leurs burnous, qui se sauvèrent comme ils purent, avec de grands cris et des éclaboussures. Le plus drôle fut qu'ils en profitèrent pour ne pas payer le cocher, qui eut grand peine à ramener sa voiture. En tous les cas, il ne rattrapa jamais son argent.

Tels sont les environs immédiats de Biskra. Par delà ces plaines interminables et mornes, d'autres plaines s'étendent encore, d'aspect désolé, que traversent des oueds taris et que des ondulations fauves prolongent en nappes monotones; puis des régions brûlées de flamme : les Hamâda, plateaux calcaires, secs et pierreux, sans eau et sans arbres, les dunes de sable ou Areg, fermant vers le sud nos possessions par un vaste demi-cercle qui va de Berresof à Gourara. A mesure que l'on s'avance dans cette direction, les villes se font plus rares. C'est Laghouat, les cités prospères du M'zab, et, après les grands Chotts salés des Zibans, Tougourt, au bout de la vallée de l'Oued-R'hir que les oasis ont transformée en jardin, Ouargla, porte ouverte sur le désert, El-Goléa, limite extrême de notre extension en Afrique.

A droite, à gauche, sont des pays hostiles : Ghadamès au sud de la Tripolitaine, le Touât au sud du Maroc, donnant la main aux confédérations touaregs pour opposer à nos tentatives de pénétration une barrière plus infranchissable que le désert lui-même ; enfin des contrées à peu près inconnues, que des pirates habitent : les monts Ahaggar, Bir-el-Gharama, rougi du sang de Flatters, et, plus loin encore, les royaumes nègres du Soudan, Tombouctou qui se déplace, le lac Tchad, grand comme le quart de la France ; régions terribles et pour ainsi dire inexplorées, immense barre noire allant du Sénégal à l'Abyssinie et coupant l'Afrique en deux.

Les caravanes, sous la conduite de Chambâa expérimentés, peuvent seules traverser ces espaces vierges de toute habitation fixe, où les puits sont rares, où l'herbe ne pousse que dans des bas-fonds bourbeux appelés dayas, où les routes ne sont marquées que par des dépressions vagues et des monticules de sable souvent ravagés par les vents. Mille précautions sont nécessaires, car les périls sont constants. Il faut faire la guerre aux bandits qui vous attaquent, payer un droit de passage aux tribus dont on traverse le territoire, et parfois, quand les outres sont vides et la soif trop ardente, ouvrir le ventre des chamelles pour boire l'eau renfermée dans leur panse.

Pourtant, ces pays de la chaleur pesante et de l'implacable soif ont des attraits vainqueurs. C'est que la nature y est éperdument grande et le ciel éperdument bleu. Une lumière vive, intense, chasse les ombres et transforme ces vastes solitudes en océans de clartés où l'homme marche sans tristesses et sans joies, comme poussé par une destinée immuable; et le soleil, qui s'étale dans sa gloire, a l'air d'un conquérant dans son domaine. Car c'est lui le tout-puissant soleil qui est le vrai roi du désert. Ainsi qu'au temps de l'antiquité profane, il a ses adorateurs dans les choses et dans les êtres : dans les sables qu'il calcine, dans les bêtes qui d'un œil languissant conjurent sa colère, dans les plantes qui inclinent devant lui leur tête désolée de sécheresse, dans les nomades qui passent, la poitrine en feu, mais préférant encore les brûlantes immensités peuplées de ces rayons aux horizons bornés des villes, au ciel douloureux des pays de pluie.

Comme je l'ai dit, les plus grands obstacles à notre extension en Afrique viennent des hommes. Ainsi, sur la route de l'extrême Sud, se trouvent placés deux groupes importants de tribus dont il a fallu tout d'abord nous faire des alliés : les M'zabites et les Chambàa. Les premiers occupent une région spéciale, la Chebka du M'zab, que nous avons définitivement occupée en 1881 pour mettre fin aux relations que le Maroc ne cessait d'avoir avec les Touaregs par son intermédiaire. C'est un immense plateau rocheux coupé en tous sens de vallées profondes, qui commence à cent kilomètres de Laghouat et, sur une longueur de quatre cents kilomètres et une largeur de cent, s'étend jusqu'au delà d'El-Goléa, séparant comme une barre le Sahara oriental des steppes désolées du Hamâda. Les habitants forment une race à part, venue on ne sait d'où, mais implantée depuis neuf siècles sur ce territoire aride, où leur industrie et leur patience ont su créer sept villes prospères et des cultures merveilleuses. Les Arabes les méprisent, car ils sont schismatiques, représentants de la plus ancienne secte de l'Islam, celle des Ouahbites, qui veut que le chef des croyants soit nommé à l'élection, mais ont souvent recours à eux, car ils sont riches et hospitaliers. On les a appelés les banquiers des nomades et les portiers du désert.

Les Chambâa sont fixés plus à l'est, au sud d'Ouargla, dans la région des dunes. Ils sont pasteurs et vivent du produit de leurs troupeaux et des razias qu'ils font chez les tribus voisines. Leur métier ordinaire est de conduire les caravanes. Ils achètent à Biskra les blés et les produits du Tell pour les revendre au désert. Ce commerce, qui les met en rapports constants avec les Touaregs, dont ils limitent au nord les territoires, et les royaumes nègres du Soudan, en fait des propagateurs inconscients de notre influence dans le Sahara central.

Derrière eux enfin viennent les Touaregs, formant deux groupes principaux et très distincts : les Hoggar au sud-ouest, les Azjer au nord-est. Ils sont installés sur les contreforts et les plateaux qui partent des monts Ahaggar, ce puissant massif de rochers planté au centre des plaines africaines, dont quelques sommets s'élèvent à deux mille et trois mille mètres. De cette forteresse naturelle, leur refuge en cas de danger, ils dominent le Sahara, dont ils tiennent toutes les routes. De là, ils communiquent avec le Maroc par le Touât et Figuig, avec les Snoussya de la Tripolitaine par le Ghât et Ghadamès. Ils s'étendent aussi vers le Soudan sur trois cents et quatre cents lieues de profondeur, jusqu'à Tombouctou et au lac Tchad. Ils sont les vrais rois du désert.

Que sont-ils au juste? Il est difficile de le dire. On les croit autochtones. Ibn-Khaldoun les fait descendre des Sanhadja, puissante famille berbère qui parcourait le désert avant l'Islamisme. Devenus musulmans au troisième siècle de l'Hégire, ils auraient, deux siècles plus tard, conquis le Sénégal et le Maroc. D'eux seraient sortis les Almoravides, qui devaient occuper l'Espagne. Leur nom voudrait dire : « les abandonnés de « Dieu », à cause de leurs apostasies nombreuses. D'après eux, ils en porteraient d'autres dont le sens serait : « Il est libre, il est franc, il est indépendant, il pille. » Il est certain qu'avant tout ils sont nomades et pirates.

Grands comme des géants et d'une force extraordinaire, ayant le type caucasique très marqué, ils habitent sous des tentes de poil, parcourant, sur des mehara rapides, le Sahara l'hiver, les montagnes l'été. Vivant au milieu de dangers perpétuels, ils sont toujours armés de poignards effilés, d'une longue lance et d'un sabre à deux tranchants qui fend un homme de la tête aux pieds. Leur costume se compose d'un pantalon bouffant, d'une sorte de tunique bleue ou rouge cerclée de bandelettes blanches, et d'un voile noir lustré qui leur cache le visage jusqu'aux yeux. Ce voile, qu'ils ne quittent jamais et qui les fait appeler aussi les guerriers « au litham », les voilés, empêche la poussière impalpable du désert de pénétrer dans leur gorge. De plus, ils ne se lavent pas, sous prétexte que l'eau amollit l'épiderme et que la crasse, qui bouche les pores de la peau, arrête l'évaporation intérieure.

Les Touaregs nous barrent la route du Soudan. Ce sont encore des barbares, habitués aux déprédations à main armée et redoutant le contrôle d'une autorité régulière. Pourtant, il faut faire une distinction parmi eux. Les Touaregs-Azjer, établis à Temassinin, sont en bons termes avec nous et paraissent même disposés à reprendre les relations qu'avait ébauchées le colonel de Polignac lors du traité de Ghadamès en 1862. Il est vrai qu'ils subissent l'influence d'une secte religieuse essentiellement algérienne, très tolérante et de tout temps dévouée à la France, celle des Tidjanya, dont une des principales zaouia est à Temacin, à douze kilomètres de Tougourt. Leurs marabouts lui sont affiliés, ainsi que les Ifour'as-Cheurfa, qui conduisent des caravanes d'un bout à l'autre du territoire touareg et qui semblent s'être donné pour mission de prêcher la paix dans cette partie du Sahara. Aussi les appelle-t-on les « chefs du bien ».

Malheureusement, il n'en est pas de même des Hoggar, qui se trouvent placés à l'ouest des Azjer, et dont les centres sont In-Salah et le massif même des monts

Ahaggar. Véritables bandits, insaisissables dans leurs repaires, ils ont résisté jusqu'à présent à tous les efforts que nous avons tentés pour les gagner, de concert avec les Tidjanya. Ils nous sont notoirement hostiles, et écoutent volontiers les conseils des chériffs du Maroc et des Snoussya de l'Est :

> Deux noirs voisins qui font une noire besogne.

Les Snoussya méritent une mention spéciale, car ils sont nos adversaires déclarés, quoique secrets. Ils forment un ordre religieux de création récente (1835), peu répandu en Algérie, mais tout-puissant en Tripolitaine, d'où il se ramifie à travers l'Afrique. Le fondateur, Si-Mohammed-ben-Ali-ben-es-Snoussi, mort aujourd'hui, a fondé, par la seule force de son génie, parmi les populations musulmanes, un empire théocratique absolument indépendant qui se dresse, comme une menace perpétuelle, contre les gouvernements établis. Son centre est à Djerboub, oasis de la Tripolitaine, non loin de Siouah. Là réside, entouré de la vénération universelle, le chef de l'ordre, Cheikh-el-Mahdi, à l'abri des autorités turques, égyptiennes et françaises, sous la protection de ses khouans, qui peuvent lui amener, en cas d'alerte, vingt mille fantassins et deux mille cavaliers. Il a, dit-on, entre les épaules, « le signe des prophètes », que portaient Moïse, Jésus-Christ et Mahomet, et qui le révèle comme le régénérateur du monde au treizième siècle de l'Hégire. Taciturne et ami du mystère, il ne se montre presque jamais en public, et les Européens qui content l'avoir vu ont été, pour la plupart, reçus par un de ses khouans qui lui ressemble à s'y méprendre, Si-Ahmed-ben-Biskris. Son influence s'exerce surtout par ses écoles ou zaouias, disséminées au nombre d'une centaine par toute l'Afrique, principalement dans l'Égypte, la Tripolitaine, le Fezzan, le Touât, le Maroc, et jusque dans le Soudan, où plusieurs sultans, notamment celui de l'Ouadaï, lui sont complétement inféodés.

Les Snoussya ne sont pas des novateurs, car ils n'enseignent que les pures doctrines de la Souna et du Koran. Mais ils prêchent le panislamisme, l'Imamât universel, c'est-à-dire la formation d'un grand empire théocratique dégagé de toute attache séculière, gouverné par des prêtres et comprenant les musulmans du monde entier. Dans ce but, ils invitent les ordres religieux à se joindre à eux en une vaste fédération, et engagent les sectateurs du Prophète à émigrer vers des pays non soumis aux chrétiens. Ces doctrines, subversives de tout pouvoir temporel et qui s'attaquent aussi bien au gouvernement de la France qu'à celui du Sultan, constituent pour nous un danger permanent.

Toutefois, ils se tiennent soigneusement à l'écart de ce qui les peut compromettre, et principalement des luttes à main armée : l'Imamât ne se doit pas constituer par la force. Ainsi, ils ont résisté aux sollicitations de la Prusse en 1871 et de l'Italie, quand celle-ci voulut s'appuyer sur eux pour nous faire échec en Tunisie. Ils ont refusé de soutenir Arabi en Égypte, ne lui accordant que le titre de chériff du Soudan. Jamais, dans aucune des insurrections algériennes, nous n'avons pu saisir une preuve de leur intervention : nous avons seulement quelques vagues présomptions. Mais, en revanche, ils accueillent les fugitifs, leur ouvrent leurs zaouias et les encouragent de leurs sympathies.

Ils procèdent lentement, s'enfonçant comme des coins dans l'édifice un peu disloqué de l'Islam, agissant surtout par leurs idées, que propagent des agents secrets. Leur but évident est de produire un réveil national de toutes les tribus musulmanes. Ils sont les auteurs et les instigateurs d'un vaste projet de soulèvement contre les gouvernements chrétiens et turcs qui embrasse la Tripolitaine, le Sahara et le Soudan. Très écoutés par l'empereur du Maroc, ils veulent encore rester les maîtres du désert, et pour cela, depuis vingt ans, concentrent leurs efforts sur les Touaregs, qui, du haut de la citadelle des monts Ahaggar, peuvent à leur gré en ouvrir et en fermer les portes. A In-Salah notamment, leur influence est prépondérante. Toute tentative de pénétration est regardée par eux comme une hostilité. Incontestablement, ils ont conseillé le meurtre du colonel Flatters en 1882 et les massacres des missionnaires qui ont eu lieu vers la même époque. Ils trouvent un appui dans l'Angleterre, qui, jalouse de notre extension dans l'Afrique du Nord, a poussé le Maroc à occuper le Touât, et la Turquie, l'oasis du Ghât. Ainsi se resserrent davantage chaque jour les anneaux de la chaîne qui nous isole dans nos possessions algériennes et nous sépare du reste de l'Afrique.

Pour briser ce cercle, la France doit se porter hardiment en avant. Les Touaregs sont-ils vraiment irtraitables? Nous avons déjà dans les Azjer des auxiliaires précieux qui nous aideront à pénétrer au milieu des tribus Hoggar. Sous ce rapport, les Tidjanya, ennemis de la doctrine des Snoussya, secondent notre action. La mission targuie, arrivée à Alger vers la fin de l'année dernière et due, en partie, aux sollicitations des Cheurfa et de Si-Ahmed, neveu du marabout de Temacin, témoigne de dispositions plutôt bienveillantes de la part des Hoggar et d'Ahitaghel, leur chef le plus puissant. Que demandent-ils en réalité ? Que nous les respections dans leur indépendance et que nous ne les chassions pas des marchés où ils s'alimentent. Ces exigences n'ont rien que de légitime. L'avenir dira si les propositions sont sincères.

Toutefois, nous ne pouvons songer à commercer avec sécurité dans ces pays lointains qu'en occupant fortement In-Salah et les autres ksars qui jalonnent la route du Soudan. Or, les moyens d'y arriver nous font encore défaut. El-Goléa était, il y a quelques mois, le point extrême de notre extension dans le Sahara central. C'est aujourd'hui Hassi-Iniffel, à cent cinquante kilomètres plus au sud. Pour pénétrer plus avant, on a parlé de postes mobiles ; on a parlé du Transsaharien...

Celui-ci, tel qu'on l'a présenté, allant d'Alger à Tombouctou, sur une longueur de deux mille cinq cents kilomètres et, de là, bifurquant vers le Tchad, est une chimère. Pratiquement, il faut se borner à en exécuter des tronçons dans la partie soumise directement à notre influence. Deux tracés principaux ont été mis à l'étude. Le premier, le plus central, relie Alger à El-

Goléa par Laghouat et le M'zab. Le second doit, semble-t-il, gagner aussi El-Goléa, mais en passant par Biskra, Tougourt et Ouargla. Cette dernière ligne, moins directe, a en revanche l'avantage de traverser des pays plus riches, de desservir le sud de la Tunisie et de couper, au cas où elle se prolongerait sur Aïn-Teiba et Temassinin, les Touaregs-Hoggar de Ghadamès et des Snoussya. Elle paraît du reste avoir la préférence, car on a commencé à la construire, au moins dans la section Biskra-Tougourt.

Ne l'oublions pas, en effet, la France a une mission à remplir dans ces pays de l'Extrême-Sud où l'appelle, en dehors de toute question militaire ou commerciale, l'intérêt supérieur de la civilisation. Si elle n'y prend garde, d'autres usurperont sa place. Cependant, c'est à elle que doit appartenir le premier rôle, par suite de sa position prépondérante dans le nord de l'Afrique, et par suite de la confiance que l'équité de son gouvernement, sa fidélité à la parole donnée ont su inspirer à ces peuples que le fanatisme religieux rend hostiles à tout progrès.

CHAPITRE VIII

LES ROMAINS EN AFRIQUE. — LES RUINES DE LAMBÈSE ET DE TIMGAD. — HAMMAM-MESKHROUTIN ET SA LÉGENDE. — BONE. — DE BONE A TUNIS.

> « Il faut que le fronton s'effeuille comme un arbre.
> Il faut que le lichen, cette rouille du marbre,
> De sa lèpre dorée au loin couvre le mur;
> Et que la vétusté, par qui tout art s'efface,
> Prenne chaque sculpture et la ronge à la face,
> Comme un avide oiseau qui dévore un fruit mûr. »
>
> (V. Hugo, *Les voix intérieures*, IV.)

Les Romains arrivèrent assez tard en Afrique, au moment de la dernière guerre punique, vers l'an 204 avant Jésus-Christ; mais leur puissance s'y accrut rapidement. La destruction de Carthage les rendit maîtres de la côte. La mort de Jugurtha, survenue peu après, leur donna l'intérieur, dont ils firent deux provinces : la Mauritanie et la Numidie. Sous l'empereur Claude, ils franchirent l'Atlas pour la première fois : leurs possessions s'étendaient alors de l'Égypte à l'Océan. Il ne paraît pas toutefois qu'ils aient pénétré dans le Sahara; mais, partout ailleurs, ils laissèrent des traces majestueuses de leur passage. Il est juste d'ajouter qu'ils ne se heurtèrent pas comme nous à des difficultés religieuses, et que les peuples, auxquels ils apportaient une civilisation plus avancée, leur faisaient volontiers un accueil favorable. Le règne de Domitien marque l'époque de leur plus grande domination. Cependant déjà leur empire était battu en brèche par les révoltes continuelles, par le christianisme que prêchaient Tertullien et saint Cyprien; et l'invasion des Vandales, au commencement du cinquième siècle, n'allait pas tarder à en consommer la ruine. Parmi les légions qui se distinguèrent sur cette terre lointaine, il faut citer surtout la IIIe : *Augusta, pia, vindex,* disent cinq cents inscriptions. C'est à elle que nous devons Lambèse et probablement Timgad.

Batna, que traverse le chemin de fer de Biskra à Constantine, est un grand village bâti il y a cinquante ans à l'entrée d'une plaine immense, et chef-lieu d'une division militaire. Il y fait, l'hiver, un froid terrible, ce qui s'explique par son altitude élevée (1,025 mètres). Les environs seuls sont curieux, car ils renferment les ruines imposantes de Lambèse et de Timgad. La première ville est à 11 kilomètres de Batna; la seconde à 40. Je connais peu de routes aussi insipides que celle qui y conduit; il est vrai que je fis le voyage dans de mauvaises conditions : au fond d'une briska toute disloquée, avec un vent à décorner des bœufs et une pluie fine, tombant par rafales, qui glaçait jusqu'aux os.

De Lambèse, cité militaire et gardienne d'un des principaux passages du désert, il ne reste à peu près rien. Elle était cependant importante autrefois, puisque les historiens lui donnent 90,000 habitants et

250,000 esclaves, et que ses débris occupent encore quatre à cinq cents hectares. En fait de monuments reconnaissables, je ne puis guère citer que le Prætorium, vaste quadrilatère percé de quatre ouvertures cintrées et entouré d'une colonnade ionique, où le gouverneur rendait la justice; des bains, dont les soubassements sont encore munis de leurs tuyaux d'eau chaude; l'arc de Septime-Sévère, à trois portes, et plus loin le mur du palais du légat et l'arc de Commode. En revanche, Timgad est une merveille.

En plein cœur des montagnes de l'Aurès, sur une sorte de plateau dominant une vaste plaine fermée elle-même de toutes parts par des hauteurs dénudées, le voyageur étonné rencontre les ruines magnifiques d'une ville romaine riche et prospère : des rues, des temples, des maisons, un forum, un théâtre..... On l'a découverte il y a trente ans à peine, complètement ensevelie sous la terre. Bien des gens se souviennent encore d'avoir chassé sur cet emplacement que perçaient seulement quelques fûts de colonnes, sans se douter de ce qu'il recouvrait. On pense généralement qu'elle fut détruite par un cataclysme, puis envahie peu à peu par des éboulis et du sable qu'apportait le vent. Les fouilles, poussées aujourd'hui avec activité et pour lesquelles on dépense annuellement soixante-dix mille francs, ont mis à jour environ la moitié de la ville. Un gardien arabe, établi dans une maisonnette mal close, veille sur ce trésor pour la modeste rétribution de quatre cents francs.

Timgad était traversée en son milieu par une voie romaine allant de Lambèse à Tébessa, large de 4 mètres et pavée de marbre. On l'appelle la voie Triomphale. L'ornière que laissaient les roues des chars y est encore nettement marquée avec un écart de 1ᵐ,30. A droite et à gauche, elle était flanquée d'une rangée de colonnes corinthiennes dont la plupart, quoique mutilées, sont toujours debout, et à l'ouest, dans la direction de Lambèse, se dresse une porte monumentale à trois ouvertures, de même style. Les principaux monuments se trouvent dans la partie sud : le Forum, entouré d'un portique corinthien et muni de sa tribune; la basilique, terminée par deux hémicycles; les thermes, où l'on peut admirer une piscine ornée de deux dauphins remarquablement sculptés; le marché, sur lequel s'ouvraient des boutiques. Une large rue sépare le Forum du théâtre. Celui-ci est parfaitement reconnaissable avec son hémicycle dont les cinq premiers gradins sont encore intacts, sa galerie supérieure supportant le velum, son parterre, sa scène terminée par un rang de treize colonnes monolithes. Derrière étaient les coulisses, que ferme un grand mur nu. Le Capitole, tout délabré, est au sud-ouest sur une petite colline. Puis viennent des rues et des maisons, malheureusement très endommagées, et des débris couvrant au loin la plaine sur deux kilomètres.

Ces ruines, surgissant ainsi en plein désert, ont le puissant attrait de l'inconnu. C'est tout un passé qu'on évoque et qui revit à travers les siècles par la grandeur de ses vestiges. Cette terre d'Afrique, « nourricière des « lions », comme l'appelait Léon l'Africain, savait, elle aussi, produire des merveilles.

Il faisait encore très froid ce matin en quittant Batna, soit que la pluie d'hier eût subitement abaissé la température, soit que l'hiver fût déjà commencé dans l'Aurès. Cela promet pour décembre et janvier : je comprends qu'il y ait parfois un mètre de neige dans les vallées. Au Khroubs seulement nous retrouvons un peu de chaleur. On y déjeune mal et à la hâte. Ceci est encore un des agréments des chemins de fer algériens : ils vont comme des limaces, perdent dix minutes aux stations les plus insignifiantes, et aux heures des repas vous laissent à peine un quart d'heure dans les buffets.

Après le Khroubs, la voie s'engage dans la vallée de l'oued Zenati, que bordent de grands plateaux bien cultivés et plantés d'oliviers. Celle de l'oued Hamdan, qui y fait suite, est plus sauvage et encombrée d'éboulis. La Société Algérienne possède dans ces parages un grand domaine de cent mille hectares qu'elle cultive et vend par lots. Nous atteignons ainsi Hammam-Meskhroutin, dont on aperçoit la cascade sur la droite.

Cet endroit est un des plus curieux de l'Algérie. Sa célébrité vient de ses sources, qui jaillissent de terre à une température voisine de celle de l'eau bouillante (95 degrés cent.) et, en se répandant, forment des concrétions calcaires dont on ne retrouve l'analogue qu'à Panbouk-Kalassi, en Syrie. Elles sont surtout efficaces contre les rhumatismes ; aussi les Romains avaient établi là des piscines qui servent encore pour les indigents. Leur débit est énorme et atteint cent mille litres à la minute. Par un bizarre phénomène, elles se déplacent continuellement. Cela vient de ce qu'en sortant de terre les eaux déposent en cercle le carbonate de chaux qu'elles tiennent en dissolution. Cet amas s'élargit et monte graduellement. Il arrive alors un moment où le niveau d'émergence atteint celui du bassin d'origine, et où la source a elle-même incrusté les parois de son orifice. Dès lors elle ne coule plus : elle est contrainte de se frayer un chemin sous le sol pour apparaître dans une autre direction.

Ces dépôts calcaires forment ainsi des cônes de pierre demi-dure, de structure poreuse, larges à leur base de 3 ou 4 mètres et hauts parfois de 6 à 8. Tantôt isolés, tantôt groupés au nombre de cinq ou six, ils parsèment le pays par centaines sur une étendue de 7 ou 8 kilomètres carrés, et ces bonshommes de granit, immobiles au milieu de la plaine déserte, lui donnent un aspect original et fantastique appelant la légende.

Un établissement thermal qui est aussi un hôtel, mais un hôtel de famille où touristes et baigneurs mangent à la table présidée par le propriétaire-directeur, se trouve sur la hauteur entre des débris de stèles et d'inscriptions romaines. De là, un guide vous conduit, à travers un pays raviné, planté d'oliviers sauvages, jusqu'au lac souterrain, distant de 2 kilomètres, qu'un affaissement du sol a fait découvrir il y a quelques années. Une étroite fissure oblique donne accès dans une salle très basse, qui peut environ mesurer 80 mètres sur 50, et qui est formée par la réunion de deux chambres inégales. Des stalactites tombent de la voûte que l'on peut à certains endroits toucher avec la main et qui ailleurs s'élève à 6 mètres. Un lac, dont la profondeur varie de 3 à 14 mètres, l'occupe en son entier. Il n'a pas d'écoulement, mais son niveau, suivant les pluies, monte ou descend de 2 mètres. On en fait le tour dans une barque, au milieu des sifflements stridents que font entendre des légions de chauves-souris; et cette promenade, le long de la paroi lisse plongeant à pic dans l'eau noire, est vraiment très lugubre. En revenant, nous rencontrons une muraille rocheuse haute de 7 à 8 mètres, qui s'étend en arc de cercle sur une longueur d'un demi-kilomètre. Elle est encore due à l'action des eaux calcaires, qui, sans doute à une époque très reculée, jaillissaient sur ce point en nappe abondante et ont laissé cette trace gigantesque de leur passage.

Les sources ont abandonné cette région. Elles se montrent à présent plus au sud, entre l'établissement thermal et la gare, sur le bord extérieur du plateau. De là, elles se précipitent dans le ravin de l'Oued-Chedakhra, mais, en tombant, déposent les sédiments calcaires dont elles sont chargées, et forment une cascade pétrifiée d'aspect aussi étrange que féerique. C'est une succession de degrés arrondis ou polis, d'un blanc mat légèrement jaune, qui s'échafaudent en forme de pyramide. L'eau qui coule doucement ajoute sans cesse de nouvelles couches aux couches plus anciennes; les assises avancent ainsi d'un mètre environ par an. Quelquefois, certaines parties restent exposées à l'air et noircissent. On dirait une matière liquide et cotonneuse, qui s'épancherait dans la vallée en longues draperies blanches rayées de noir. Des fumées claires tourbillonnent tout autour, voilant par instants le paysage. En quinze jours, un objet exposé à l'action de ces eaux se recouvre d'une couche épaisse et solide.

Lecteur, allez à Hammam-Meskhroutin. Vous y verrez un lac souterrain et surtout une cascade comme vous n'en trouverez qu'aux environs de Smyrne, et c'est loin... Vous y guérirez vos rhumatismes; vous y ferez cuire sans feu l'œuf de votre déjeuner, et le soir, à l'heure où l'on voit

« ..... apparaître et rêver
« Les yeux sinistres de la lune, »

sur le plateau, secoué de tressaillements intérieurs et couronné de buées transparentes comme une gaze orientale, vous vous ferez conter la légende des sources. Laissez-moi toutefois vous la narrer par avance.

« Dans cette vallée, parsemée aujourd'hui de cônes granitiques, habitaient autrefois un riche Arabe et sa femme : Tahir et Zohra. Leurs troupeaux étaient nombreux, et les tentes du douar garnissaient au loin les pentes de la colline. Sur le tard, il leur était né deux enfants : un garçon et une fille. Le premier fut appelé Hassen, qui signifie le Beau, et la seconde Nedjana, c'est-à-dire l'Étoile. Charmants l'un et l'autre, ils se ressemblaient au point que leurs parents souvent ne les pouvaient distinguer.

« Les deux jeunes gens grandirent, mêlant leurs jeux, leurs joies et leurs peines. Ils s'aimaient d'un amour profond et n'avaient pas de plus grand bonheur que de se retrouver ensemble et seuls. Pour Hassen, nulle jeune fille n'égalait la grâce et les charmes de sa sœur Nedjana ; pour Nedjana, aucun homme n'était aussi brave et aussi beau que son frère Hassen. Mais l'heure critique de la puberté vint à sonner, et cet amour fraternel, pur et chaste comme leurs deux cœurs, se changea en une passion criminelle. Hassen jura qu'il ne prendrait d'autre femme que sa sœur, et Nedjana se promit de n'appartenir à nul autre qu'à son frère.

« C'était une monstrueuse chose qu'une pareille union, et pas un kadi dans les tribus environnantes n'eût voulu la consacrer. Tahir était riche. Ce mariage avait pour lui l'avantage de laisser intacte son immense fortune. Il fit venir d'une région lointaine un kadi peu scrupuleux, qui, pour une forte somme d'argent, consentit à être le témoin de cet hymen.

« Déjà les fiançailles étaient terminées. On avait échangé des cadeaux et lu le Fatah. Le jour approchait où l'inceste allait se consommer.

« Admirablement belle sous son haïk de soie tissé d'or, l'œil brillant, ainsi qu'une étoile, au milieu d'un cercle de koheul, Nedjana avait quitté la tribu voisine qui lui offrait l'hospitalité. Montée sur un chameau de prix et suivie d'un nombreux cortège de musiciens et de cavaliers, elle s'avançait vers la demeure de son fiancé qui était en même temps son frère. De tous les côtés, des jeunes hommes et des jeunes filles étaient accourus avec des présents, pour prendre part au festin qui promettait d'être magnifique. Le ciel n'avait jamais semblé si pur, et la nature, radieuse comme aux jours de sa première jeunesse, souriait à tant d'amour.

« Déjà, descendue de son chameau, Nedjana se jetait dans les bras d'Hassen qui la serrait avec transport, quand tout à coup la lumière s'obscurcit, le ciel se voila d'un nuage de sang, et de la terre, secouée d'un tremblement convulsif, s'élevèrent des jets de vapeur avec un bruit terrible. En un clin d'œil, le frère et la sœur unis dans une étreinte criminelle, le kadi coupable, les parents avares, les musiciens et le cortège dispersé au loin sur la route furent changés en blocs de pierre : Dieu n'avait pas permis qu'un pareil crime s'accomplît, et sa colère avait confondu tout le monde dans le même châtiment. »

Ainsi donc, ces cônes de calcaire grisâtre que l'on rencontre dans la plaine d'Hammam-Meskhroutin, réunis en groupes ou isolés, ne sont autres que les corps d'Hassen et de Nedjana, de leurs parents et de leurs amis. La terre continue à gronder autour d'eux, et les eaux bouillantes qui jaillissent toujours du sol alimentent le « Bain des Maudits ».

Telle est la légende. Elle en dit plus long, n'est-ce pas, que toutes les explications des savants ?

> Esprit des roches solitaires, oh ! que j'aime l'écho de ta voix mystérieuse ! Tes accents sont doux comme le murmure du ruisseau qui fuit sous les gazons verts de la vallée.
>
> (Ossian, *Calthon et Colmal*.)

Peu après Hammam-Meskhroutin commence la vallée de la Seybouse qui se continue jusqu'à Bône. Le pays est couvert d'oliviers. Guelma, que l'on atteint bientôt, n'a plus que des ruines insignifiantes de l'antique Kalama. Puis, viennent la gorge pittoresque du Nadar et Duvivier où s'embranche le chemin de fer de Tunis. L'horizon s'élargit ; de riches cultures de vignes et de céréales s'étendent entre les replis de la Seybouse. Nous sommes ici dans une des vallées les plus fertiles de l'Algérie. La terre s'y vend jusqu'à 1,000 francs et 1,200 francs l'hectare. Les frais de plantations de vignes sont en sus, mais on récolte assez facilement soixante hectolitres à l'hectare, ce qui est d'un joli rapport. Après les tristesses du désert, ces plaines verdoyantes font un contraste heureux.

A peine arrivé à Bône, je suis monté à Hippone saluer saint Augustin. Le mamelon isolé, défendu par trois rivières, auquel un aqueduc conduisait les eaux de l'Edough, est toujours tel qu'il l'a décrit. Mais, hélas! la « cité de Dieu », la capitale de Juba de Numidie est détruite. Les Vandales, les Arabes ont renversé ses monuments antiques, et les pierres mêmes, jetées à la plaine, ont servi à édifier Bône. Il ne reste que de gigantesques citernes utilisées par le service des eaux de la ville. Seulement tout en haut, sur la partie plate de la colline, le cardinal Lavigerie élève, à côté d'un hospice, une cathédrale de marbres polychromes qui sera fort belle.

Bône est plus bas, entre Hippone et la mer, au fond d'une immense baie qui va du cap de Garde au cap Rosa. Une grande promenade, le cours National, la sépare en deux : à gauche, les quartiers européens, aussi insignifiants que possible; à droite, la cité arabe, sur un terrain inégal, avec quelques rues pittoresques, mais qui disparaîtront bientôt. Cette ville n'a de curieux que ses vieux murs. Pour les voir, il faut gagner la porte des Caroubiers et revenir ensuite en suivant le bord de la mer. Les remparts, construits au quinzième siècle, je crois, par les rois de Tunis, se dressent au-dessus de rochers escarpés, entre des touffes de figuiers de Barbarie et de cactus. Ils sont à petit appareil, couronnés de créneaux et flanqués de bastions carrés. Derrière eux, se pressent les maisons de la ville arabe, couvertes en tuiles rouges, au delà desquelles on aperçoit le mont Edough et ses pentes garnies de chênes-liège. Je suis encore entré dans la mosquée, dont le dôme central a quelques restes de fresques bien effacées. Elle est surmontée d'un minaret rond, du haut duquel, à la nuit tombante, le muezzin, sur le ton d'incantation lente, chante son appel à la prière aux quatre coins de l'horizon.

La visite de Bône, du reste, est vite faite. Quand vous aurez vu les toits en gradins de l'hôpital, qui sont assez originaux, et la porte de la Marine, que termine une rangée de créneaux; quand vous vous serez promené sous les arbres du cours National, que vous aurez contemplé la belle redingote bronzée de M. Thiers et la blanche Fortune qui lui sourit à l'autre extrémité de l'avenue, compté les noires colonnes à volants blancs du nouvel hôtel de ville..., vous pourrez vous en aller avec ce regret que l'on éprouve en laissant une chose agréable, mais insignifiante. Cette ville est riche néanmoins; sa prospérité est le résultat de son commerce, important dès le quinzième siècle, quand elle appartenait à Tunis et que les pêcheurs génois venaient chercher le corail sur ses côtes, de ses cultures de vignes, de ses pâturages de la Seybouse qui fournissaient à eux seuls au bey de Constantine de quoi payer le tribut annuel que réclamait la régence d'Alger.

La route de Bône à Tunis par Souk-Ahras et Ghardimaou est peut-être la plus belle de l'Algérie, en raison de la contrée montagneuse qu'elle traverse et des travaux d'art qu'il a fallu exécuter et qui rappellent la ligne de Sommering des environs de Vienne. De Medjez-Sfa à Ghardimaou notamment, ce ne sont que hautes terrasses maçonnées accrochées aux flancs des parois rocheuses, viaducs courbes jetés sur le torrent, immenses lacets serpentant à mi-côte et présentant des coups d'œil splendides sur la chaîne abrupte des Beni-Salah, flanquée d'imposants contreforts.

A Souk-Ahras, nous entrons dans la Khroumirie. Les hauteurs voisines sont couvertes de chênes-liège, dont les masses noires pendent, comme des écharpes, jusqu'au cœur des vallées. Les Arabes, il y a deux ans, ont mis le feu à cette forêt, afin que la cendre engraissât la terre et lui fît produire une herbe propice à leurs troupeaux. De place en place, nous traversons des parties complètement calcinées. Malgré tout, les arbres repoussent, et ceux qui ont échappé au fléau, vivants et superbes, dressent leur tronc noueux chargé de branches au-dessus de l'enchevêtrement des lentisques, des myrtes et des lauriers-roses. Écoutez :

> Sur des coteaux baignés par des clartés sereines,
> Où des peuples joyeux semblent se reposer,
> Sous les chênes émus, les hêtres et les frênes,
> On dirait qu'on entend un immense baiser.
>
> (Victor DE LAPRADE, *la Mort d'un chêne.*)

TROISIÈME PARTIE

TUNIS ET KAIROUAN

CHAPITRE PREMIER

TUNIS. — ORIGINE ET ASPECT. — LES FRANÇAIS DANS LA RÉGENCE. — LA PLACE DE LA BOURSE. — LES QUARTIERS MAURES. — LA JUSTICE INDIGÈNE. — LA KASBAH.

> « Quand ils virent ces hauts murs et ces riches tours dont elle etait close, et ces riches palais dont il y avait tant que personne ne l'eût pu croire, s'il ne l'eût vu proprement à l'œil ; et quand ils virent le long et le large de la ville qui, de toutes les autres, était souveraine, sachez qu'il n'y eut homme si hardi à qui la chair ne frémît par tout le corps. »
>
> (VILLEHARDOUIN, *Chroniques*.)

Alger a l'aspect d'une ville de pirates ; Constantine, d'une ville de sectaires ; Biskra, d'une ville de nomades ; Tunis, d'une ville de commerçants et de bourgeois enrichis. C'est l'Orient mercantile, industrieux et paisible. Cette situation prospère, elle la doit au caractère pacifique de ses habitants, ennemis des révolutions et des aventures, et surtout à ses origines phéniciennes.

Tunis est, en effet, très vieille ville. Les Tyriens, qui fondèrent Carthage au neuvième siècle avant l'ère chrétienne, établirent des comptoirs, « emporia », sur la côte d'Afrique, et Tunès ou Tunis fut du nombre. Quelques-uns même la disent antérieure à Carthage.

Ils en font la plus ancienne ville du Mag'reb, cet empire d'Occident, habité par les Garamantes, peuple presque fabuleux, descendant direct des envahisseurs qui peuplèrent l'Ifrikia aux premiers âges du monde; mais cette opinion est fort discutée.

Quoi qu'il en soit, les Phéniciens peuvent être regardés comme les premiers colons de Tunis. Ils l'ont marquée au sceau de leur génie, ils lui ont inspiré leur amour du négoce. Créés commerçants, ses habitants le sont restés dans la suite des temps, imposant peu à peu leurs mœurs à ceux que les hasards de la mer ou des invasions avaient jetés sur leurs côtes. La ville, liée à Carthage, suivit sa fortune politique. Alternativement, elle connut la domination des Romains, des Vandales et des Byzantins, jusqu'au moment où l'armée arabe, qui avait fondé Kairouan et démoli pour toujours la Carthage reconstituée des Grecs, l'agrandit des débris enlevés à cette dernière et en fit une capitale.

Dès lors, elle appartint aux dynasties arabes ou berbères, dont elle fut la capitale politique, comme Kairouan était la capitale religieuse. Elle passa des Almohades aux Hafsides, vit mourir saint Louis, qui s'était croisé « pour chrétienner le roi de Thunes », subit au seizième siècle le joug des Turcs qui y installèrent des beys comme à Alger. Son histoire, à peu près nulle, sanglante parfois, est cependant moins rougie de crimes que celle des autres cités africaines. En 1705, un bey, Hasseïn-ben-Ali, se déclara indépendant, et devint la souche de la famille aujourd'hui régnante.

On sait à la suite de quels événements nous avons

pénétré en Tunisie. La France, après avoir, pendant un siècle et demi, entretenu les meilleurs rapports avec ce pays se voyait sur le point d'être supplantée par l'Italie, qui, toute-puissante dans la Tripolitaine, cherchait à s'immiscer dans les affaires de la Régence, et par l'Angleterre, qui ambitionnait Bizerte afin de compléter le jalonnage de ses ports sur la route des Indes. Notre domaine algérien aurait été tourné à l'est et au sud comme déjà il l'était à l'ouest par le Maroc et le Touât. Il fallait prendre les devants, si nous ne voulions un jour ou l'autre nous trouver cernés.

La convention financière de 1877 nous concéda le chemin de fer de Tunis à Ghardimaou et prépara les voies. Le congrès de Berlin, qui eut lieu peu après, nous offrit les moyens d'obtenir ce que nous désirions sans difficultés et sans secousses. Il ne tint alors qu'à nous d'occuper la Régence comme l'Angleterre occupait Chypre, et l'Autriche, la Bosnie et l'Herzégovine; sur ce point, les offres de M. de Bismarck et de lord Salisbury étaient certaines. Mais M. Waddington préféra revenir de Berlin les mains nettes, alors que les autres les avaient pleines, et ce désintéressement maladroit allait être cause d'une action militaire.

Les luttes entre notre consul et les consuls italiens et anglais prenaient à Tunis, à ce moment même, une intensité croissante. Le colonel Flatters venait d'être assassiné dans le Sahara par des gens qui visiblement tiraient leur mot d'ordre des oasis de la Tripolitaine. Les Khroumirs attaquaient la province de Guelma. Une intervention était indispensable. Au mois d'avril 1881, l'armée française entrait dans la Régence, pendant qu'une escadre débarquait à Bizerte, Tunis se rendait sans combat, et le traité du Bardo était signé. Mais la lutte ne tarda pas à recommencer dans le Sud, à Sfax, à Gabès; et ce ne fut qu'en octobre, après l'occupation de Kairouan, que l'on put regarder la Tunisie comme définitivement conquise. Dès lors, l'influence française n'a cessé d'y grandir, puissante et tutélaire, et d'y manifester son action par des réformes économiques, politiques et sociales.

Forcément, la ville se ressent de cet état de choses. Il y a deux Tunis : celle des beys et celle des Européens. La première est à peu près intacte, et par là même très curieuse. La seconde est encore à l'état de chantier : elle sera quelconque. On a commencé à l'installer, il y a dix ans, sur le premier emplacement venu, entre le lac et Bab-el-Bahar, que nous appelons la porte de France; et, comme le terrain était plat, que rien ne venait contrarier les lignes et les angles droits, les architectes s'en sont donné à cœur joie : ils ont fait un damier très réussi.

L'avenue de la Marine est ce qu'il y a de mieux : très large, plantée d'arbres, avec des maisons à arcades, des hôtels, des cafés; la résidence sur la gauche, entourée d'un jardin; la cathédrale sur la droite : un vrai galetas. Au fond, à l'entrée de la vieille ville, se dresse Bab-el-Bahar, couronnée de pyramidions, dont l'arc en fer à cheval livre passage à un peuple pressé d'Arabes, de Maures, de Bédouins, de nègres, de Français, d'Anglais, d'Italiens, de Levantins, de Maltais, de Turcs : le guichet de la tour de Babel. De là partent deux grandes artères : à droite, les rues des Maltais et de Bab-Souika ; à gauche, les rues Al-Djezira, Bab-Djedid et Bab-Menara, qui s'allongent en éventail pour se rejoindre à la Kasbah, et occupent l'emplacement d'anciens remparts. Des faubourgs indigènes s'étendent sur les côtés jusqu'à l'enceinte fortifiée ; car Tunis a des murailles, pas très vieilles, il est vrai (elles datent du commencement du siècle), mais percées de portes originales. Ce qui lui manque, c'est la vue de la mer : celle-ci est à plus de dix kilomètres, au delà de la Goulette, et il faut monter sur les toits pour l'entrevoir. Il y a bien le lac El-Bahira, profond de quelques mètres à peine, si bleu et si brillant qu'on le croirait peint et verni à neuf chaque matin ; mais il est petit : un bassin de parc auprès de l'immense rade d'Alger.

En somme, Tunis est encore Tunis « la bien gardée de Dieu », le séjour de la Félicité, la verte (El Kad'ra), « le haut escalier » (Djerdjet-el-A'liâ), ainsi que l'appelait Mohamed-El-K'aïrouâni, au onzième siècle de l'hégire. Il est vrai que nous n'y sommes que depuis douze ans, et que, même en déployant une grande activité, il faut plus longtemps pour démolir une ville semblable. Je ne désespère pas toutefois que dans une vingtaine d'années ce soit œuvre à peu près faite. Alors, les artistes émigreront plus au sud, vers le Sahara, le Soudan, vers des pays où il fait très chaud, où on a très soif et où ils seront au moins à l'abri des articles de Paris, des belles madames modernes, des commis voyageurs du cosmopolitisme.

La ville indigène est un vrai labyrinthe, où les rues

et les impasses dessinent un réseau mille fois compliqué, où les voies les plus magnifiques n'ont parfois que deux mètres de large. Elle renferme très peu de constructions européennes. Celles qu'on y rencontre sont presque exclusivement situées dans les rues de la Kasbah et de l'Église, deux artères qui traversent la cité dans sa largeur, conduisant à la forteresse et aux souks. Ce sont des implantations récentes, habitées pour la plupart par des Levantins et des Maltais, deux races hybrides qui forment la lie de la population hétérogène de Tunis.

La place de la Bourse, qui se trouve immédiatement derrière la porte de France, est peut-être l'endroit le plus animé de la ville : elle n'est pas très vaste, mais fort bruyante en revanche. Là, s'offre aux regards un stock aussi varié qu'intéressant de tous les nationaux, de tous les animaux, de tous les produits de l'Afrique, de l'Europe et de l'Asie. La circulation y est lente entre les fripiers, les marchands de beignets, les porteurs d'eau glacée, les petits décrotteurs, tous industriels très encombrants. De temps à autre, des bourriquots marrons, en troupe serrée, ou de grands chameaux bruns ajoutent à la confusion générale et passent insouciants, bousculant sans excuses ceux qui embarrassent leur chemin. La bigarrure des costumes est aussi des plus curieuses. Les heures de flânerie s'y écoulent délicieuses, fertiles en observations, riches en surprises.

Mais ce qu'avant tout il faut voir, ce sont les quartiers maures et les souks. L'architecture ici est la même qu'à Alger, qu'à Constantine et qu'à Kairouan.

Elle est cependant moins fantaisiste. Certaines choses frappent au premier abord : l'usage discret des porte à faux, soutenant encore une alcôve ou un auvent au-dessus d'une porte, mais non plus des étages entiers comme à Alger; l'absence des saillies encombrantes, des murs envahissant les rues au point d'en occuper les trois quarts; l'emploi fréquent des passages voûtés, assez élevés en général et cintrés en fer à cheval. Les fenêtres aussi sont plus nombreuses et plus grandes; il est vrai qu'elles sont garnies d'un grillage en bois, appelé moucharabi, en saillie sur le dehors, qui, tout en laissant voir dans la rue, empêche les communications. Ces treillis, peints en vert, tantôt carrés, tantôt ronds, font le plus original effet sur les murs blancs : cela semble des cages. Malheureusement les oiseaux, c'est-à-dire les femmes, en sont absents.

J'ai commencé ma promenade à travers Tunis par l'avenue Bab-Djedid. A droite, la rue des Teinturiers, large et claire, présentait au loin une ligne confuse de terrasses superposées. Au-dessus d'une impasse voûtée, pointait le minaret très aigu d'une petite mosquée. Il était octogone, et les panneaux, terminés par des arcades de marbre rose et marron, étaient en pierres grises encadrées de noir. Une galerie, posée en encorbellement sur des consoles de granit et ornée sur ses huit faces de mosaïques, supportait plus haut, par huit colonnettes, un auvent fait de poutrelles coloriées. Sur le tout, semblable à un éteignoir, se dressait encore une tourelle conique, surmontée de trois boules et d'un croissant de cuivre. Rarement, j'ai vu quelque chose de plus gracieux. C'est peut-être le plus parfait spécimen de ce genre de minarets que l'on rencontre principalement à Tunis.

Une succession de passages étroits, serpentant entre des murs bas, conduit ensuite à la rue des Andalous. La rue du Riche la coupe et s'enfuit sous une voûte soutenue par des colonnes, tandis qu'en avant, d'autres voûtes, séparées par des intervalles clairs, font des perspectives infinies et décroissantes d'arcs mauresques. Les ombres qui s'entassent sous ces cintres élevés semblent encore plus intenses et plus lourdes dans la splendide féerie du soleil emplissant les espaces découverts. L'aspect est singulier, presque fantastique ; et quand par hasard un Maure, en dalmatique verte ou rose, sort de ces porches profonds, et apparaît dans la grande lumière dorée du jour, on croirait voir surgir un géant, gardien d'une antique nécropole.

Nous laissons le souk des étoffes et prenons la rue Sidi-ben-Arous qui monte entre des saillies de maisons de plus en plus rapprochées. Les rues du Sabre et du Pacha viennent ensuite, quartiers paisibles et solitaires où pompeusement, dans un cadre de jardins, s'étalent les grands hôtels maures. Des murs bas, souvent dégradés, mais sur lesquels le lierre, cette « guirlande de l'éternité », comme l'appelle Byron, met un treillis de feuilles glauques, les relient entre eux. Nulle décoration extérieure, que des moucharabi de bois découpés, fermant les fenêtres, et des portes garanties par un auvent.

Celles-ci sont parfois des merveilles. Très hautes et très larges, en bois de cèdre ou de chêne, ornées de clous de cuivre qui forment des dessins losangés, teintées en bistre par le temps, elles se découpent en fer à cheval dans l'arc mauresque de marbre blanc qui leur sert de cadre. Des panneaux de pierre sur lesquels le marbre noir fait des mosaïques, des colonnes cannelées à chapiteau antique garnissent les côtés, car d'habitude elles se trouvent placées en renfoncement. Au-dessus, s'encastre un trumeau Renaissance ou bien une bande de carreaux multicolores. Des pendentifs, admirablement fouillés, tombent de l'entablement ; et au-dessus encore, se dressent des porte à faux de bois, alternant avec des consoles dentelées. De place en place et irrégulièrement distribués, des croissants, des croix sont sculptés à même la pierre. Souvent aussi, une tache rouge, représentant une main ouverte, ensanglante la muraille. Cet emblème souverain contre le mauvais œil se rencontre fréquemment ; mais parfois l'artiste s'est ingénié : sous son pinceau, la main s'est transformée en lyre à trois cordes.

Les ruelles qui s'amorcent à droite et à gauche, parsemées de poussière grise, sont tristes et désertes, et donnent l'impression des rues mortes de Pompéi. Du reste, bien des choses à Tunis rappellent l'antiquité romaine ou phénicienne. Ainsi, plus avant, dans l'intérieur de la ville, j'ai visité l'impasse du Puits, véritable souterrain que de petites voûtes écrasées et humides font ressembler à la crypte d'une église sous-marine. Des portes fermées par d'énormes verrous, des grillages de fer forgé s'entrevoient lugubrement dans l'ombre, et, au bout, on arrive à une cour carrée du plus pur style étrusque. Vraisemblablement, elle a dû être transportée, pierre par pierre, de Carthage ici.

Rue des Nègres, au contraire, les arcades découpées en fer à cheval s'élancent avec une incroyable légèreté; elles reposent sur des piliers de marbre punique à demi encastrés dans la muraille, et chaque clef de voûte est ornée de délicieux pendentifs. La rue s'infléchit, et la succession des cintres, dont on ne voit que les deux tiers, fait songer au cloître tournant de quelque monastère roman. Enfin, rue de l'Agha, des arcatures étroites s'élancent d'une maison à l'autre, servant de contreforts; au-dessus, apparaissent des étages en surplomb, soutenus par des consoles diversement sculptées, des toitures plates, ourlées de tuiles vernies, et de nombreux moucharabi à base renflée dans un cadre de faïences vertes. Plus loin, la rue se fait ruelle; les saillies se rapprochent, discordantes et originales, découpant sur le ciel de petites bandes d'azur semblables à des rubans de soie bleue.

Les Maures opulents, les fonctionnaires beylicaux, habitent à peu près seuls ces quartiers aristocratiques. Les commerçants se renferment dans les souks; les ouvriers, les indigents occupent les deux immenses faubourgs d'Ed-Djezira et d'El-Souika. Aussi le silence y est-il rarement troublé. On ne rencontre guère que des musulmans graves et bien vêtus, parfois des Mauresques précédées d'une servante, et des employés du bey regagnant leur domicile.

Je ne puis, relativement à ces derniers, m'empêcher de faire ici une réflexion : Pourquoi ces gens-là s'habillent-ils à l'européenne, quand leur costume national est si riche et leur sied si bien? Ils sont grotesques avec leur pantalon à la hussarde, leur tunique plissée, mal coupée dans le dos, et leur faux col empesé. Comme, en outre, ils sont habituellement fort laids, quand on les voit passer dans les rues, clopin-clopant, les jambes écarquillées, le torse secoué par un dodelinement continu, on croirait voir des singes gâteux, mal à l'aise dans des habits d'emprunt.

Dans cette même rue de l'Agha est un tribunal de cadis, très achalandé, autant que j'en ai pu juger. C'était jour d'audience, et dans la cour vitrée, entourée d'arcades aux assises de pierres blanches et noires alternées, une centaine de burnous se tenaient par petits groupes, silencieux ou bruyants. Chaque cadi juge seul dans une chambre étroite ouvrant sur la galerie. Assis sur un divan, il écoute les plaideurs accroupis devant lui, et rend ses arrêts séance tenante. Un greffier, armé d'une longue verge, fait la police de l'auditoire, où les hommes ont seuls accès. Quant aux femmes, une petite pièce fermée par une grille leur est réservée; elles peuvent y parler au magistrat qui les écoute derrière les barreaux, comme à confesse. Souvent, les tribunaux de cadis sont établis dans un local attenant à une mosquée; et l'on ne peut qu'admirer cette foi robuste de l'Oriental qui met ainsi sa justice sous l'égide de sa religion.

Les cadis ne connaissent guère que des affaires civiles intéressant les indigènes entre eux. Dès qu'un Européen est partie, ils se dessaisissent, et la justice française a son cours. Enfin, le bey ou son représentant, le gouverneur de Tunis, se réserve certains crimes ou délits.

Le gouverneur était le général Sidi-Hassen-Medehi. Ce même jour, il siégeait au Dribat, un vilain édifice, barbouillé de jaune au dehors, mais renfermant quelques pièces décorées avec goût. Comme j'entrai dans une salle en rotonde, Sidi-Hassen en personne s'y trouvait aux prises avec un pauvre diable accusé d'avoir volé deux pains et un gilet dans un souk. Je lui fis demander la permission d'assister au procès, ce que le général m'octroya de grand cœur. Il fit plus, il m'offrit un siège à sa droite; et, tout en interrogeant son prisonnier, de temps à autre, il inclinait vers moi sa face encadrée d'une barbe fleurie, semblant chercher un signe d'assentiment. Comme la discussion avait lieu en tunisien, langue qui m'était parfaitement inconnue, et que personne dans l'assistance, excepté mon guide, ne savait le français, nous nous entendions à merveille.

Oh! ce ne fut pas long! Le voleur affirmait avec ses doigts n'avoir pris qu'un pain; le juge, avec ses doigts, affirmait par contre qu'il en avait pris deux. On s'en fut querir le sac qui contenait le produit du larcin, et comme effectivement on y trouva deux pains, le malheureux écopa six mois de prison : trois pour avoir volé, et trois pour avoir menti au magistrat.

Avec effusion, je remerciai Sidi-Hassen, et m'en fus ravi d'une justice rendue si prestement et avec tant de pénétration.

Je ne parlerai pas du Dar-el-Bey, le grand palais que le souverain de Tunis possède dans le haut de la ville, car il ne renferme rien qu'on ne retrouve ailleurs. Du reste, le maître n'y habite pas. Sa résidence ordinaire est la Marsa, au pied de la colline de Carthage, et plus rarement le Bardo. Aussi la place est-elle déserte, et le pas de la sentinelle indigène, culottée et coiffée de rouge, résonne seul sous le portique de marbre noir et blanc.

La Kasbah est au-dessus. Il ne reste que peu de chose de l'antique forteresse. Aujourd'hui, les casernes sont occupées par deux régiments d'artillerie française. Mais la vue, du haut de la tour des Zouaves, au fond de la dernière cour, est toujours incomparable. C'est le point le plus élevé de la ville et de la campagne environnante : en conséquence, on y a installé un télégraphe optique qui permet de correspondre à vingt-cinq et trente lieues.

Le panorama est splendide et s'étend jusqu'aux lointaines limites de l'horizon. En face, on aperçoit les collines de Clamart, Carthage et la Goulette, formant une ligne blanche au delà du lac Bahira, brillant comme un miroir d'argent poli ; à droite, et derrière, une succession de sommets élevés, disposés en arc de cercle : les montagnes de Fer, près du cap Bon, le Djebel-Recas, les pics verticaux du Zaghouan; enfin, à gauche, le lac Seldjoum, généralement à sec et couvert d'efflorescences salines, l'aqueduc romain à arches interrompues, et la plaine basse de la Manouba, dont les villas se perdent dans des bosquets d'orangers. Ce nom lui vient d'une sainte musulmane, Lella-Manouba, enterrée près de Bab-Djézira, qui avait fait vœu de chasteté, et qui, mariée de force à un cadi, obtint qu'il fût changé en femme le soir de son mariage, pour qu'il n'eût jamais occasion d'exercer ses droits d'époux.

Toutefois, et avant tout, ce qui attire les regards, c'est Tunis presque entièrement mauresque, avec ses terrassses oblongues, évidées à leur centre, s'étageant en gradins gigantesques, et les minarets octogones ou carrés de ses mosquées, étincelants dans leur collerette de faïences azurées et coiffés du clocheton conique, que surmontent, comme une aigrette, les trois boules et le croissant de cuivre.

> Là, de blancs minarets dont l'aiguille s'élance
> Tels que des mâts d'ivoire armés d'un fer de lance ;
> Là, des kiosques peints ; là, des fanaux changeants ;
> Et sur le vieux sérail, que ces hauts murs décèlent,
> Cent coupoles d'airain, qui dans l'ombre étincellent
>   Comme des casques de géants.
>
>   (Victor Hugo, *Orientales*, iii.)

CHAPITRE II

LES SOUKS DE TUNIS. — LES SELLIERS, LES CORDONNIERS, LES FORGERONS, LES PEINTRES ET LES BOUCHERS. — LE SOUK DES ÉTOFFES. — LES MARCHANDS DE BRIC-A-BRAC. — LES SOUKS DES BIJOUX ET DES PARFUMS.

« Langages divers, horribles discours, accents de colère, voix aiguës et autres, mêlés au choc des mains, faisaient un tumulte qui tournoie toujours dans cet air éternellement clair, comme le sable quand il est roulé par un tourbillon. »

(DANTE, *Inferno*, ch. III.)

« Et n'oubliez pas que l'homme que l'on sait timide est dans la dépendance de tous les fripons. »

(BEAUMARCHAIS, *le Barbier de Séville*.)

Au centre même de la cité mauresque, à deux pas du Dar-el-Bey et sous l'égide de la Kasbah, s'enchevêtre le réseau compliqué de ruelles et d'impasses des souks tunisiens. Là, de même que le sang au cœur, afflue tout ce qui marche, tout ce qui vit, tout ce qui pense, tout ce qui travaille, tout ce qui calcule, tout ce qui possède dans Tunis l'Industrieuse; et ce flot sans cesse renouvelé des allants et des venants bat comme le pouls d'une monstrueuse artère. Sous ces portiques enfumés, dans ces cases de quelques pieds carrés, s'amassent des fortunes, car chaque habitant est doublé d'un négociant, et plusieurs sont riches à millions. Les produits les plus variés de l'Afrique, les peaux tannées du Soudan, les bois parfumés des Iles, les laines d'Espagne, le phormium de l'Inde y arrivent et s'y transforment.

C'est l'Orient du lucre et du commerce, des Arabes économes, des Juifs avides et patients; l'Orient des transactions lentes savamment débattues, des trésors amassés piastre par piastre. Quand, de la terrasse du Dar-el-Bey, on contemple ces voûtes pointues de bois ou de pierre, ces rues étroites à peine éclairées, qui se glissent sinueuses entre les masses silencieuses et blanches des grandes maisons mauresques, on entend s'élever une clameur étrange, qui, dans la débandade des soies radieuses, au bruit des lingots remués, sous les nuages légers des parfums subtils, chante un hymne colossal et bruyant : l'hymne du mercantilisme.

Le souk n'est pas un bazar, mais une réunion de petites boutiques, où, dans chacune, ne se fabrique, ne se vend qu'un même genre de produits. Le long des rues tortueuses, s'ouvrent dans l'épaisseur des murs des réduits minuscules, sortes de niches hautes de 3 mètres, larges et profondes de 2 ou 4. Une cloison, percée d'une porte, les divise généralement en deux : dans le fond, le magasin; sur le devant, l'étalage. Quelquefois on entre de plain-pied, mais le plus souvent le sol même de la boutique est élevé de $0^m,50$ ou de 1 mètre. Il sert alors en même temps de parquet et de comptoir. Les marchandises s'y entassent pêle-mêle, et au milieu se tient le marchand, accroupi ou assis, pour vendre et travailler.

La décoration varie peu. D'habitude, chaque case est séparée de sa voisine par des piliers isolés ou formant tête sur le mur de refend. Les uns sont courts et trapus, en pierre, et peints d'une spirale verte et rouge. Sur l'abaque de leur chapiteau difforme, s'assoient des arcs mauresques qui courent parallèlement à la rue, supportant la retombée des voûtes. Ailleurs, au souk des étoffes par exemple, les piliers sont en bois, peints également. Une poutre coloriée en blanc les relie, et au-dessus règne une corniche de tuiles embouties, soutenue par des consoles rouges.

Les voûtes sont en bois, maintenues par des tirants, ou bien encore en briques blanchies à la chaux. Un jour discret et propice emplit ces couloirs, venant on ne sait d'où. Quelquefois les voûtes sont percées d'ouvertures étroites, et la lumière, découpée en losanges ou en carrés, dessine, comme à l'emporte-pièce, de grandes plaques claires sur le pavé.

Il y a ainsi des rues multiples, éparpillées dans toutes les directions, se déroulant planes ou rapides, se croisant, se mêlant : véritable toile d'araignée souterraine où chaque fil serait un sentier. Tantôt droites, tantôt sinueuses, elles vont gaiement à travers les orgiastiques fantaisies des couleurs aveuglantes, dans l'étourdissant concert de toutes les langues parlées à la fois, faisant de magnifiques perspectives d'arcades mauresques ou offrant une succession de lignes rompues par les saillies inattendues des courbes.

Chaque industrie est ainsi bien à sa place, cantonnée dans une rue ou un tronçon de rue. A sa tête est un amin, qui sert d'intermédiaire entre le marchand et l'acheteur, qui surveille la fabrication, réprime les fraudes, fixe les prix de vente. On est heureux de rencontrer enfin une organisation séculaire survivant aux destructions du présent; cela rappelle les corporations du moyen âge.

Je passerai en revue quelques-uns des souks principaux. Il faut d'abord mentionner ceux des selliers et des cordonniers, qui forment à Tunis deux corps de métiers importants et très estimés, comme tout ce qui touche à l'industrie du cuir. La profession de sellier surtout est réputée noble, et nombre de jeunes Maures de bonne famille y font un apprentissage. Du reste, les lourdes selles garnies de maroquin et de velours, rehaussées de dessins en filigranes d'or ou d'argent, les housses brodées, les harnais de cuir gaufré, ornés de plaques niellées et de croissants d'ivoire, sont des merveilles qui relèvent plus de l'artiste que de l'ouvrier.

A Souk-el-Grana, tous sont cordonniers. Sous la voûte de bois très pointue qui coiffe pittoresquement la ruelle, on aperçoit les échoppes garanties par un auvent. Les marchands, assis sur de petits escabeaux autour d'un gros tronc d'arbre, cousent les larges sandales de cuir rouge à semelle jaune débordante et à quartier rabaissé, ou bien encore façonnent les babouches de bois que portent les Juives dans leur intérieur.

Souk-el-Belat est réservé aux épiciers et aux fruitiers, au commerce de ce qui est vert (khadra). Au souk du cuivre, le martellement des coups fait un tintamarre effroyable. Plus loin sont les forgerons, pressant avec leurs pieds, dans un labeur épuisant, une peau de vache en guise de soufflet, et les tourneurs, dont l'instrument très primitif est manœuvré par un archet que tient la main gauche.

Ailleurs, se rencontrent des menuisiers, des peintres qui enluminent de couleurs vives les grands bahuts cerclés de cuivre, ou bien encore, sur un fond d'or mat, enlèvent en noir des arabesques, des portiques de mosquée, des guirlandes de fruits. Les poteries tunisiennes, dont la forme rappelle vaguement celle des amphores grecques, offrent le même genre de décoration rigide et tranchée; mais leur fond est jaune clair, très rarement verni. Les boucheries sont établies un peu dans tous les quartiers, car ici tout le monde ne mange pas la même viande. Chaque culte, en effet, musulman, juif ou chrétien, a ses abattoirs particuliers où l'on saigne les bêtes d'une façon spéciale, comme il a ses édifices religieux; partant il a aussi ses débitants attitrés.

Ces différents souks, qui serpentent ainsi dans tous les sens à travers la cité, nous ramènent aux souks des étoffes, des parfums et des orfèvres, les plus curieux, sinon les plus importants des souks tunisiens.

Au bout de la rue des Étoffes, longue et silencieuse, qui prend naissance à l'avenue Bab-Djedid, s'ouvre le souk du même nom, bruyant et tout rempli d'irradiations multiples. De la voûte faite de planches gondolées et disjointes, tombe la lumière en une infinité de petites raies blanches, minces et ténues comme un fil d'argent. Là, dans chaque case, élevée d'un gradin au-dessus du sol, les merveilleuses étoffes d'Orient, bigarrées de mille tons, s'entassent en piles interminables, ou bien encore, déployées et montrant tout l'éclat de leurs couleurs vives, pendent ainsi que des viandes à l'étal d'un boucher.

On y rencontre les produits les plus variés de l'art arabe ou tunisien : tapis du Maroc ou de Kairouan à bandes régulières courant sur une trame de haute laine, carpettes de Damas aux dessins archaïques, couvertures rayées de Djerba, haïks de toutes nuances, brodés de perles, sassari noirs en tissu serré dans lequel s'enveloppent les riches Mauresques, turbans blancs en mousseline des Indes, ou verts en cachemire de Perse; puis des pièces d'étoffes unies, aux tons outrés, des dalmatiques bleues, bordées de rouge, rappelant la toge des Romains, des foutah de laine rose lamée d'argent, des ceintures à glands d'or, des sarmah pointus pailletés de plaques de métal brillant, des bandes de soie duveteuses, où d'immenses fleurs brochées, des animaux héraldiques forment de hauts reliefs sur un fond mordoré.

Devant cette gamme audacieuse de tous les tons connus, en présence de cette débauche voluptueuse des teintes vives ou amorties, l'œil reste indécis, ébloui, fasciné, comme si, du centre d'un kaléidoscope, il voyait les couleurs les plus diverses passer en un tourbillon fantastique, se mêler et former un immense voile, panaché de mille nuances, agité de mille frissons, éclairé de mille feux, que de place en place les ors fauves et les argents clairs piqueraient de reflets éclatants.

Au milieu de tout cela, le tailleur, Juif le plus souvent, en djabadoli bleu ou marron, se tient accroupi. Avec une patience inconcevable, il festonne les écharpes des Mauresques, les gilets des Arabes, les culottes mi-collantes des Juives; et ces enlacements fantaisistes des fils d'or et de soie font des broderies aussi riches qu'originales. Sur un même vêtement, jamais deux dessins ne se ressemblent; irréguliers dans leurs détails, ils s'harmonisent pourtant dans l'ensemble à ce point qu'on les croirait pareils. Les prix sont très élevés, bien entendu. Certains de ces serouals, de ces cafetans valent jusqu'à mille et quinze cents francs.

Cette rue est la plus animée des souks, avec celle des Parfums située un peu plus bas. C'est aussi celle où il faut le mieux se tenir sur ses gardes; car, à côté des industries locales, honnêtes et paisibles, il y en a d'autres établies pour le plus grand tourment du voyageur, le plus rapide allègement de sa bourse. Ceux qui les pratiquent, éternels exploiteurs de la niaiserie humaine, s'adonnent principalement au bric-à-brac, aux antiquités neuves et vieilles.

Ils vendent un peu de tout, principalement des bibelots, des objets en cuivre ouvré, des tapis et des étoffes brochées, des armes damasquinées. Cette diversité fait leur force et attire les clients. Ils ont mille politesses pour vous inviter à entrer, mille prévenances pour vous retenir. Ils vous assoient sur de moelleux coussins de cuir; et tandis que, rêveur, vous humez la tasse de café parfumé qu'une main discrète a déposée sur le plateau d'émail, ils dévalisent leur bou tique de fond en comble. Sur les murs tendus de rouge, les fusils marquetés d'ivoire et de nacre, les sabres courbes de Damas, à poignées serties de cabochons, à lame bleutée où le nom d'Allah victorieux luit en lettres d'or, les étuis de velours garnis de vieil argent tracent des signes mystérieux. Pêle-mêle, à terre, froissées ainsi que des chiffons, les étoffes brodées d'un prix inestimable alternent avec des tapis d'Orient, ou se pendent aux branches des candélabres de bronze. Le marchand va, vient, vidant les coffres aux serrures ciselées, refaisant ses étalages, devinant vos désirs, éveillant votre curiosité, jusqu'à ce que, au milieu de ces somptuosités éparses, vous ayez perdu la notion des objets, des couleurs... et de l'argent.

Offrez carrément le tiers ou le quart de ce qu'on vous demandera, et n'en démordez pas. C'est le seul moyen de vous tirer honorablement d'affaire. Il ne vous servirait de rien, en effet, de vous écrier, comme Égisthe dans *Électre :* « Malheureux ! au milieu des pièges de quels hommes suis-je tombé ! » Le tour serait joué, et vos belles résolutions ne demeureraient fermes que jusqu'à la prochaine occasion.

Ils sont deux principalement à Tunis, Ksar-Saïd et Barbouchi, qui ont établi leurs filets aux quatre coins de la ville. Concurrents déclarés, ils font assaut de diplomatie pour vous attirer chez eux et vous éloigner du voisin. Pour peu que vous ayez une fois pénétré dans leur antre, vous êtes pris, et votre repos s'est envolé pour longtemps. Ils vous reconnaîtront désormais entre mille ; ils vous suivent, vous espionnent. A pied, en voiture, partout où vous allez, des agents secrets vous accompagnent, bourrant vos poches de prospectus, interprétant vos moindres gestes. Si l'un ramasse vos gants, l'autre jette votre chapeau à terre pour avoir une occasion de le relever.

Au coin des rues, ils sont aux aguets comme l'araignée au bord de sa toile. Dès que vous paraissez, ils sautent sur vous, vous baisent les mains, vous entraînent et ne vous quittent que rançonné. Combien de mouvements stratégiques n'ai-je pas exécutés pour éviter leurs embûches! Voyageur, mon frère, défie-toi! Un jour, souk des parfums, j'ai dû me battre à coups de parapluie avec un individu qui voulait à toute force m'emmener à gauche, quand je prétendais tourner à droite. — Je dois dire qu'il s'est laissé rosser très gentiment.

Rien ne peut donner idée de leurs ruses réciproques. Confidentiellement, un soir, mon guide m'avertit de ne pas acheter des armes chez un personnage avec qui il m'avait vu en pourparlers, parce qu'elles avaient appartenu, disait-il, à un général mort phtisique, et qu'à mon tour je contracterais la même maladie si j'en devenais possesseur. C'est qu'ici hôteliers, guides et marchands forment une vaste association pour l'exploitation pécuniaire de l'étranger. Les premiers fournissent les guides qui, connaissant la langue, facilitent les achats; mais ils ne conduisent jamais que dans certaines boutiques déterminées, et l'hôtelier, qui est un compère, prélève vingt pour cent sur l'opération qui y est faite. Aussi engagerai-je le touriste à effectuer ses emplettes tout seul. Il sera volé, c'est incontestable! mais volé pour volé, il aura au moins la consolation de l'être où il lui plaira et par le filou qu'il choisira.

Souk-el-Mestaff, ou souk à la laine, monte tout droit du milieu du souk des étoffes. On n'y vend que des burnous et des couvertures de laine. Tout y est blanc : les boiseries et les marchandises ; aussi ce ton uniforme fait-il le plus singulier contraste avec les couleurs vives répandues à profusion à côté. Les marchands eux-mêmes sont habillés de blanc ; ils portent cinq ou six burnous empilés sur leurs épaules, et, véritables enseignes vivantes, attendent immobiles sur le seuil de leurs boutiques : des bonshommes de neige dans un décor poudré à frimas.

Les orfèvres, Juifs pour la plupart et vêtus d'une souquenille malpropre, ont leur officine dans une petite ruelle adjacente. On y achète, au poids de l'argent français, des bijoux en argent kabyle, c'est-à-dire fortement allié d'étain. Ailleurs, au fond d'impasses étroites, on rencontre des libraires qui offrent des exemplaires du Koran, le livre par excellence. Plus loin, des notaires arabes, au museau pointu de singe, au milieu d'un amoncellement de paperasses sentant le moisi, écrivent sur leur main gauche avec des brins de bois. Quand ils se lèvent, la longue écritoire de buis qui pend à leur ceinture leur bat les flancs, pareille à une queue.

Plus haut, se trouve Souk-el-Berka, l'ancien marché aux esclaves, le Badistan de Tunis. Les esclaves, autrefois très nombreux dans la Régence, avaient leurs fondouks où les individus d'une même nation pouvaient habiter ensemble. Ils étaient relativement heureux, vu les mœurs pacifiques des Maures. De plus, depuis saint Louis, une mission de religieux, établie à Tunis et officiellement reconnue au dix-septième siècle, ne cessait d'employer ses ressources au soulagement et au rachat des captifs. C'est à Souk-el-Berka qu'on les vendait ; et de fait, les lourds piliers romans, supportant des voûtes écrasées et noircies, donnent bien l'impression pénible du trafic honteux qui s'y accomplissait.

Aujourd'hui, de paisibles fabricants de chechias ont remplacé les crieurs d'esclaves. Armés de brosses faites en fleurs de chardon emmanchées au bout de longues baguettes, il frottent, jusqu'à ce qu'il soit devenu tout à fait lisse, le feutre blanc et épais qu'ils teignent ensuite avec l'eau du Zaghouan. Jadis, cette industrie était une des principales de Tunis. Mais la concurrence lui a été funeste. Les trois quarts des chechias vendues sont allemandes ou anglaises ; elles valent 2 ou 3 francs ; les autres en valaient 8 ou 10, et étaient bien meilleures.

Souk-el-Berka termine les souks du côté de la Kasbah. De là, descend la rue des Parfums, entre ses boutiques minuscules pleines de senteurs délicieuses. L'Oriental aime les parfums : c'est un de ses luxes favoris, avec les pierreries et les belles étoffes ; il en porte toujours sur lui dans des flacons émaillés ; il en inonde ses vêtements, sa barbe et la chevelure de ses femmes. Cela fait des traînées odorantes par les rues. Que de fois n'ai-je pas deviné ainsi les riches Mauresques ou les Juives opulentes, rien qu'au fumet, comme un chien de chasse !

Les fleurs écloses sous ce puissant soleil d'Afrique ont des aromates plus subtils et se prêtent à une distillation raffinée. Mais ce n'est pas un luxe vulgaire, car ces parfums atteignent des prix très élevés. Il faut 4 à 500 kilogrammes de feuilles de rose pour faire un litre d'essence, qui se vend alors 3,500 francs. L'essence pure de jasmin est aussi chère. Ces prix, on le conçoit, ne sont pas à la portée de tout le monde. Aussi vend-on les essences à la goutte. Une goutte, de quoi humecter un morceau d'ouate, vaut 1 franc ou 1 fr. 50, et peut à son tour aromatiser un demi-litre d'eau ou d'alcool. On fabrique aussi des essences secondaires extraites des fleurs d'oranger et de citronnier, et surtout du géranium (1).

Ces marchands comptent parmi les plus riches bourgeois de Tunis, et leurs boutiques, aussi petites qu'un placard, donnent l'exquise sensation d'un sachet oriental. Sur le gradin élevé à incrustations de cuivre qui forme leur comptoir, ils s'accroupissent à la manière des Bouddha indiens, et, idoles vivantes, attendent immobiles sous le lourd cafetan de soie claire qui les habille, dans le tremblement léger des paillettes métalliques tombant de leur turban prodigieux. Tout autour d'eux, s'échafaudent des flacons de verre fermés par un bouchon de cire, des pains de savon odorants, des cassolettes d'argent en forme de trépieds. Des deux côtés de leur tête vénérable, faisant un encadrement multicolore, pendent des cierges de Pâques à cinq ou sept branches, cadeaux recherchés pour les mariages. Ils vendent encore le henné en poudre qui teint en rouge orange les ongles et la paume des mains, le

---

(1) Ch. LALLEMAND, *Tunis et ses environs.*

souak qui blanchit les dents, le koheul qui bleuit les paupières, et l'opium qui endort et le kif qui rend fou.

Des amis, ou simplement des passants, s'assoient sur le banc drapé qui garnit le devant de la case et conversent des heures entières. De temps en temps, quelques grains d'encens ou de benjoin, jetés sur un charbon ardent, forment une spirale dant l'air ; et lui, le marchand, du sein de cette fumée pénétrante, semblable à un demi-dieu, laisse tomber de ses lèvres entr'ouvertes des paroles sonores et brèves, comme un oracle.

CHAPITRE III

UN CIMETIÈRE ARABE. — LES PALAIS TUNISIENS : LE BARDO ET KSAR-SAÏD. — ESSAI SUR L'ARCHITECTURE ARABE. — LES MAURES ET LES JUIFS. — LES FEMMES JUIVES. — LES RUES : LES PORTEFAIX, LES BARBIERS ET LES MÉDECINS. — LES CONCERTS TUNISIENS.

> « La mort est une fontaine à laquelle il faut boire tôt ou tard. »
> (*Poème d'Antar.*)

> « ... L'une était de jeunes fillettes, soffrettes, tendrettes, blondelettes, gratieuses et de bonne volonté ; l'autre, de vieilles édentées, chassieuses, riddées, bazanées, cadavéreuses. »
> (RABELAIS, l. V, ch. XXI.)

En sortant par Bab-el-Khadra pour se rendre aux palais du Bey, le Bardo et Ksar-Saïd, on passe devant le cimetière musulman de Bab-Souika, tout petit et ombragé de palmiers comme une oasis. Je ne connais rien d'aussi gracieux que ces nécropoles arabes, ouvertes sur la campagne ou protégées par une haie basse de figuiers épineux. Les tombes y sont semées à l'aventure, minuscules parmi les herbes fleuries : une dalle oblongue posée à terre, quelquefois un simple renflement du sol, et deux stèles de pierre debout à la tête et aux pieds. Sur ces tablettes verticales on inscrit les actions mémorables du défunt. Aucune décoration, mais des galets blancs, indiquant le sexe de celui-ci, sont placés sur la fosse : deux, si c'est un homme; un, si c'est une femme, et dans la dalle même sont évidés deux godets pour recueillir l'eau du ciel et faire boire les oiseaux. Est-il une coutume plus prévoyante et plus poétique?

Les Arabes ne portent pas le deuil à notre manière : ils ne mettent pas de vêtements noirs, mais, à l'exemple des peuples antiques, s'entourent la tête d'une corde d'alfa, répandent de la cendre sur leurs cheveux et poussent des cris lamentables. Dès qu'un décès est survenu parmi les leurs, ils lavent soigneusement le cadavre avec une eau pure, où l'on a fait dissoudre des aromates, l'habillent d'une chemise et l'enveloppent dans un drap. Les Juifs bouchent avec soin les citernes et les puits, de crainte que l'ange de la mort n'y trempe l'épée rougie de sang qui a tranché le cou du moribond, et ne rende ainsi impropres les eaux de la maison. Rapidement, on conduit le défunt à sa dernière demeure, car là seulement il doit trouver le repos. L'âme est encore enfermée dans le corps et y reste jusqu'au soir, attendant anxieuse l'ange Gabriel qui doit venir l'interroger. Celui-ci arrive à la tombée du jour, rejette la pierre du sépulcre et demande compte à chacun de ses pensées et de ses œuvres. On entend alors parfois des dialogues terribles, et bien des crimes, bien des hontes sont révélés à la terre.

La douleur des musulmans est bruyante, mais elle

est courte : elle cesse aux funérailles. Cependant, les hommes, les femmes se rendent fréquemment dans les cimetières. La croyance populaire est que les âmes de ceux qui ne sont plus sortent de leurs tombeaux et conversent avec les visiteurs. Les plus âgés s'assoient sur les dalles placées aux deux bouts des sépultures; les enfants se posent sur les haïks de leur mère et de leurs sœurs. Aussi ces dernières, quand elles se lèvent, secouent avec mille précautions leurs blancs vêtements, afin de ne pas blesser les pauvres petits êtres.

Comme nous tournions l'angle de la rue, une procession venait à nous. En tête marchaient quelques musulmans, tout de blanc vêtus, des marabouts sans doute, qui psalmodiaient quelque chose sur un rythme lent, et derrière eux, porté sur les épaules de huit hommes et recouvert d'un burnous de soie claire, un cadavre s'en allait la tête en avant.

La route franchit ensuite les remparts, passe entre l'hôpital militaire français et une caserne tunisienne, et arrive au Bardo, qui, de loin, ressemble à une petite ville. Dans la plaine, on voit encore les ruines imposantes d'un aqueduc dont les piles vont en décroissant du sol à la naissance des voûtes ; on le croit romain : je serais tenté pour ma part de lui attribuer une autre origine, carthaginoise par exemple.

On a appelé Fontainebleau un rendez-vous de palais. La même chose peut être dite du Bardo, avec cette différence qu'ici les palais sont des masures... quant à l'extérieur s'entend ! Le dehors laisse donc fort à désirer. On dirait une bâtisse en démolition : une série de constructions disparates et inégales, des terrasses désertes, des murs ébréchés, des bastions ronds ou carrés, et sur le tout une vilaine teinte rouge désagréable.

Après avoir traversé une rue étroite bordée de boutiques et la cour de l'ancien harem de Mohammed-Bey (aujourd'hui le musée Alaoui), on pénètre dans la cour des Lions, dont le grand escalier, surmonté de huit lions en marbre florentin, conduit à un délicieux portique mauresque soutenu par des colonnes monolithes à chapiteaux corinthiens. De ce côté, sont les appartements de réception, notamment le grand salon ou salle du trône, une très vaste pièce tendue de soie rose et jaune, et meublée à l'européenne, avec des consoles Louis XV et des fauteuils de velours rouge. Le plafond criard a l'air en carton. Sur les murs sont appliqués des portraits de souverains et de grands hommes ; parmi eux, Louis-Philippe en tapisserie des Gobelins et Washington. Après, viennent un petit salon délicieux, orné de colonnes de marbre rouge enlevées à Carthage, et la salle de justice.

Celle-ci est une merveille : le plafond, voûté à pans, est tout en bris de glace encadrés de baguettes or qui s'entrelacent de mille manières. Il est supporté par une corniche d'arcs mauresques à pendentifs, sur un fond de glaces également, et au-dessous règne une plinthe de marbre sanguin présentant en relief des vases de fleurs et des arabesques de marbre blanc. On dit ces panneaux rapportés de Carthage ; j'en doute fort, pour ma part : ils sont trop bien conservés. Du reste, il est de règle à Tunis que tout ce qui a quelque cachet vient de Carthage. Les meubles sont Louis XVI en bois doré et en damas. De cette pièce, le bey assiste aux exécutions qui ont lieu sur la place du Bardo, à un endroit marqué par un palmier tout déplumé. Une bizarre coutume veut que le condamné, avant de tendre le cou au sabre du chaouch, demande publiquement pardon de ses fautes au peuple assemblé, qui répond alors à voix haute :

« Nous te pardonnons. »

On peut encore citer quelques pièces, entre autres la petite salle de justice et la salle du conseil situées au rez-de-chaussée. Ce palais, qui offre un fort bel échantillon de l'art décoratif tunisien, est désert aujourd'hui, à peine habité par de rares officiers subalternes en capote longue et chéchia ornée du croissant, qui se rôtissent consciencieusement au soleil. Le dernier bey, Mohammed-el-Sadok, est mort tout à côté, au palais de Ksar-Saïd, et il est de règle que jamais un bey ne réside au même endroit que son prédécesseur. Ali, le souverain actuel, est installé à la Marsa, sur le bord de la mer. Il ne vient presque jamais au Bardo. Seulement on peut le rencontrer sur le chemin de Tunis, quand il se rend au Dar-el-bey de la Kasbah, dans son carrosse rose et or, traîné par six mules empanachées.

Le Bardo était le siège du gouvernement. Ksar-Saïd, distant d'un demi-kilomètre, abritait au contraire la vie privée du bey, sa famille et ses amours. Il est plus petit, enfoui dans des jardins, mais d'extérieur tout ausi laid. Cette grande bâtisse jaune, à fenêtres vertes, construite, je crois, au siècle dernier, est digne de figurer dans quelque ville allemande. Un escalier, éclairé par deux négrillons transformés en lampadaires, donne accès au premier étage à une cour mauresque, fermée par un plafond peint, assez élégante, mais trop chargée d'ornements en plâtre et trop peinturlurée. Sur la gauche, s'ouvre une vaste salle, admirablement décorée de carreaux blancs et bleus et d'arabesques en stuc. C'était le salon des femmes. Au-dessus est la salle d'armes, aussi grande, quoique moins riche. Quelques panoplies se détachent des murs entre les rideaux de brocart; mais surtout les armoires à glace et les psychés attirent l'attention. Oncques n'en vit pareille collection : la plupart Louis XVI, en bois doré, avec de grands dessins.

D'un côté, se trouve la chambre de Si-Sadok, assez vulgaire. Le meuble principal est un lit à fronton orné du diadème et du croissant, mais un lit phénoménal de largeur, à tenir le bey et toutes ses femmes, en eût-il trois cent quatre-vingt-dix, comme celui de Constantine. De l'autre, est une pièce aujourd'hui historique, celle où fut signé le traité du Bardo. Oh! ne vous attendez pas à des merveilles : quelques tableaux, dont un représente le bey à cheval, un vieux tapis fané, et, presque seul au milieu, un guéridon d'acajou à trois pieds, avec une tablette en marbre blanc et un encrier de pacotille. C'est tout.

Le gardien conduit ensuite aux appartements privés qu'occupait Si-Sadok quand il est mort, et qui renferment ses reliques. On vous montre tout, tout, entendez-vous bien? son lit tendu de rouge, ses fauteuils usés, et, conservés pieusement, des meubles plus intimes : une baignoire, une chaise... matelassée de brocart jaune, et, les bords garnis de drap, ce récipient de faïence dans lequel Voltaire, à ce que dit l'histoire, voulut boire au moins une fois avant de mourir.

Enfin, pour ne rien oublier, je mentionnerai encore, au rez-de-chaussée, la chambre à coucher des femmes du bey, qui contient deux superbes lits arabes à dossiers et baldaquin tout en or et en glace, et un divan circulaire, où le souverain le matin prenait le café en compagnie de ses épouses. A côté, est une chambre modeste pour la troisième femme et une servante. Je ne demande pas où couchait la quatrième.

J'ai parlé si souvent des monuments islamiques que cela m'amène à dire quelques mots de l'architecture chez les Arabes, qui ont été les premiers et les principaux propagateurs de l'idée musulmane à travers le monde. Un peuple marque toujours les arts qu'il exerce au sceau de son génie et leur imprime une direction en rapport avec sa constitution intérieure. Or, chez les Arabes, peuple essentiellement religieux et théocratique, où l'idée de Dieu se retrouve à la base de l'organisation politique et sociale, la mosquée est tout. Elle n'est pas seulement un temple, mais encore une hôtellerie, un hôpital, une école, une caserne, un tribunal. Elle est l'expression la plus haute et la plus complète des besoins et des tendances de la race ; par là même, pour l'édifier, les artistes ont concentré leurs efforts. Aussi suffit-il de l'étudier à l'exclusion des autres monuments.

Les origines de l'architecture arabe sont fort incertaines. Incontestablement, elle a une parenté avec les architectures byzantine et persane ; mais elle s'en est totalement écartée dans la suite, au point de former aujourd'hui un art complètement distinct. Elle a encore connu l'architecture romaine et les premiers tâtonnements du roman; mais à la première elle s'est contentée d'emprunter des matériaux, et, du même âge que le second, elle a grandi parallèlement avec lui, sans l'imiter, sans le comprendre. La mosquée n'a en rien la pureté des lignes du temple grec, en rien l'ampleur des églises romanes. A peine sortie des langes de ses origines, l'architecture arabe a pris son essor. Elle s'est développée seule, loin des influences étrangères, puisant en elle-même, dans l'esprit du peuple, dans l'intolérance du culte, sa force et sa vie, entraînant à sa suite, dans ce cycle fermé, les arts dérivés d'elle, tels que la sculpture, la ciselure, la peinture ornementale.

En somme, l'art arabe est un art spécial, très ancien, mystérieux dans sa conception première, mais parfaitement défini et très reconnaissable, portant, jusque dans ses manifestations les plus infimes, un cachet indéniable d'origine. De plus, il s'est maintenu intact à travers les temps. Cela tient au principe théocratique qui a été son inspirateur constant, à la fusion complète de la vie civile et religieuse chez les sectateurs du Prophète. Tel on le rencontre aujourd'hui et dans le passé, tel il se manifestera encore dans des siècles : comme la race, comme la foi, il est et demeurera immuable.

Entrons maintenant dans quelques détails. L'arc en plein cintre, qui est la forme la plus simple de la voûte, entre les mains des architectes arabes s'est brisé à son sommet, s'est étranglé à sa base, pour devenir l'arc en fer à cheval, cintré en tiers-point, que l'on retrouve sur toute l'étendue de l'Empire islamique, de l'Alhambra au palais d'Ispahan. Il n'est pas le résultat d'une nouvelle combinaison de l'art de bâtir, car il n'ajoute rien à la solidité de l'édifice : c'est une forme décorative et rien de plus, mais originale, et conservant bien l'empreinte de sa nationalité.

La coupole, élancée parfois, mais le plus souvent écrasée et présentant l'aspect d'une calotte sphérique, s'appuie au dehors sur une base circulaire. A l'intérieur, on retrouve dans sa courbure le fer à cheval des arcades. Les colonnes sont monolithes et les chapiteaux cubiques, à moins qu'ils ne soient empruntés aux monuments romains.

Les minarets, car il faut des tours élevées à cette religion qui, six fois par jour, crie le nom d'Allah à la terre, sont de formes diverses suivant les pays : carrées, coniques ou pentagonales; toujours une terrasse ou une galerie posée en saillie les surmonte, pour que le muezzin puisse accomplir sa promenade circulaire.

Mais il fallait orner ces murs, ces voûtes, ces arcs et ces minarets, et les Arabes ont en conséquence créé les pendentifs et les arabesques. Dans les angles, le long des surfaces planes ou courbes, ils ont accroché et superposé des pierres, qui tantôt pendent comme des stalactites, tantôt, obliques, forment des encorbellements. Puis, ils ont creusé et fouillé ces pierres, les couvrant de dessins géométriques ou sinueux, sculptés plus ou moins profondément et parfois rehaussés de couleurs vives. Ce sont les arabesques. Cette végétation touffue n'a pas tardé à envahir les murailles et le reste de l'édifice, se répandant en dentelles, en festons, présentant dans ses lignes mille fois entre-croisées des étoiles, des croissants et des arcs mauresques. Un goût très fin préside à ces combinaisons qui obéissent à certaines règles malgré une confusion apparente. L'écriture elle-même, très décorative avec ses caractères allongés, s'est mêlée, sous la forme d'inscriptions, intimement à l'arabesque au point de faire corps avec elle.

Un autre genre d'ornementation consiste dans l'emploi des carreaux de couleur et des marbres disposés en panneaux ou en bandes. Du reste, les motifs de décoration arabe sont peu nombreux. Le champ de la peinture et de la sculpture est notamment très restreint, puisque le Koran interdit toute représentation d'êtres animés. Il paraîtrait toutefois qu'à l'origine il en était autrement. Ainsi un plafond de l'Alhambra met en scène des Maures combattant les infidèles, et les historiens arabes ont conservé le souvenir d'artistes musulmans habitant le Caire au dixième siècle de notre ère et peignant des almées (1). La défense, due à des commentateurs scrupuleux, serait postérieure.

Voilà pour l'architecture religieuse. L'architecture civile n'est pas différente, car ici la vie civile est dans une dépendance si complète de la vie religieuse que les principes et les prohibitions de l'une s'appliquent nécessairement à l'autre. J'ai trop souvent parlé de la maison arabe pour y revenir encore. Je dirai seule-

(1) LE BON, *Civilisation des Arabes.* — BAYET, *Précis de l'histoire de l'art.*

ment que ce type, si différent des constructions du Nord, n'est pas propre aux musulmans. Nous le retrouvons dans tout l'Orient, avant comme après l'islamisme, dans le Midi, à Rome. Il a sa raison d'être dans une conception particulière de la vie, dans une organisation spéciale de la famille dont il est impossible de préciser l'origine, et, avant tout, dans le climat. Une seule réflexion pourtant est nécessaire au sujet des pierres noires alternant avec les pierres blanches que l'on retrouve dans nombre de monuments, principalement à Tunis. Cette pierre de couleur est plus qu'un motif décoratif : c'est un symbole. Le noir étant l'emblème de la nuit et du mal, elle rappelle que nulle œuvre humaine n'est parfaite, et préserve la construction de la fureur des Djinns qui la renverseraient si elle était irréprochable.

Enfin, ce qui frappe encore, c'est la chaux vive revêtant les murailles ; mais cette teinte uniforme donnée aux villes arabes n'est-elle pas aussi à son tour comme le symbole de l'Islam qui couvre tout, les monuments et les consciences, du même suaire lourd et blanc ?

Les Maures forment le fond de la population de Tunis. Ils viennent en général d'Espagne. Ce sont des gens civilisés, graves et très polis. Par suite du long séjour de leur race en pays de chrétienté, beaucoup ont dans les veines du sang européen mêlé au sang asiatique. Ils sont tolérants, soit que cette origine mixte ait tempéré la rudesse de leur foi, soit qu'ils aient été amenés, dans l'intérêt de leur négoce, à modérer leur fanatisme. Il est certain que dès le quatorzième siècle les chrétiens circulaient librement dans la Régence, y avaient des églises, des cimetières et des maisons religieuses. Aujourd'hui encore, Tunis, de toutes les villes de l'Islam, est peut-être celle qui accueille le mieux les étrangers et les réformes.

Les Maures sont doux, paisibles et patients; ils se livrent à un immense commerce qui les enrichit chaque jour. Ils se marient entre eux, formant une caste à part, aristocratique et fermée. Quelques-uns, à ce qu'on prétend, conservent toujours la clef de la demeure qu'occupaient leurs ancêtres à Grenade ou à Cordoue. Le visage ovale et clair, l'œil bleu, le col nu, gras, mais d'un embonpoint de bonne maison, ils vont lentement par les rues, les pieds à peine entrés dans les sebbat de cuir jaune, portant avec une majesté sans égale le burnous beurre frais ou rose tendre à large bande pourpre, la djemala de cachemire, et quelquefois le turban vert, s'ils descendent directement du Prophète. Je ne m'imagine pas autrement les sénateurs romains.

Leurs concurrents en richesse et en puissance sont les Israélites, plus nombreux ici que dans toute autre ville du nord de l'Afrique, l'Égypte peut-être exceptée. Ils habitent de préférence dans la rue Halfaouine et la rue Sidi-Mahrez, aux environs de cette étonnante mosquée, sorte de gros cube de maçonnerie blanche, surmontée de huit ou dix pots à tabac, qui abrite les dépouilles de Sidi-Mahrez, défenseur de Tunis contre les Espagnols et patron commun des créanciers et des débiteurs, ce qui ne se comprend pas très bien. La légende prétend qu'ils sont arrivés ici au moment de la destruction de Jérusalem par Titus. Assez mal vus d'abord et, jusque vers 1840, soumis à des vexations sans nombre, condamnés à porter un costume spécial, à se déchausser devant les mosquées, ils ont conquis aujourd'hui droit de cité.

Le haut commerce, principalement celui des draps, de la soie et des bijoux, est entre leurs mains. Ils ont la langue, les mœurs, les habitudes des Arabes, et même diverses pratiques de leur culte. Certains jeûnent pendant le Rhamadan et prennent quatre femmes. Quant au type, sous ce climat trop chaud, dans cette promiscuité forcée des races, il s'est abâtardi. Plus de ces grands Juifs superbes qu'on dirait découpés dans une estampe biblique. Quelques-uns de ceux qu'on rencontre, très vieux et tout petits, ventripotents, les oreilles poilues à la manière des singes, les jambes écartées et sèches comme des triques, ont encore le faciès osseux, l'œil perçant, le geste sobre où ressort l'énergique expression de la race. Mais c'est l'exception. La plupart ont l'aspect efféminé avec leurs joues ombrées de carmin, leur culotte marron serrée sur le bas tendu et leur veste bleue dessinant la taille.

Ici, comme à Alger, il ne faut songer à pénétrer ni chez les Arabes, ni chez les Maures. Les Israélites, au contraire, ouvrent volontiers leur maison encombrée d'enfants de tout âge, car l'épouse juive est très prolifique, et laissent sans façons admirer leur progéniture. Les filles, jusqu'à seize ou dix-sept ans, sont délicieuses, plus jolies que belles, mais d'une fraîcheur incontestable. Rappelez-vous les vers de Coppée :

> Et pour ses longs cheveux d'or fluide et vermeil,
> Il avait pris l'éclat des rayons du soleil ;
> Et pour sa chair superbe il avait pris les roses,
> Et mis dans ses regards tout l'infini du ciel.

Les mères en revanche sont malpropres, comme des pots de saindoux qui débordent, grosses, grasses, replètes, phénoménales de corpulence, surabondantes de chairs bouffies et flasques. Les Juives de Tunis, que Paul Arène appelle « des masses gélatineuses, en- « croûtées d'or », sont du reste célèbres sous ce rapport. Les Mauresques, quoique à un degré moindre, suivent leurs traces ; mais, comme elles sortent rarement, il est plus difficile d'en parler. Ne croyez pas à un phénomène naturel ou à une maladie. Cet extrême embonpoint, très recherché des maris, est artificiel, et pour l'obtenir il y a toute une recette. On engraisse les femmes ici, comme on fait les oies en Poitou pour avoir des confits.

Jusqu'au mariage, la jeune Juive est abandonnée à la propension de sa nature. Telle elle est faite, telle elle se présente aux jeunes gens. Mais, dès les fiançailles, l'opération commence. La future épouse, tenue immobile dans une pièce sombre et humide, est condamnée à boire, à manger et à dormir sans interruption pendant trente ou quarante jours. La nourriture se compose à peu près exclusivement de couscous, de gâteaux de semoule, de boulettes de graisse trempées dans l'huile, et, suprême régal des anciens Carthaginois, de viande de jeune chien. Parfois, cette période de 'emps est trop courte. La femme n'a pas atteint le nombre de kilos désiré, car le mari ne se gêne pas pour stipuler une épouse de tel poids, et va même jusqu'à remettre des anneaux, calibres que devront avoir ses bras et ses jambes. On recommence alors jusqu'à satisfaction complète : Crève si tu veux, mais engraisse. La corpulence ainsi obtenue ne se perd plus. Les jambes sont des poteaux, les hanches des croupes d'hippopotame, les seins des boules spongieuses, la gorge un goitre énorme. La femme n'est plus une femme, mais une outre embarrassée de son trop-plein. Sans doute, ces ampleurs ont des charmes secrets. El-Hadjadj, qui cherchait pour son fils une femme accomplie, lui voulait une belle gorge : « Par là, « disait-il, elle réchauffe son mari et rassasie ses en- « fants. »

Cette coutume peut paraître bizarre : affaire de tempérament! En France, nous pesons la dot; ici, on pèse la femme. Dans un cas comme dans l'autre, la plus lourde l'emporte. Qu'est-ce qui est le plus irrationnel? « Il y a des gens, dit Edgard Poë, qui appellent « bizarre tout ce qu'ils ne peuvent comprendre. Ils « vivent ainsi dans une légion de bizarreries. »

Quand ces femmes sortent, elles s'affublent de vêtements éclatants, mettent des culottes en drap d'or ou d'argent, des blouses de soies multicolores, chaussent des mules brodées de perles, se couvrent les bras, les jambes et la gorge de bijoux et d'émaux. On dirait des châsses ambulantes dans un cortège d'arcs-en-ciel. Jadis, elles allaient ainsi par les rues, en maillot et le visage découvert. C'était reçu, et nul ne s'en offusquait.

Mais un jour, M. Reinach vint à passer à Tunis : il trouva cette mise peu décente en public, et dès son retour fit donner l'ordre par le Consistoire de Paris aux femmes juives de la Régence de ne sortir que voilées.

Ce voile qui les enveloppe ajoute encore au grotesque de leur démarche. Il est noir ou blanc, souvent très serré, ne laissant passer que la pointe des pieds et moulant les formes avec une fidélité très peu discrète; d'autres fois, elles le portent tendu devant elles. Une femme alors suffit à meubler une rue. Quand on voit ces lourdes masses, portées par des pieds de poupée, s'avancer à petits pas, on a l'impression d'un pot à tabac énorme, chancelant et prêt à tout moment à se renverser.

Les femmes, les chameaux et les ânes constituent les trois curiosités les plus encombrantes des rues de Tunis. Les ânes arrivent par troupes, tout petits et gris, trottant menu, menu, sous le bâton pointu du Kabyle qui crie de temps en temps : « Balek! » c'est-à-dire : « Prends garde! » A certains endroits en pente, on n'a que le temps de se garer : ils traversent comme une trombe. Une fois, j'ai vu un bourriquot et une femme face à face dans une ruelle trop étroite pour les laisser passer ensemble. Au moins entêté de reculer; je dois dire que ça n'a pas été la femme. Les chameaux se rencontrent surtout le matin. Ils vont rêveurs et inconscients, le regard dédaigneux, la babine tombante, posant comme au hasard leurs grands pieds mous. Dans ce décor trop petit de rues sinueuses et de maisons basses, leur colossale charpente a des allures plus colossales encore.

Aucune voiture ne peut circuler dans Tunis, sauf des carrioles à bras, traînées par de misérables portefaix connus sous le nom de mesquinos. Ce sont, pour la plupart, des enfants du steppe que la faim a poussés vers les villes, et qui y exercent les mille et une industries de la misère. En seroual blanc et blouse d'indienne courte, ils offrent dans des corbeilles d'alfa tressé des légumes et des fruits, des pâtisseries, telles que des nougats au miel frits dans l'huile, des gâteaux de blancs d'œufs et de millet appelés jelgelania, des galettes de semoule nommées phtàr. Les Arabes, très gourmands à leurs heures, achètent ces friandises et s'empiffrent; mais eux, les meurt-de-faim, vivent de figues, de carottes, de couscous, de farine avariée, et boivent l'huile rance.

A certains endroits, l'animation est extrême, malgré les relents nauséabonds que dégagent les graisses brûlées. Devant un fourneau de briques, un homme fait cuire des viandes sanglantes ou pétrit les grains d'un couscous imposant. Les gens apportent eux-mêmes leurs provisions et s'en retournent, les mains chargées d'une brochette de foie de bœuf grillé ou d'un plat creux, au milieu duquel nagent dans un océan d'huile des œufs, du pain en tartine, des pruneaux, des tranches de citron et des piments écarlates.

Quelquefois, ces industriels sont de véritables restaurateurs vendant à la portion. M. Ch. Lallemand, dans son livre *Tunis et ses environs,* conte une histoire qui donne bien idée de leur gloutonnerie malpropre. Un jour, dans le vaste chaudron où cuisaient les viandes interlopes, un rat tomba du plafond vermoulu.

Le marchand, par mégarde, le servit à un client. Celui-ci réclama aussitôt; mais l'autre, de crainte de faire tort à sa cuisine, saisit prestement la bête et l'avala d'une bouchée. Le tour fut si vite fait que nul ne s'en aperçut. « Il y a un rat dans ta marmite, répétait le « client. — Eh bien, prouve-le », répondit le marchand. — Le fait est que la preuve n'était pas facile. — Le malheureux qui réclamait à tort fut hué par l'assistance, et la boutique ne désemplit pas de toute la journée.

Les officines des barbiers ne sont pas moins fréquentées. Souvent, elles sont voisines des hammam, et ont leurs devantures, ornées de barreaux tournés, peintes en rouge et en vert. Sur les bancs de pierre qui règnent autour de la pièce, le client s'assoit le dos au mur. L'artiste, alors, après avoir décroché un des rasoirs qui pendent au râtelier parmi les pipes et les cafetières, et l'avoir aiguisé sur la lanière de cuir attachant son pantalon, lui met sous le cou un plat de cuivre échancré, plein d'une eau parfumée au jasmin, et de sa main restée libre, alternativement lui lave la joue et la gratte avec son instrument. Volontiers, les passants entrent chez les barbiers. Ils y prennent du café apporté par le caoudj voisin, tout en écoutant les savants docteurs en Hippocrate, qui tiennent séance dans la boutique à certaines heures, et, pour quelques caroubes, distribuent conseils et panacées.

Je dirai à ce propos que la médecine arabe est au-dessous de tout ce qu'on peut imaginer. Le médecin ou thébib n'est le plus souvent qu'un charlatan doublé d'un âne; aucune étude préalable, mais des collections de recettes empiriques transmises de génération en génération et aussi sacrées que le Koran. De plus, la profession de thébib est héréditaire. On conçoit ce que doit être une science qui vous vient de famille comme un nez trop long ou une bosse. La chirurgie, qui nécessite l'effusion du sang en horreur chez les Arabes, se réduit le plus souvent à des cautérisations au fer rouge. Ajoutez à cela les pratiques superstitieuses : les pattes de porc-épic préservant du mauvais œil, les morceaux de parchemin bouilli suspendus en guise de scapulaire, et les amulettes écrites par les marabouts, qui, suivant le sens dans lequel on les porte, guérissent de la fièvre ou donnent la fécondité. La race heureusement est ici plus forte que la médecine.

Mais les Arabes, très graves et très enfantins, amoureux de tout ce qui parle à leurs sens, des couleurs vives, du bruit de la poudre et des histoires fantastiques, écoutent ces conseils tombant de lèvres augustes et les recueillent comme une manne bénie. Puis, lentement ils s'approchent, la main sur leur cœur, regardent un instant le saint docteur, et baisent le pan de son burnous, très respectueux. « Sur toi le salut, « Hassen, fils d'Ahmed, que ton soir soit heureux ! » — « Qu'Allah te conserve, Saïd Abd-Allah, fils de « Mansour, et te reçoive auprès de lui ! »

Les soirées paraissent longues à Tunis, principalement à l'approche de l'hiver. Les seuls divertissements sont alors les concerts indigènes accompagnés de danses d'almées juives, qui ont lieu un peu partout, excepté dans le quartier maure. J'en visitai un aux environs de l'avenue de la Marine. La salle était divisée en deux.

Dans la première partie, réservée au gros public, beaucoup de burnous d'un blanc douteux. Sur l'estrade, au contraire, des deux côtés de l'orchestre et des danseuses, avaient pris place les personnages de marque payant un franc : des jeunes gens de famille et de gros Maures en rupture de ménage. J'en remarquai un, en turban rouge et cafetan bleu, doté d'un ventre énorme. On le soigne comme un pacha. Chaque soir il vient et dépense dix francs, le malheureux! Le personnel chorégraphique était au grand complet, ainsi que les instruments : un rebab, deux violons, un bendaïr et un regg, le tout manié par des Juifs, sous la direction d'une respectable matrone trônant devant un piano (!) en casaque de soie blanche à fleurs roses et en pantalon tout brodé d'or.

On joua d'abord quelque chose de très monotone qui charma cependant l'auditoire, puis on dansa l'éternelle danse des mouchoirs et du ventre, mais avec infiniment moins d'expression qu'à Biskra; surtout, on fit la quête, une quête très fréquente, dans un plateau tenu par des mains rouges de henné et ressemblant un peu trop à celles des cuisinières quand elles ont fait cuire des écrevisses. Cette assistance mêlée, cette banale salle de café éclairée au gaz, ces danses sans caractère exécutées par des almées d'occasion; tout cela était à hurler. Un beuglant de barrière habillé à la turque!

Oh! que j'aime bien mieux le paisible café maure, où, dans la lenteur rythmée des sandales traînées sur le sol battu, le caoudj vous apporte une tasse de café fumant et une pipe de kif qu'il a allumée lui-même! Çà et là, dorment les Arabes, les jambes étendues ou repliées. Leurs chaussures, déposées à terre, font des bordures irrégulières le long des bancs. Là-haut, sous les ais brunis du plafond, des miroirs de Venise aux bris ternis renvoient la lumière, et sur les grandes dokanas tendues de nattes mordorées huit ou dix jeunes Maures, habillés des couleurs de l'aurore, au front intelligent, aux yeux largement ouverts, accroupis en des poses exquises, écoutent le conteur arabe, grave et solennel, qui commente, en une langue pleine d'aspérités sonores, quelque récit légendaire des *Mille et une Nuits*.

Pendant ce temps, le parfum du café monte troublant au cerveau, et la fumée du kif, enivrante et tiède, s'échappe en légères spirales bleues, dessinant dans ses méandres infinis les portes d'or du Paradis de Mahomet.

CHAPITRE IV

LES RUINES DE CARTHAGE. — RECONSTITUTION DE L'ÉGLISE D'AFRIQUE. — MONSEIGNEUR PAVY ET LE CARDINAL LAVIGERIE.

> « Il y a dix-huit siècles, dans une ville d'Orient, les pontifes et les rois de ce temps-là clouèrent sur une croix, après l'avoir battu de verges, un séditieux, un blasphémateur, comme ils appelaient.
>
> « Le jour de sa mort, il y eut une grande terreur en enfer et une grande joie dans le ciel. Car le sang d'un juste avait sauvé le monde. »
>
> (LAMENNAIS, *Paroles d'un croyant*, V.)

Que dire de Carthage? Les vestiges font défaut pour reconstituer son emplacement, comme les documents pour écrire son histoire. On sait seulement, au sujet de ses origines, qu'elle fut créée par une émigration phénicienne que conduisaient deux chefs, Zorus et Carchedon. Ces Phéniciens, dont le nom en hébreu veut dire « hommes rouges », descendaient des peuples de Chanaan, et par là se rattachaient à la grande famille sémitique. La première ville fut établie sur un plateau élevé, à peu près rectangulaire, et s'appela Byrsa, qui vient de l'hébreu *Barsa* (citadelle). Plus tard, elle embrassa Sidi-bou-Saïd, Megara, et prit le nom de Karthad-Hadtha (la ville nouvelle). Elle fut placée sous la protection d'Astarté-Tanith, en grand honneur chez les Tyriens. Cette divinité aura sans doute été humanisée dans la suite sous le nom de Didon. De là, cette légende d'une reine fondant des colonies.

Malheureusement, les ruines de l'antique cité sont insignifiantes. Il ne reste rien des gigantesques murailles larges de 33 pieds, qui, au dire de Polybe, renfermaient le logement de 300 éléphants, de 4,000 chevaux et de 20,000 fantassins. A peine trouve-t-on quelques débris de l'amphithéâtre, de deux ou trois temples, des thermes et d'une basilique romaine. Les ports eux-mêmes, qui contenaient des cales pour 220 vaisseaux de guerre, sont aujourd'hui ensablés. Le ministre d'un bey quelconque s'est amusé à en creuser de minuscules à la place. Seules, les citernes sont bien conservées. On ne peut guère imaginer une destruction plus complète. Les Vandales, les Arabes, et, après eux, tous ceux qui, pour édifier des villes nouvelles, sont venus fouiller dans ces décombres, doivent être satisfaits de leur œuvre. Involontairement, je songe à la prophétie de Daniel sur Jérusalem : « Et « ceux qui l'habitaient seront dispersés, et de la cité par « Dieu maudite il ne restera pas pierre sur pierre. »

Au centre de la plaine et non loin de la mer, sur la partie extrême d'un plateau que l'on croit être celui de Byrsa, une petite chapelle toute délabrée marque l'endroit où mourut saint Louis, en surveillant l'embarquement de ses troupes, lors de la huitième croisade. Le souvenir de ces événements est resté vivant dans le pays, car, suivant une tradition arabe pieusement conservée, saint Louis se serait fait musulman et, sous le nom de Sidi-bou-Saïd, serait enterré au pied de cette colline.

Aujourd'hui, le cardinal Lavigerie a acheté une partie du terrain qu'occupait autrefois Carthage. Sur ce sol désormais sacré pour l'histoire, l'Église et la France, il a élevé une magnifique cathédrale de style mauresque et un vaste séminaire, où se forment les prêtres qui vont porter au milieu des tribus musulmanes et païennes les enseignements profonds et consolants du Christ. Ainsi se rétablit chaque jour la foi catholique dans ce diocèse d'Afrique qui comptait il y a quatorze siècles six provinces florissantes et des milliers de chrétiens.

Parmi les hommes dont le nom est resté attaché à cette œuvre colossale, il faut tout d'abord mentionner Mgr Pavy, qui fut en réalité le fondateur de l'Église africaine. Placé en 1846 sur le siège d'Alger, il l'occupa pendant vingt ans, s'employant avec une indomptable énergie, une activité infatigable, à créer des séminaires, des écoles, des paroisses. On lui a reproché bien souvent la fougue de son caractère qui brisait toute résistance et les discussions violentes qu'il avait avec les autorités, quand les choses ne marchaient pas au gré de ses désirs. Mais comme sous cette enveloppe parfois hérissée de pointes se cachait un cœur d'or plein d'une infinie bonté et d'un dévouement à toute épreuve, les hommes les plus prévenus finissaient toujours par lui revenir et par se déclarer ses amis.

On raconte de lui quelques curieuses anecdotes. Un jour qu'il se trouvait à Cherchell en compagnie du colonel commandant la garnison et de ses officiers, la discussion tomba sur l'organisation des ministères en France. Mgr Pavy se plaignait vivement qu'un ministre des cultes, appelé à donner des ordres à un évêque, pût être un juif, un protestant ou un athée. Un jeune sous-lieutenant prit alors la parole, et lui dit : « Mais, monseigneur, si le ministère des cultes devait appartenir à un ecclésiastique, il faudrait donc le séparer de celui de l'instruction publique... » — L'évêque se retourna furieux, et l'apostrophant : « Monsieur, est-ce que vous prenez les évêques pour des ânes? Apprenez qu'il n'y a en France que douze grands dignitaires de l'Université, et que j'en suis un. »

On juge de la confusion du malheureux officier. Quelques instants après, l'évêque, s'apercevant qu'il avait été un peu loin avec lui, s'approcha et, passant son bras sous le sien, lui dit : « Vous avez un charmant défaut, mon enfant, vous êtes jeune. Voyez, je suis évêque. Vous deviendrez général. »

Une autre fois (on était aux premiers jours de la révolution de 1848), la femme d'un haut fonctionnaire récemment nommé à Alger se présenta au palais épiscopal, et, à peine introduite auprès de Mgr Pavy, commença ainsi sa phrase :

« *Monsieur* l'évêque, j'ai bien l'honneur... — Eh! bonjour, citoyenne, riposta le prélat, comment vous portez-vous? » — Puis il ajouta : « Au fait, le tutoiement n'est-il pas décrété? » — On pense si la visite fut courte.

Mgr Pavy, malgré ses boutades, était très aimé dans la colonie. Il avait une haute idée de ses devoirs d'évêque, n'entendant pas seulement borner son apostolat aux Français établis en Afrique, mais voulant encore travailler à la conversion des Arabes. Malheureusement, sur ce point il se heurtait à une vive opposition du pouvoir, qui semblait craindre que ces tentatives n'aient pour résultat de réveiller le fanatisme des musulmans et de les pousser à la révolte. La question de l'enseignement des enfants lui tenait particulièrement au cœur. Un proverbe arabe ne dit-il pas : « Instruire le vieillard, c'est écrire sur l'eau ; mais instruire l'enfant, c'est écrire sur la pierre. » Aussi s'efforçait-il d'arriver à son but par des moyens détournés. Il ne réussissait pas toujours.

Le supérieur du grand séminaire, l'abbé Girard, avait recueilli chez lui quelques jeunes Arabes et s'occupait à les instruire. Tout alla bien au début ; mais un mauvais petit journal d'Alger, l'*Atlas*, qui avait certaines raisons d'en vouloir à Mgr Pavy, se mit tout à coup à crier au scandale (1). Sans doute, ses réclamations furent écoutées en haut lieu, car, un beau jour, l'on vit débarquer à Alger le supérieur même des Lazaristes de France qui venait prendre la direction du grand séminaire à la place de l'abbé Girard mandé à Paris. Mgr Pavy ne fit qu'un bond chez le gouverneur, le général Pélissier. « Le gouvernement rappelle le supérieur de mon séminaire, s'écria-t-il furieux ; pourquoi ne me rappelle-t-il pas moi-même ? — J'ai des ordres, répondit le général. — Peu m'importe vos

(1) On raconte que lorsque ce journal se fonda, quelques personnes engagèrent l'évêque à s'y abonner. « Jamais, répondit-il. — Abonnez-y au moins votre concierge. — Non, pas même mon chat. » L'*Atlas* ne pardonna jamais ce dédaigneux refus.

ordres. En le frappant, c'est moi qu'on frappe. Il ne partira pas. — Il partira. — Il ne partira pas. — Voyons, calmez-vous, reprit le général, qui crut bien faire en ajoutant quelques conseils de prudence. — Ah! vous me faites un sermon, répliqua l'évêque impatienté. Sachez que j'en fais quelquefois, mais que je n'en reçois jamais. » — Et là-dessus, il se leva et partit. Néanmoins, les choses s'arrangèrent, car le gouverneur et le prélat étaient au fond bons amis. L'abbé Girard conserva son poste; mais les enfants furent renvoyés.

Le cardinal Lavigerie remplaça Mgr Pavy sur le siège d'Alger. Plus heureux que lui, il a pu créer des écoles libres et chrétiennes. C'est même de ce côté-là qu'il a dirigé ses premiers efforts. A présent, l'œuvre est prospère : dans la seule Kabylie, on compte sept stations-écoles, et chaque jour il s'en élève ailleurs. De plus, avec les enfants sauvés de la mort lors de l'épouvantable famine de 1867, il a fondé, au pied de l'Atlas, des villages français qui pourraient être des pépinières de colons laborieux et dévoués. En Tunisie, où il a pénétré à la suite de nos armées, il a porté le même esprit d'organisation et de patriotisme, bâtissant le séminaire de Carthage, établissant des paroisses et, par la création du collège Saint-Charles et des écoles primaires, arrachant les jeunes indigènes aux influences hostiles à la France, méritant ainsi ce compliment forcé d'un ministre italien qui assurait que « pour « nous, sa présence valait une armée ».

Mais l'âme ardente de celui que les Arabes se plaisaient à appeler le grand Marabout ou Monsieur Cardinal se sentait à l'étroit dans le territoire restreint que nous occupons. Elle rêvait la conquête de l'Afrique. Derrière la zone soumise à notre influence s'étend l'immense Sahara, et, au delà, les contrées inconnues et réputées inaccessibles du Soudan et du Congo, habitées par une population nègre très dense et très misérable, adonnée à la plus grossière idolâtrie et décimée par la traite qui, chaque année, y fait de trois à cinq cent mille victimes. C'était un continent tout entier à gagner à la foi, à soustraire à l'esclavage. L'heure pressait, car les Arabes, refoulés par nous, s'étaient déjà depuis longtemps mis en marche pour ces pays lointains et, sous l'habile direction des chefs Snoussya, s'efforçaient d'y fonder un vaste empire musulman.

L'admirable milice des Pères Blancs, dont la création ne date que de vingt-cinq ans, allait fournir au cardinal les soldats nécessaires à cette périlleuse entreprise. Timbouctou et le lac Tchad étaient les deux points qu'il fallait atteindre tout d'abord. Malheureusement, les premières tentatives faites pour y parvenir eurent une fin sanglante. Les missionnaires, envoyés en 1875 et 1882 par les routes d'In-Salah et du Ghât, furent massacrés par les Touaregs, qui n'étaient peut-être que les exécuteurs d'ordres mystérieux et terribles. C'est alors que la route du Nord étant fermée, le cardinal songea à s'en ouvrir une autre par le Zanzibar et les grands lacs du Sud-Africain. Les hardis pionniers de l'Évangile ne doivent connaître aucune difficulté. Aujourd'hui, les Pères Blancs sont installés sur les bords du Tanganyka et du Nyanza, dans l'Ouganda, en plein pays nègre, et, de là, poussent d'audacieuses pointes vers le Nord. La jeune Église de l'Équateur est le premier coup porté à l'Afrique idolâtre et sauvage.

Hélas! ils sont partis maintenant, les grands apôtres, Pavy et Lavigerie, pour cette terre lointaine que l'Écriture appelle la terre des vivants, *terra viventium*. Mais leur œuvre ne périra pas. L'arbre bienfaisant du catholicisme que, de leurs mains épiscopales, ils ont replanté sur le sol d'Afrique, a désormais des racines trop profondes pour être encore renversé par les portes infernales. N'est-il pas le rameau d'olivier jeté entre les tribus barbares pour apaiser leurs querelles et leur permettre de songer à leurs destinées? — N'est-il pas le gage plein de promesses de celui qui a dit : Je suis la résurrection et la vie? — N'a-t-il pas été arrosé par ce sang fécondant du martyr dont l'Église est prodigue, et grâce auquel elle peut indéfiniment, dans l'éternelle virilité de sa jeunesse, braver le temps et défier les hommes?

CHAPITRE V

DE TUNIS A KAIROUAN. — LES FONDOUKS TUNISIENS. — L'ENFIDA.

> « Saisi d'un déplaisir extrême,
> En rêvant j'attends le matin
> Dans un lit, où le sommeil même
> Pourrait bien perdre son latin.
>
> Toute la nature sommeille;
> Mais non, j'ai tort, je m'aperçoi
> Que dans ce beau lit où je veille
> Les puces veillent avec moi. »
>
> (SARASIN, *Poésies diverses*.)

Le moyen le plus simple pour aller à Kairouan est de s'y rendre par mer. Le bateau quitte la Goulette le jeudi soir, à cinq heures, et fait escale le lendemain matin à Sousse vers sept heures. De là, un chemin de fer Decauville, aussi peu rapide que possible, conduit dans la ville sainte. Mais, à tous ceux que n'effraye pas un trajet de cent soixante kilomètres en voiture, je conseillerai la route de terre. Les vues sur la riche campagne de Tunis, le Bahira, le Zaghouan, sont réellement admirables; puis c'est la traversée de l'immense domaine de l'Enfida, la plaine de Kairouan, les effets de mirage, sans compter les mille imprévus du voyage : les couchers dans les lits suspects, les embourbements à la tombée du jour en plein pays inconnu, avec des chevaux rétifs, des harnais brisés et des cochers peureux, les passages à gué d'oueds parfois à sec, parfois remplis d'eau, et surtout les nuitées dans les fondouks, ces hôtelleries arabes, en compagnie des Bédouins odorants, dans le concert prodigieux des ânes, des moutons, des bœufs, des chameaux élevant la voix tous ensemble, dans le tête-à-tête caressant des chauves-souris brunes.

Couramment, on dit qu'il y a une route. N'en croyez rien. En réalité, un chemin cahoteux conduit à Bir-Loubeit, à soixante-cinq kilomètres de Tunis; mais, de là jusqu'à Kairouan, ce n'est plus que la plaine dans sa virginité première. Seules, une piste foulée par le pied des chevaux, des ornières de roues marquent la direction :

> Où le père a passé, passera bien l'enfant.

Les routes, les ponts n'ont jamais existé que dans les cartons des ingénieurs et l'imagination de M. Joanne, aussi mal renseigné que possible. On imprime pourtant : routes carrossables. Grand Dieu ! Comment sont donc faites celles qui ne le sont pas ?

En sortant de Tunis, la première chose qui s'offre aux regards, après le fort jaune de Sidi-ben-Hassen, est la blanche Koubba de Sidi-Fathallah. Le saint marabout qui l'habitait autrefois avait la spécialité très recherchée de rendre fécondes les femmes stériles. Pour ce faire, il usait d'un moyen assez original. A quelque distance de sa demeure, se trouvait un rocher haut de cinquante mètres et présentant une pente inclinée. Les femmes qui désiraient être mères montaient sur ce rocher et se laissaient glisser vingt-cinq fois de son sommet à terre, à savoir : cinq fois sur le dos, cinq fois sur le ventre, cinq fois sur chacun des côtés, et cinq fois la tête en bas. Puis, cette opération accomplie, elles passaient quelques heures en prière, seules avec le marabout, et c'était bien rare alors si le charme n'était pas rompu et si elles ne rapportaient pas des espérances au logis. Le nom du saint était lui-même une enseigne : Fathallah veut dire en arabe : « Dieu ouvre les portes du bonheur. »

D'autres marabouts jouissaient aussi du même pouvoir, mais les procédés variaient. Celui d'Alger se contentait de garder en prières pendant trois jours et trois nuits les femmes dans une cellule. Quand il fut vieux, il s'adjoignit un serviteur vigoureux et agréable de figure, qui, pour mieux surveiller les pèlerines, s'enfermait avec elles. Les résultats obtenus étaient merveilleux, paraît-il ; aussi les clientes ne manquaient pas.

Jusqu'à Bir-Loubeit nous suivons une route fort mal entretenue, il est vrai, mais qui peut encore s'appeler ainsi. Elle traverse un pays fertile et assez bien cultivé, des bois d'oliviers, des vignes, des champs ensemencés que préservent des haies impénétrables de figuiers de Barbarie. Des moutons aux queues lippues, larges et plates, paissent dans des pâturages, et de grands chameaux, hauts sur jambes, s'en vont pensifs et ennuyés en compagnie de bourriquots mignons. En se retournant, on jouit d'une vue ravissante sur Tunis, le Bahira, Carthage et le rocher en triangle de Sidi-bou-Saïd que le soleil colore d'une teinte violette.

Les localités, toutes blanches entre des jardins, s'échelonnent le long du chemin : Mifsud, Fondouk-Choucha, qui possède une jolie fontaine couronnée d'une galerie mauresque ; puis, après l'oued Miliana, Radès, dans un site charmant, Hammam-Lif, où l'on voit un palais du bey, sorte de blockhaus tout décrépit, Khrombalia, surmontée d'un minaret carré entre deux koubbas et curieuse par les toitures en dôme de ses maisons. Quelques hauteurs ondulent à l'horizon : à droite, les montagnes de plomb striées de longues raies noires, et à gauche, le massif plus important du Djebel-Hamid. On monte ensuite jusqu'à un petit col, et on passe à gué l'oued Delfa, sur lequel il n'y a jamais eu de pont, n'en déplaise à M. Joanne. Bir-Arbaïn n'a qu'un cimetière ruiné. La mer se montre sur le côté, derrière le promontoire qui porte Hammanet au centre d'une dépression couverte d'arbustes verts. Des ruines rougeâtres, ressemblant à quelque gigantesque château démantelé, s'étendent en avant. Enfin, on atteint Bir-Loubeit, en franchissant un pont de bois goudronné, si étroit que trois chevaux ont peine à y marcher de front. Ici commencent les tribulations.

Bir-Loubeit est un fondouk. Ce mot mérite explication. Le fondouk est une hôtellerie, mais une hôtellerie arabe ouverte à tout venant, où bêtes et gens cherchent un abri à la nuit tombante. Elle n'a pour gardien qu'un Arabe qui ferme les portes le soir et les ouvre au petit jour. Une fois entré, chacun vaque à ses affaires comme chez lui. L'extérieur est blanchi à la chaux. A l'intérieur, on trouve une ou plusieurs cours carrées, sur lesquelles ouvrent des salles basses, servant indifféremment de dortoirs pour les nomades ou d'étables pour les animaux. Les puces, sans préjudice d'autres parasites plus malpropres, y sont maîtresses absolues. Quelques pièces moins sales, ayant une cuisine séparée et munies de couchettes, sont réservées dans l'étage supérieur aux voyageurs de distinction.

Malgré ce dernier raffinement, le fondouk manque de charmes, surtout quand on y couche. Il règne dans ces chambres une odeur aigre de moisissure. Les lits sont des planches recouvertes d'un matelas aussi mince qu'une galette. Les portes ferment peu ou point. Les carreaux manquent aux fenêtres, et souvent il faut faire la chasse aux chauves-souris, qui ne cèdent la place qu'après une lutte acharnée. Puis, dès deux heures du matin, commence un concert qui va *crescendo*. Les coqs chantent, les chats miaulent, les chiens aboient, les ânes braient, les vaches beuglent, les chameaux mugissent, les Arabes se disputent, scandant tous ces cris de coups de matraque. Cela dure jusqu'au soleil levé. Alors le caravansérail est vide. Tout le monde est parti à ses affaires.

Cette fois-ci j'ai simplement déjeuné au fondouk de Bir-Loubeit, mais, comme au retour j'y ai couché, je puis parler par expérience de l'institution. Que si maintenant vous me demandez s'il est bon de coucher une fois dans un fondouk, je vous répondrai : Si c'est nécessaire, oui ; tout plutôt que « l'auberge de l'Étoile », suivant le mot de François Ier. Mais si c'est pour votre plaisir ? Oh ! alors, je vous dirai à la manière de Pantagruel : « Couchez-y, je vous le conseille ; n'y couchez

« pas, je vous y invite. Si vous y couchez, vous ferez
« bien; si vous n'y couchez pas, vous ferez bien aussi.
« A moins qu'en y couchant vous ne fissiez bien, et qu'en
« n'y couchant pas vous ne fissiez mieux. »

Après Bir-Loubeit, la route disparaît. On entre dans une plaine aride et sablonneuse. Pas de culture, mais seulement des broussailles rabougries, garnies de petites boules blanches. Le chemin est une piste dans le sable, souvent coupée de fondrières, où les roues entrent profondément. Aussi avançons-nous lentement au trot pénible de nos quatre chevaux. De temps en temps, une dépression plus large traverse la vallée, indiquant un oued. Le cocher enlève son attelage au galop, et l'on passe. Cela va bien, parce qu'il fait sec; mais quand il a plu? Alors, c'est tout simple : on y reste.

Kars-Menara, que l'on rencontre peu après, est une tour ronde très endommagée, rappelant le tombeau de Cœcilia-Métella sur la voie Apienne; puis vient Knatir, un pont romain à une seule arche, en amont duquel se voient des restes de piles et d'arcades sur une longueur de quatre-vingts à cent mètres. La route de Sousse se détache immédiatement à gauche, bien avant le village de Bou-Ficha ou Reyville qui se trouve encore plus loin, à un kilomètre à droite dans les terres. Aucune des deux routes, ni celle de Sousse, ni celle de Kairouan, n'y passe donc, ainsi que l'écrit M. Joanne. Enfin, à la nuit venue, nous atteignons Dar-el-Bey, maintenant Enfida-Ville.

Je n'oublierai jamais cette arrivée. Il faisait noir comme dans un four, et les cabanes de planches ou de briques qui entouraient la vaste place avaient des silhouettes peu avenantes. L'important était de se procurer un abri; or ce n'était point facile. D'auberge, il n'en existe pas. On trouve seulement un fondouk et un restaurateur italien chez qui l'on dîne entre son chien et son chat. Enfin, après des pourparlers nombreux, nous pûmes prendre gîte dans la maison du directeur. Celui-ci met en effet, avec une cordialité digne des âges homériques, quelques chambres à la disposition des voyageurs, au rez-de-chaussée de son immeuble. Le mobilier est simple, mais d'un si bon goût! Certains même, peu difficiles, ont trouvé les lits excellents. Il y a bien, de-ci, de-là, quelques négligences dans le service. Tables, sièges et carrelage gagneraient à faire plus ample connaissance avec le balai et l'éponge. Puis, les conversations entre chameaux et ânes, qui couchent la tête appuyée contre votre porte, semblent parfois bruyantes, la nuit surtout. Mais laissons ces détails. Cela m'a rappelé les vieux contes des fées quand le bûcheron dit au Roi : « Nous n'avons rien, Sire; mais « nous vous l'offrons de bon cœur. » La nuit se passa pourtant. Seulement, au petit jour tout le monde était sur pied.

L'Enfida est un grand domaine de cent vingt mille hectares, ancienne propriété du général Kheir-ed-Din vendue par lui en 1880 à la Société Marseillaise pour la somme minime de trois millions. Le contrat était à peine signé qu'un Juif, Abraham Lévy, tentait d'en empêcher la ratification et de prendre la place du premier acquéreur. On sut bientôt que Lévy n'était qu'un prête-nom, et que, derrière lui, agissait une société anglo-italienne, dirigée elle-même par le gouvernement italien, qui cherchait par tous les moyens à acheter de vastes terrains pour installer ses nationaux et devenir prépondérant en Tunisie.

Le complot, découvert à temps, échoua. Mais tout n'était pas fini. Une coutume du droit tunisien permet au propriétaire contigu d'un immeuble vendu de se substituer à l'acquéreur de cet immeuble, et d'en devenir propriétaire en payant le prix de la vente. Or, il se trouvait justement que Lévy possédait mille hectares touchant un côté de l'Enfida et qu'il pouvait alors exercer ce droit de préférence ou *Cheffâa*. On remédie généralement à cet inconvénient en ajoutant au marché un nombre indéterminé de petites pièces, dont acheteur et vendeur ne connaissent ni le nombre ni la valeur, si bien qu'un tiers, ignorant le prix réel de la vente, ne peut offrir un remboursement exact et semblable. Les Cadis de Tunis s'étant refusés à l'insertion de cette clause, on eut recours à un autre subterfuge. Une bande de terrain, large d'un mètre, fut laissée entre le domaine de l'Enfida et les terrains appartenant à Lévy, de façon qu'il n'y eut plus de contiguïté et que celui-ci ne put prétendre se substituer à l'acquéreur principal. Le plus drôle de l'affaire était que Lévy, ainsi qu'on le découvrit à sa mort, n'avait jamais été possesseur de ces mille hectares. Il s'en était simplement emparé pour les besoins de la cause. La Société Marseillaise put dès lors entrer en possession de l'Enfida (1). C'est aujourd'hui un beau domaine divisé en

---

(1) Voir la brochure *l'Enfida, son passé et son avenir*. Paris, 50, rue de la Chaussée d'Antin.

trois intendances. Il n'attend que des colons plus nombreux.

On ne se douterait guère, en parcourant ces plaines monotones, envahies par les touffes de lentisques et de jujubiers sauvages, que l'on traverse la partie la plus riche de l'ancienne Byzacène, le grenier de Rome avec l'Égypte, qui comptait autrefois dix-sept cités populeuses et des villas si nombreuses que leurs ombrages faisaient un chemin couvert de Sousse à Carthage. L'importance des ruines semées dans toutes les directions témoigne encore de cette antique prospérité. De vaillants efforts sont faits cependant depuis dix ans pour régénérer ce pays. Déjà, trente mille hectares de terrain ont été vendus à des colons français ou italiens et même à des Arabes. On a fait des barrages pour irriguer les prairies, mais on a vainement cherché jusqu'à cent quarante mètres l'eau des nappes souterraines que l'on croyait exister comme dans le Sahara. On a sauvegardé les magnifiques bois de tuyas. On a apporté de nouvelles races de bestiaux. On a enfin créé un vignoble qui promet.

Les seules bêtes de trait sont les chameaux et les ânes. On les voit parfois tirant ensemble la charrue, réglant leurs efforts malgré la disproportion des tailles, et si intéressants que l'on est tenté de dire : *Ambo florentes œtatibus, Arcades ambo.* Les chameaux ne travaillent guère avant trois ans et vivent de vingt à vingt-cinq ans. A côté d'eux, sont les mehara, de race plus petite, plus délicate et plus rapide, très employés par les nomades du désert, et qui sont aux chameaux de bât ce que sont les chevaux pur sang aux chevaux de trait. L'âne, qui est bien haut comme un gros chien, est un auxiliaire très précieux; mais on le traite en véritable ilote. Il trottine des journées entières sur ses sabots pointus, portant des charges de cent kilos et vivant avec une sobriété d'anachorète. On lui fend le nez pour qu'il puisse respirer plus aisément. C'est un serviteur fidèle, désintéressé, un peu brutal et tenace, mais dur à la fatigue et très philosophe.

Au sortir de l'Enfida le steppe recommence. On aperçoit sur la droite Takrouna et ses maisons roulées comme un turban autour de son piton isolé. Le Djébel Zaghouan, dont le pic principal, haut de mille trois cent soixante-dix mètres, affecte un peu les formes du Cervin, émerge, avec ses flancs abrupts et ses crêtes dentelées, du sein des hauteurs voisines. Il se continue par le Djébel-Djoukar, formant ainsi vers l'ouest un demi-cercle convexe de montagnes dont les extrémités bleuissent dans l'éloignement. Des sources excellentes jaillissent de ses parois rocheuses, et vont alimenter Tunis par un aqueduc long de vingt-cinq lieues, datant probablement des Carthaginois et réparé sous l'empereur Adrien. Un Nymphæum, consacré à Astarté, élève encore ses ruines remarquables sur l'emplacement de la principale source. Nous observons de ce côté vers midi un curieux effet de mirage. A la surface du sol une bande gris cendré s'étendait sur plusieurs kilomètres, et, très distinctement, on voyait de l'eau, des herbages et des chameaux paissant.

Bir-Kraret, que l'on rencontre peu après, est un puits à fleur de terre entretenu avec beaucoup de soins. La route monte ensuite. Un petit vallonnement nous sépare du lac Kelbia. Il est couronné par une arête calcaire ressemblant assez à une muraille en ruine. Ce sont des blocs de rochers posés obliquement les uns à côté des autres et orientés du nord au sud. Seraient-ce là les dolmens de Hadjar continuant la série de l'Algérie et du Maroc? Puis, au débouché du col, on entre dans une plaine très étendue, à l'aspect marécageux. Il faut encore franchir l'Oued-el-Boghal et l'Oued-el-Khoubi sur des chaussées empierrées, tandis qu'au loin une ligne irrégulière et sombre grandit et s'éclaire peu à peu, à mesure qu'on avance.

Kairouan est devant nous, sous le ciel d'azur pâli, dressant au bout de la plaine déserte et noyée de flaques tourbeuses ses murs blancs, épais et bas, que dentellent des créneaux, les lignes sinueuses de ses terrasses, le minaret à trois étages de Sidi-Okba, les six coupoles côtelées d'Amer-Abbada. Kairouan, ville sainte du Prophète, reine de l'Afrique dont elle fut la première capitale, se montre dans les rayons dorés du soleil couchant, qui fait luire ses remparts ainsi qu'une cuirasse d'acier bleui, fière, immaculée, mystérieuse et austère sous la chappe de pierre qui la revêt. Elle apparait, dans la clarté sereine de ce soir d'automne, comme la puissante image de la divinité islamique, qui ne laisse voir au dehors qu'un front sévère et impénétrable, mais qui garde pour ses initiés ses félicités parfaites et ses intenses voluptés. On est tenté de se prosterner le front dans la poussière, et, comme le Psalmiste, de s'écrier : « Parlez, Seigneur, parlez, « parce que votre serviteur écoute! »

CHAPITRE VI

KAIROUAN. — LA VILLE SAINTE. — LES MOSQUÉES DU BARBIER, DES SABRES ET DE SIDI-OKBA. — LE MARCHÉ INDIGÈNE. — LES AÏSSAOUAS.

> « Avec quelle insolence ont-ils profané ce saint lieu où nous célébrions des fêtes en votre honneur ! Ils ont arboré leurs étendards au plus haut lieu de ce temple, ainsi que dans les carrefours, sans mettre de différence entre le sacré et le profane. »
>
> (David, psaume LXXIII.)

Kairouan est une des quatre cités saintes de l'Islam. Elle partage cet honneur avec la Mecque, Médine et Jérusalem. Quelques théologiens disent même que sept pèlerinages accomplis dans cette ville peuvent remplacer le grand pèlerinage que tout fidèle musulman doit une fois dans sa vie faire à la Mecque. Kairouan, en tous les cas, jusqu'au moment de notre arrivée en Tunisie, était fermée aux chrétiens et aux juifs. Les marabouts de tous pays qui dorment leur dernier sommeil à l'abri de ses mosquées ne manquaient pas de se lever et d'arrêter le roumi assez audacieux pour tenter d'en franchir les portes. Quelques voyageurs, toutefois, mais en petit nombre, y pénétrèrent : les marabouts, sans doute, étaient occupés ailleurs ce jour-là.

Malgré son fanatisme séculaire, Kairouan n'opposa qu'une résistance dérisoire, presque piteuse, à nos troupes quand celles-ci, après l'insurrection de Sfax, se présentèrent sous ses murs au mois d'octobre 1881. Il faut ajouter que la rapidité de nos mouvements avait quelque peu dérangé les calculs des Arabes, et que nous comptions des amis dans la place. Parmi ces derniers, un surtout est célèbre. Il s'appelle Hassen : c'est lui qui ouvrit, si l'on en croit ses dires, la porte Djelladin aux Français. La patrie reconnaissante n'a garde d'oublier ce service. Hassen, en tous les cas, saurait l'en faire souvenir.

Cet important personnage est connu de tout Kairouan : il fait partie de ses monuments. Algérien de naissance, il s'est fixé, à la suite d'un voyage, dans la ville sainte, et, depuis trente ans, ne l'a pas quittée. Il a épousé trois femmes successivement, mais n'en paraît pas plus satisfait. Il a répudié la première, parce qu'elle était acariâtre ; la seconde, parce qu'elle ne lui donnait pas d'enfants ; quant à la troisième, qui avait été choisie par la précédente, elle est morte sans avoir fait ses preuves. Sans doute ces trois essais lui ont suffi, car, dès lors, il est demeuré garçon.

Officiellement, il est barbier et médecin ; mais il cumule quelques autres fonctions, notamment celle de suppléant à la police et d'interprète à la justice de paix. On le rencontre assez souvent dans les cafés fréquentés par la garnison, car le vin ne paraît pas lui déplaire. Il est en outre un tantinet sceptique. Ainsi, à la mosquée d'Okba, alors qu'il me montrait les deux colonnes fort rapprochées, entre lesquelles il faut passer si l'on veut être assuré d'une place dans le paradis, il me donna clairement à entendre qu'il ne croyait pas un mot de cette histoire. Ajoutons qu'il était trop gros pour y passer lui-même. Bref, c'est un musulman fin de siècle. Néanmoins, il est très digne avec sa grande barbe blanche, car il n'est pas très jeune ; et quand il parle, on est tenté de lui appliquer ce qu'Eschyle disait de Polynice, un des sept chefs qui assiégèrent Thèbes : « Les sages conseils germent comme une moisson des « profonds sillons de son âme. »

La ville aujourd'hui est bien déchue de son ancienne splendeur. A peine renferme-t-elle 15,000 habitants au lieu de 160,000 qu'elle avait jadis. Des grands faubourgs qui triplaient autrefois son étendue, seul le faubourg des Slass subsiste encore au nord-ouest. C'est une succession de ruelles et d'impasses, se faufilant entre des masures à demi ruinées, au milieu desquelles se carrent quelques opulentes demeures arabes. Sur sa lisière, s'élèvent de place en place des monticules grisâtres, qui ne sont autres que les dépotoires où, depuis des siècles, Kairouan chaque matin entasse ses ordures et ses détritus. On les appelle les Drâa-el-Guemel, les mamelons de poux; ces amoncellements d'immondices qui donneraient cent fois le choléra à une ville d'Europe sont ici à peu près inoffensifs. On ne se doute même pas que cela sent mauvais.

La cité proprement dite est entourée d'une blanche ceinture de remparts, datant du quinzième siècle et parfaitement conservés. Ils sont construits en briques et pierres de taille soigneusement passées à la chaux et surmontées de créneaux arrondis. Cinq portes seulement donnent accès dans l'intérieur. Les trois principales, qui sont doubles, sont garnies de bancs et de boutiques, et l'ogive légèrement étranglée de leur cintre s'appuie sur des colonnes antiques. Cette enceinte, relativement petite, renferme les koubbas et les mosquées au nombre de quatre-vingts environ, les zaouïas très nombreuses, les souks, les maisons des chefs politiques et religieux. On n'y rencontre pas de constructions européennes. La ville est entièrement arabe. Elle me rappelle, par la pureté de ses aspects, Rothenbourg sur la Tauber, une petite ville allemande voisine de Nuremberg, véritable joyau du seizième siècle, où les pignons, les toits, les portes, les fenêtres, les sculptures, les habitants même sont de l'époque, où l'on s'imagine vivre trois siècles en arrière.

De bonne heure, j'avais quitté l'unique hôtel, où un abri est offert aux voyageurs, à condition que pour une même nuit ils ne se présentent pas au nombre de plus de dix ou douze. A la porte du Sahel, un immense troupeau sortait d'un fondouk et se rendait à l'abreuvoir. Il y avait là des chameaux, des chevaux, des mulets, des bœufs, des moutons et des chèvres, tous en liberté et pêle-mêle. Chaque animal buvait en passant, les chameaux allongeant au-dessus des mufles inclinés leur grand cou hérissé de poil roux, dont le port onduleux rappelle un serpent, et faisant clapoter leurs babines dans l'eau saumâtre avec une morgue parfaite. Ensuite, lentement, gravement, ils s'en allaient la queue battant leurs flancs gonflés, la tête marquant la cadence de leurs pas. Un instant, au faîte d'un monticule gris, on les vit tous ensemble réunis. Leurs bizarres personnes firent des découpures non moins bizarres sur le ciel, puis, peu à peu, ils descendirent et disparurent. On n'entendit plus que les cris : Harrach ! Harrach ! des conducteurs qui couraient d'une bête à l'autre, scandant leurs appels des coups secs du matraque. La smala était en route pour le désert.

À un kilomètre de là, dans la direction du nord, est située une des plus admirables mosquées qu'ait produites l'art tunisien : celle de Sidi-Sahab, ou du Barbier du Prophète. L'intérieur, transformée en zaouia, renferme des cours et des salles décorées avec goût, parmi lesquelles on peut citer un grand patio, entouré de colonnes romaines cannelées supportant des arcs mauresques, et une salle oblongue, ornée d'arcs blancs et noirs, le long desquels des carreaux bleus et jaunes font de larges bandes sous une corniche de tuilettes verdâtres. La porte du fond donne entrée dans la koubba. Celle-ci est surmontée d'une grande coupole à vingt-quatre pans, du centre de laquelle tombe une immense stalactite en pierre admirablement fouillée. Posées en revêtement sur les murs, des faïences multicolores représentent des vases de fleurs et alternent avec d'admirables panneaux où des trèfles ; des losanges et des cercles dentelés entrelacent le réseau compliqué de leurs lignes. Les teintes sont nettes encore sous l'émail vernissé qui les recouvre, et d'une infinie douceur.

Une autre cour, vaste et ensoleillée, entièrement lambrissée de carreaux de toutes nuances, précède la salle du Tombeau. Là, le fidèle compagnon et barbier de Mohammed repose sous une châsse recouverte d'un drap de velours noir, sur lequel des versets du Koran sont brodés en argent. Des œufs d'autruche, des boules de cuivre, disposés sur la grille même qui la protège, forment une décoration originale. Des étendards en soie rouge et verte pendent le long de leurs hampes ciselées. Des tapis d'Orient, à peine dépliés, couvrent le sol, et le soleil, qui filtre à travers les vitraux, glisse en ondées joyeuses sur ces étoffes fanées, faisant luire les vieux ors et peuplant la pénombre d'une myriade de paillettes brillantes.

La mosquée d'Amer-Abbadà ou des six coupoles est non loin de là, dans le faubourg des Slass. On l'appelle encore la mosquée des Sabres. Ce nom lui vient de gigantesques fourreaux de bois, larges d'une main et épais de deux doigts, qui sont suspendus à la muraille et couverts d'inscriptions. Sur une lame, conservée comme une relique, le marabout, mort seulement il y a quelques années, avait tracé, bien avant notre occupation, une prédiction terrible : « Trois « grands serpents, couverts d'écailles et vomissant le fer « et le feu, devaient entourer de leurs anneaux la ville « sainte, et, trouvant les défenseurs absents, y péné- « trer en punition des crimes sans nombre qui s'y « commettaient depuis des siècles. » Les personnes clairvoyantes prétendaient que cette prophétie s'appliquait aux Français et à leur entrée à Kairouan. En tous les cas, elle n'a pas nui à notre entreprise.

Sous la coupole centrale, ornée, en guise d'embasement, de cinq lignes d'écriture en relief, est le tombeau du saint, surmonté lui-même d'immenses tables de bois, hautes de trois mètres, où des versets du

Koran s'étalent en rouge sur un fond vert. On montre encore quelques objets faisant partie de son mobilier : un tabouret et une énorme pipe dont le tuyau, long de deux mètres, véritable massue, est tout couvert d'inscriptions. Dans une cour voisine sont des ancres colossales de vaisseaux, dont il est impossible de préciser l'origine. L'édifice, nu et froid à l'intérieur, n'offre, au dehors, que ses six coupoles côtelées et écrasées. A la porte sont rivés des anneaux de bronze entourés de guenilles multicolores. Amer-Abbadâ protège les absents et les malades; la tradition veut que quiconque l'implore attache à ces anneaux un lambeau d'étoffe appartenant à la personne qu'on lui recommande.

Kairouan, que les malheureux Européens qui y sont exilés considèrent un peu comme étant au bout du monde, est au contraire un endroit plein de charmes et de ressources pour les Arabes. Son titre de ville sainte y attire toute l'année un grand nombre de pèlerins ; puis les caravanes la prennent souvent pour point de départ. L'étymologie de Kairouan serait même : station de caravanes. Je ne parlerai pas des souks, qui occupent des rues voûtées, assez semblables à des cryptes, et où se vendent surtout des harnachements en cuir et des tapis rayés de bandes parallèles. Ceux de Tunis sont infiniment plus curieux. Mais le marché mérite une visite.

Vues de loin, les pièces d'étoffes, teintes de couleurs vives, qui pendent sur des cordes le long des murs étincelants de blancheur, ont des chatoiements heurtés qui aveuglent. Au milieu de la place, se tiennent des marchands de fruits, de légumes et de poteries. Des revendeurs juifs étalent des guenilles empestées et souillées. Des caravaniers déchargent leurs paniers, pleins de produits et d'ustensiles étranges, au devant de la ligne des chameaux agenouillés et gémissants. Dans un coin, une gouitra fait entendre sa note aigrelette; c'est un charmeur de serpents qui exhibe des scorpions, des lefàa cornues, des nâadja à la tête aplatie, tout un assortiment de bêtes vilaines et malfaisantes. Les indigènes, le crâne couvert du volumineux chapeau de feuilles de palmier tressées, dont les bords ont parfois trois mètres de circonférence, achètent l'huile d'olive qu'on apporte dans des peaux d'agneau cousues, ou bien encore, assis très en arrière sur la croupe de petits ânes qu'ils dirigent à coups de matraque appliqués sur le museau, se laissent paresseusement promener par eux. Tout autour de la place, s'ouvrent des cafés maures garnis de banquettes de pierre et uniformément passés à la chaux. Les Arabes somnolent étendus sur les dokanas, ou bien accroupis, à la façon des magots, sur les nattes d'alfa qui recouvrent le sol, regardent un gros nègre exécuter avec sa tête puissante, attachée par un cou de taureau, un dodelinement terrible au son des tambourins et des castagnettes.

La porte de Tunis donne accès dans la ville de ce côté, et se relie avec la porte Djelladin par la grande rue, Zankat-Touila, toujours très animée. Les rues, en général, sont assez larges, planes, légèrement creusées en leur milieu par une dépression où s'égouttent les eaux de pluie. Les maisons ne se serrent pas, ne s'étouffent pas comme à Alger, mais se carrent amplement, prenant leurs aises, ainsi que des personnes vénérables et opulentes. Quelquefois, elles sont élevées d'un étage, à la hauteur duquel court une galerie ouverte, que protège un auvent soutenu par des poteaux verts ou rouges. Beaucoup ont fort grand air; toutes sont d'une propreté parfaite. Kairouan est, en effet, une cité aussi riche qu'ancienne. Les chefs religieux, qui y résident depuis des siècles, ont amassé des fortunes que chaque jour accroît davantage. L'argent se met dans des coffres ou sert à acheter des bijoux et des étoffes somptueuses qui ne voient le jour que dans l'intérieur des gynécées. La moitié de la ville appartient, paraît-il, à quatre ou cinq grandes familles qui exercent sur les autres une véritable royauté.

Quant au fanatisme des habitants, il est bien atténué aujourd'hui. Les mosquées de Kairouan sont même les seules d'Afrique où les roumi puissent pénétrer sans se déchausser. Il est vrai qu'un gardien passe devant vous, et relève les nattes, afin que vos chaussures ne les salissent pas. Les femmes sont gardées avec un soin encore plus jaloux qu'ailleurs, ce qui n'empêche pas quelques velléités d'indépendance, témoin l'anecdote suivante : Un jour, un important Kairouanais se rendait à Bône avec sa femme sévèrement voilée. Comme on changeait de train à une station, la femme entendit autour d'elle des voyageurs se demander entre eux : « Est-elle jolie?... » Elle comprenait le français. Profitant alors d'un moment où son mari avait l'attention distraite, elle se tourna vers eux et, levant brusquement son voile, leur dit: «Vous

« voulez savoir si je suis jolie ? Eh bien, regardez ! » Je pense qu'une vigoureuse bastonnade eût été la sanction de cet acte de coquetterie si le maître s'en était aperçu. Après tout, le procédé est-il bien bon ? Il y a longtemps que Montaigne a dit : « Je n'ai vu d'autres « effets aux verges que de rendre les âmes plus lâches « et plus malicieusement opiniâtres. »

Je finirai cette promenade par une visite à la mosquée de Sidi-Okba, la plus belle de la ville et une des plus merveilleuses qui se puissent voir. Elle est précédée d'une vaste cour entourée, sur ses quatre faces, d'un double cloître d'arcades mauresques retombant sur des colonnes antiques isolées ou assemblées deux par deux. Le milieu est dallé de pierres tumulaires romaines, mais l'herbe croît, effaçant chaque jour les inscriptions.

La mosquée est du côté sud, et a sa légende. L'emplacement qu'elle occupe était autrefois une forêt de broussailles habitée par des bêtes féroces. Okba, le premier conquérant arabe qui passait par là vers l'an 675 de Jésus-Christ, ordonna aux bêtes de s'en aller et aux broussailles de rentrer sous terre, ce que les unes et les autres firent avec empressement. Puis il pria le Seigneur, et, comme par enchantement, des pierres, des colonnes vinrent se placer d'elles-mêmes sous la main de ses ouvriers. L'édifice se construisit. Restait encore le mihrab qu'il fallait orienter vers la Mecque. Une voix mystérieuse se fit alors entendre. Okba la suivit, et quand elle cessa il aperçut dans une vision le tombeau du Prophète. Plantant alors son étendard, il s'écria : « Voici votre mihrab. »

L'intérieur de la mosquée répond à l'extérieur. Figurez-vous une forêt de colonnes monolithes en marbre blanc ou veiné de rose, en porphyre, en onyx, surmontées de chapiteaux antiques de tous styles, mais le plus souvent byzantins, quelques-uns grossiers, d'autres d'une finesse qui les fait attribuer à des artistes grecs venus exprès de Constantinople, reliées entre elles par des arcs mauresques à étranglement peu prononcé et passées au lait de chaux. On en compte cent quatre-vingts et quatre cent soixante avec celles de la cour. Elles sont disposées en dix-sept nefs, dont les perspectives décroissantes forment des avenues ombreuses et lointaines dans le silence profond qui tombe des grandes voûtes, et donnent l'impression des temples mystérieux de l'Inde, où dans chaque pierre, chaque sculpture, revit comme le symbole d'un obscur panthéisme. Le vendredi, quand l'iman prêche, les Arabes en burnous, dispersés sous les colonnades, semblent un peuple de statues épargnées par le temps.

Une multitude de petits godets de verre tombent de chaque voûte : l'effet de toutes ces lumières doit être féerique. La coupole centrale est couverte de ciselures, et le mihrab lui-même, que termine une demi-sphère en marbre blanc sculpté et enluminé de couleurs vives, est une merveille digne de l'Alhambra. Que citer encore ? La chaire ou minbar, faite de panneaux de bois assemblés, d'un travail rappelant les sculptures byzantines des premiers âges, et une petite chambre plafonnée de bois, dont la porte représente, sur ses montants de marbre, des serpents s'enroulant dans des fleurs. Elle était réservée au Sultan.

Je suis monté ensuite au minaret dont les trois étages en retrait sont crénelés, et d'où le regard embrasse la ville et la vaste plaine qui l'entoure. Kairouan, à demi enseveli sous son linceul de chaux vive, ceinte de ses murs comme d'une écharpe de dentelle, étend devant nous ses immensités blanches qui semblent des vagues solidifiées. Par-dessus les toits plats des maisons disposées en assises irrégulières, on voit se dresser tout un monde de minarets carrés et de koubbas côtelées, appuyés sur des embasements massifs et portant haut dans l'azur la hampe de cuivre étincelante chargée des trois boules et du croissant. L'aspect est plus marmoréen qu'à Tunis, plus austère qu'à Alger. C'est la cité sainte par excellence, vierge encore de toute profanation, dominant les solitudes désolées et brûlantes; poème de pierre élevé par les grands khalifes à la gloire du Tout-Puissant vainqueur des idolâtres; ville morte aux bruits extérieurs, qui se recueille, dans la paix de ses remparts, pour pousser chaque jour sous le ciel bleu d'Afrique, du sein de ses mosquées, de ses zaouias, de ses dar habitées par les chefs pieux, aussi croyants que les premiers fidèles, l'éternel appel du monde islamique vers le Dieu unique et créateur : « La illaha, illa Allah, Moham-
« med rassoul Allah. — Il n'y a d'autre divinité que
« Dieu, et Mohammed est l'envoyé de Dieu. »

Mon passage à Kairouan coïncidait avec un vendredi. Ce jour est généralement celui que choisissent les Aïssaouas pour exécuter leurs jongleries. Aussi, je ne voulais pas manquer l'occasion. Mais Hassen, pour une raison ou pour une autre, semblait avoir mis dans sa tête de me priver de ce spectacle. Je parvins toutefois à découvrir la petite mosquée, située non loin de Bab-Djelladin, où, à huit heures, n'en déplaise à Hassen, la secte se devait réunir.

Tout le monde a entendu parler des Aïssaouas et de leurs pratiques bizarres. Les uns les tiennent pour des saints animés du souffle de Dieu, capables d'affronter, grâce à son aide, des tortures effroyables ; les autres, pour des jongleurs et des farceurs, exploitant au moyen de secrets habiles la crédulité publique. Pour ma part, je crois que ce sont surtout des exaltés et des mystiques, qu'une tension d'esprit continuelle et des procédés spéciaux conduisent graduellement à un délire religieux, à une anesthésie physique qui leur permettent d'accomplir, sans inconvénients et sans souffrances, des actes hors nature.

Le fondateur, Si-Mahmed-ben-Aïssa, mort il y a environ trois cent cinquante ans, habitait la ville de Méquinez au Maroc. Des prodiges signalèrent sa vie. Très pauvre, il lui arrivait souvent, en rentrant au logis, de trouver des bœufs et des moutons apportés par des messagers inconnus, ou bien encore, quand il puisait de l'eau, de retirer le seau plein de pièces d'or. Il avait parfois des procédés étranges pour éprouver ceux qui avaient embrassé sa doctrine. On raconte notamment qu'à l'époque de la fête du Beïram, comme une foule nombreuse entourait sa demeure, il sortit et annonça que le Seigneur réclamait un sacrifice humain. Un khouan se dévoua et pénétra dans l'enclos. A ce moment un cri retentit, et l'on vit un filet de sang couler dans la rue. Presque aussitôt Sidi-Aïssa reparut, et demanda de nouvelles victimes. Un autre kouan se dévoua encore, et ainsi de suite. La foule commençait à diminuer. Enfin, la quarantième fois, il ne restait plus personne. Pourtant aucun de ces individus n'était mort. En entrant, chacun d'eux avait reçu l'ordre d'égorger un mouton, et c'était le sang de ces quarante moutons qui s'était ainsi répandu au dehors. En souvenir de ce fait, la *hadra*, ou chapitre général de la secte, est encore aujourd'hui composée de quarante membres.

Au point de vue purement religieux, son ordre ne se distingue guère des autres ordres que par un mysticisme plus ardent, une absorption complète de l'Être humain dans le sein de Dieu et des invocations multiples. Un Aïssaoua, fidèle à ses devoirs, doit répéter environ dix-huit mille fois par jour des formules de prières dont la longueur varie de une à quatre lignes, sans compter quelques autres oraisons tenant une page ou deux et qu'il faut réciter dix fois et cent fois. On conçoit l'état d'abrutissement auquel doivent conduire de semblables exercices.

La mosquée où ils se réunisssent n'offre aucune particularité. Au centre, se tenaient accroupis les musiciens. Du côté du mihrab, les hauts dignitaires étaient assis sur des tapis rouges, et parmi eux, un très jeune homme, habillé d'un splendide burnous beurre frais, à la physionomie narquoise et profondément sceptique. En face de ces derniers et de l'autre côté des musiciens, une trentaine d'individus de tout âge et de toute taille étaient disposés sur une seule ligne, debout, les mains croisées derrière le dos, serrés les uns contre les autres et se touchant par leurs épaules et leurs flancs. Ils se balançaient en mesure, imprimant de brusques secousses à leur corps, et frappaient avec un ensemble parfait le sol de leurs pieds nus. Un chant d'abord plaintif accompagnait cette gymnastique cadencée. Mais, peu à peu, le mouvement s'accélère. Les têtes se rejettent violemment d'arrière en avant, les traits se contractent, tandis que les instruments d'orchestre redoublent leur vacarme, et que, de ces poitrines haletantes, dans la fureur du délire hystérique, s'échappent des cris affreux, des aboiements pressés, ou bien encore des expirations bruyantes, pareilles à des râles.

Enfin, comme halluciné, les yeux hagards et bavant une salive épaisse, un homme sort du cercle. La tête, débarrassée du turban, exécute un mouvement de giration violent, qu'accompagne en un moulinet rapide la longue mèche de cheveux qui la surmonte. Un aide lui enlève sa zouka brodée, sa chemise, et lui met le torse à nu. D'autres ne tardent pas à suivre son exemple. Ils sont bientôt ainsi une dizaine, à moitié dévêtus, se tordant en des contorsions de possédés, hurlant je ne sais quelle litanie furieuse, où domine mille fois répété le nom d'Allah, qui sort de leur gosier en rauques vociférations. La muraille humaine, pendant ce temps, continue à osciller, marquant avec le pied le rythme infernal que les tambours et les kerokebs scandaient à l'orchestre.

On dépose à terre des raquettes de figuiers de Barbarie, garnies de leurs longues épines aussi acérées que des aiguilles. Quelques-uns se roulent dessus, criblant leur chair nue de piqûres profondes avec une volupté béate. D'autres, l'œil perdu en une extatique contemplation et tourné au blanc, happent goulûment des morceaux de verre qu'un mokaddem leur présente. D'autres enfin se jettent sur des épées d'acier dont la poignée est remplacée par une boule de bois fort lourde. Ils se la piquent dans un repli de la peau des épaules ou des hanches. Puis, ils se mettent à genoux, et soutenant les épées des deux mains, font appliquer sur les boules qui les terminent de grands coups de mailloche par un affilié. La peau se tend, et sous la pression de la pointe fait saillie de cinq à six centimètres, mais n'est pas traversée.

Évidemment, il se joue là une petite comédie. Le patient, afin d'amortir le coup, imprime un mouvement inverse à la lame, sans quoi celle-ci transpercerait les chairs. Les Aïssaouas se font aussi piquer par des serpents venimeux et prennent à poignée des barres de fer rouge. N'ayant pas assisté à ces exercices, je n'en parlerai pas. Mais ce doit être encore affaire de procédés. En tous les cas, l'anesthésie qu'ils obtiennent a pour effet de supprimer ou tout au moins d'atténuer la douleur. Il est certain qu'ils ne se trouvent pas dans un état normal. Ainsi, je touchai la peau de quelques-uns des plus forcenés. Elle était glacée et mouillée d'une sueur froide comme celle des cataleptiques.

Mais le mokaddem avait fait un signe. Un à un, les martyrs volontaires cessèrent leurs supplices, et, respectueusement s'inclinant devant lui, baisèrent son burnous. Alors, prenant entre ses mains leurs têtes affolées de terreur, il murmura à leurs oreilles quelques mots que je n'entendis pas. Sans doute, il leur dit les ineffables joies du paradis, les enivrantes voluptés qui les attendaient, tandis que ses larges doigts, frictionnant les blessures entr'ouvertes, en enlevaient l'âpre cuisance. Peu à peu, en effet, les regards redevinrent limpides, et les poitrines se détendirent en des spasmes reposés. L'orchestre s'était tu. Les sectaires, rangés en ligne, bondirent encore trois ou quatre fois; puis leurs rugissements s'éteignirent en une plainte immense, aussi lamentable, aussi désolée qu'un sanglot.

Pendant qu'ils se rhabillaient et que je déposais mon obole dans la main ouverte du trésorier de l'association, un enfant, entré comme moi en curieux, me tira par le bras, et, me montrant une feuille de figuier de Barbarie dans laquelle il mordait à pleines dents, me dit: « Môssieu! donne-moi une pièce blanche, car j'ai « mangé des épiues. » N'est-ce pas là toute la morale à tirer de ces jongleries?

Le mokaddem venait de sortir. Je le suivis, et dehors, j'eus une vision. Vers la muraille très haute, éclairée par la lune, qui fermait le fond de la ruelle, il marchait presque sans toucher terre. Les grandes envolées de son burnous faisaient comme deux ailes qui semblaient le porter dans l'espace. A mesure qu'il avançait, il devenait moins distinct, sa blanche silhouette se détachant à peine au milieu du décor blanc qui l'entourait. Tout à coup il disparut, et je sentis un petit souffle qui m'effleura le visage. N'était-ce pas l'âme de Sidi-Aïssa qui s'en retournait dans le sein de Dieu?

CHAPITRE VII

RETOUR A TUNIS. — UN EMBOURBEMENT. — LES FAUBOURGS ET LES MOSQUÉES DE TUNIS. — LE CAFÉ DES TOMBEAUX AU SOUK DES ÉTOFFES. — LA GOULETTE. — DÉPART.

> « Tandis que mon corps marche en avant, mon âme s'enfuit en arrière comme l'étoffe d'un étendard qu'un guerrier porte contre le vent. »
>
> (KALIDASA, *Sakountala*.)

Il avait plu une partie de la nuit, et ces averses me donnaient de vives inquiétudes pour le retour; je me demandai quelles surprises allaient nous réserver les terres sableuses de l'Enfida, une fois délayées par l'eau. Nous traînions depuis deux jours une bête malade, qui, déjà, avait grand'peine à suivre ses camarades, sans tirer en rien la voiture. Quant à nos deux cochers maltais, lâches et plus peureux que des femmes, il ne fallait guère compter sur eux. J'ai, du reste, les représentants de cette race en horreur. Ils sont la lie de la population tunisienne. Je ne sais seulement s'ils ont une nationalité et une religion. Ils affectent de beaucoup redouter les Arabes qui valent pourtant dix fois mieux qu'eux, et ils ont toujours à la bouche quelque histoire fantastique pour appuyer leurs terreurs injustifiées.

Au commencement, tout alla bien. La route était passable, et le soleil traversait par intervalles les grandes nuées charbonneuses qui dormaient dans le ciel. Mais, suivant un proverbe breton : « Attendez à la « nuit pour dire que le jour a été beau. » Derrière nous, Kairouan s'effaçait peu à peu sous sa haie de figuiers verts. Les murs, que surmontait la multitude de ses koubbas et de ses minarets, rayés d'ombres diverses, faisaient encore une mince dentelle à l'horizon. Bientôt on ne distingua plus qu'une petite tache blanche, puis plus rien : la vision avait disparu.

Vers deux heures, nous fîmes halte à Bir-Kraret. La nuit approchait, et il fallait se hâter. Nous n'avancions déjà qu'avec peine, et le bourbier dans lequel nous pataugions depuis le matin, à mesure que nous approchions de l'Enfida, s'agrandissait et devenait plus profond. Enfin, vers cinq heures et demie, au milieu d'une mare qui avait bien un hectomètre de largeur, les chevaux s'arrêtèrent et refusèrent obstinément de tirer. Tout le monde descendit afin de diminuer la charge. Les exhortations des cochers, les Haâm ! prolongés, les coups de fouet, rien n'y fit. La madone et les saints invoqués par intervalles, avec d'effroyables jurons, ne donnèrent pas un meilleur résultat. Chaque effort de l'attelage avait pour effet d'enfoncer les roues encore plus avant : elles en avaient déjà jusqu'au moyeu. A ce moment, une calèche, attelée de trois vigoureuses mules, vint à passer. Le propriétaire, qui était un Arabe, offrit fort obligeamment (je l'ai su depuis) de nous remorquer. Mais nos Maltais ne voulaient pas recevoir un secours d'indigènes et répondirent qu'ils n'avaient besoin de rien. Comme la conversation avait lieu en arabe, il fallait bien s'en rapporter à eux. Nous restâmes encore trois quarts d'heure à nous débattre. Finalement, une bête rua, brisa ses harnais et un brancard. C'était le coup de grâce. Il n'y avait plus qu'à s'accommoder du bourbier en guise de couchette où à gagner à pied l'Enfida. Nous prîmes ce dernier parti.

Ici se passa une nouvelle scène. J'aurais voulu qu'un des deux cochers nous guidât jusqu'au village, distant seulement de cinq à six kilomètres et qu'heureusement nous avions aperçu aux dernières lueurs du jour, d'où il aurait ramené des renforts, pendant que son camarade garderait la voiture. Mais ils refusèrent obstinément de se diviser. Bien plus, ils ne voulaient pas que nous les quittions, prétendant que les Arabes, voyant deux hommes seuls, surviendraient et leur couperaient le cou. Bref, il fallait rester groupés autour d'eux; en un mot, leur tenir compagnie. Malgré leurs protestations, nous nous mîmes en route. La nuit était venue sur ces entrefaites, une nuit noire, car la lune demeurait cachée sous de grandes nuées pluvieuses. Chacun de nous avait de la boue jusqu'à mi-jambes. Je redoutais surtout la traversée de l'Oued-Boul qu'il nous fallait passer à gué, et mes craintes eussent été bien plus vives si j'avais su que la veille, à la suite d'une trombe, une véritable inondation avait dévasté cette région, et qu'un malheureux officier de zouaves, sortant de l'hôpital de Sousse et retournant à Tunis, avait dû passer la nuit à la belle étoile, voyant l'Enfida à cinq cents mètres et ne pouvant l'atteindre, tellement le torrent avait grossi. L'Oued-Boul fort heureusement n'avait que cinquante centimètres d'eau, et sans encombre nous gagnâmes la maison du directeur : il était huit heures.

Ce dernier aussitôt mit des hommes et des bêtes à ma disposition pour quérir nos Maltais en détresse. Ils étaient toujours dans leur bourbier, invoquant la madone et les saints qui demeuraient sourds, pestant après nous, et pas plus avancés que lorsque nous les avions quittés. Il fallut quatre mules fraîches pour les tirer de là. A onze heures seulement ils arrivèrent au village, brisés de fatigue et traînant des chevaux fourbus, des harnais en morceaux, une voiture couverte de crotte. Du reste, ces petites mésaventures sont fréquentes en ce bienheureux pays. Pas de semaine où il n'en arrive deux ou trois.

Le lendemain, ce fut bien une autre chanson. Il fallait repartir, et personne ne s'en souciait, les bêtes encore moins que les hommes. Le directeur m'engageait à demeurer une journée pour donner le temps au terrain de se raffermir, car trente-cinq kilomètres nous séparaient encore de Bir-Loubeit, où commence la route ferrée. Moi, je redoutais une nouvelle ondée qui nous eût bloqués à l'Enfida. Il y avait bien la ressource de gagner Sousse, où mène une assez bonne route, et, de là, s'embarquer pour Tunis ; mais le paquebot partait le soir même, et il fallait prendre une décision avant midi, sinon la partie était remise à la semaine suivante. Or, huit jours à l'Enfida doivent manquer de charmes.

J'allai trouver le caïd, un opulent Circassien auquel

sa place rapporte environ 40,000 francs, ce qui ne l'empêche pas d'habiter une petite bicoque en bois et d'y vivre misérablement de quelques poules qu'il égorge par-ci par-là, et lui demandai de me prêter ses mules. Elles étaient au labour ; il n'y fallait pas compter. Heureusement, vers dix heures, la commission nautique, qui se rendait de Sousse au Zaghouan, vint à passer. Elle prenait à l'Enfida des voitures de montagne, et renvoyait à Tunis celles qui l'avaient amenée. Nous nous joignîmes à la caravane. La calèche, qui nous avait dépassés la veille, suivait aussi le même chemin. Ses trois mules, nos quatre chevaux et les huit de la commission nautique faisaient un total de quinze bêtes. En attelant toute cette cavalerie sur la même voiture, il y avait espoir de sortir des bourbiers les plus tenaces.

Le voyage s'effectua dans de bonnes conditions, malgré quelques surprises désagréables. Ainsi, il fallut coucher au fondouk de Bir-Loubeit, dans une chambre qu'avait occupée avant nous toute une famille arabe. On avait pourtant mis du linge propre. Ce luxe déployé ne put cependant écarter d'autres inconvénients : les chauves-souris, les cris d'animaux, les disputes entre nomades et quelques accidents analogues à ceux du mal de mer, dus, sans doute, au voisinage de la Méditerranée et à l'horizontalité des planches qui servaient de lit. Enfin, le lendemain, vers une heure de l'après-midi, après quarante et une heures de voiture en cinq jours et demi, moulus, rompus, mais sanctifiés ainsi que des pèlerins revenant de la Mecque, nous arrivions aux portes de Tunis.

Tunis a deux grands faubourgs : Rebat-Souika au nord, Rebat-Djézira au sud. On n'y rencontre guère de belles habitations mauresques, mais en revanche quantité de petites maisons basses entrecoupées de jardins. Les rues sont plus larges et aussi plus sales. Les ânes et les chameaux s'y prélassent et mangent leur pitance au beau milieu du chemin. On est presque à la campagne.

Certaines industries encombrantes y ont élu domicile. Place des Moutons, notamment, sont installés les teinturiers qui se servent d'immenses amphores pour plonger les laines et les soies qu'ils font ensuite sécher au soleil. Ces paquets d'un bleu foncé ou d'un rouge ardent, se détachant en guirlandes sur les blanches murailles, donnent à ce quartier de Tunis l'aspect d'une ville fêtant éternellement un effroyable carnaval. Les tisserands, au contraire, occupent de préférence les rues avoisinant la place Halfaouine, dans Rebat-Souika. Sur un des côtés de cette même place se trouve la mosquée de Sahab-et-Tabadj, qu'une galerie de colonnes en marbre blanc précède au premier étage.

Nul, en effet, ne peut pénétrer dans les mosquées de Tunis en dehors des musulmans. On s'exposerait à des aventures désagréables. Ainsi, un Anglais, il y a quelques années, voulut à toute force entrer dans celle de Sidi-bou-Saïd. L'assistance entière se jeta sur lui avec des bâtons et des pierres et l'assomma à moitié ; il fallut l'intervention personnelle du gouverneur arabe pour le tirer des mains de ces forcenés. Encore était-il tout en sang ! La présence d'un *roumi* dans leurs temples est considérée par les serviteurs du Prophète comme un sacrilège. En Algérie, ils ne disent rien parce qu'ils ne sont pas les plus forts, ni à Kairouan non plus, parce que la ville a été prise d'assaut et profanée par là même. Mais Tunis n'a ouvert ses portes aux Français qu'en vertu d'un traité consenti amiablement. Elle est donc toujours libre et maintient l'intégrité de son culte.

Aussi est-on réduit à n'admirer que le dehors des mosquées. Du reste, à part leurs minarets, elles sont peu remarquables. Leur façade extérieure est assez souvent construite avec des matériaux anciens, des colonnes, des trumeaux rapportés de Carthage et disposés au hasard. Djama-ez-Zitouna, la mosquée de l'Olivier, appelée encore la mosquée savante en souvenir des trente professeurs qui y enseignent la théologie, fait cependant exception. Au bout de la rue de l'Église, entre les arcs mauresques de ses entrées, elle présente une double colonnade coloriée en jaune et en rouge, criarde d'aspect, mais cependant fort imposante.

Les mosquées me ramènent aux souks et à la rue Kachachine. Là, chaque matin, se tient une vente à la criée, pittoresque et bruyante, où l'on trouve toutes sortes de choses : des burnous de laine ou de soie, des haïks nuancés de mille tons, des gilets et des pantalons brodés, des bijoux, des armes et jusqu'à des chaudrons. Tout le monde crie à tue-tête, vendeurs et acheteurs. Les premiers circulent, la tête, les épaules et les bras chargés de piles d'étoffes, qui font des pyramides multicolores, ou frappent avec une baguette sur des espèces de gongs en cuivre. Les seconds, assis sur le seuil des boutiques, examinent les objets qu'on leur présente, et achètent si cela leur plait. Les femmes, en assez grand nombre, ont le bas du visage recouvert d'un sassari ou voile noir. La plupart sont israélites ; ce ne sont ni les moins bavardes ni les moins encombrantes.

Parfois, des bandes d'enfants âgés d'une dizaine d'années, vociférant des sourates du Koran qu'ils entremêlent d'apostrophes aux marchands, traversent la foule en se rendant à la zaouïa ; ou bien encore, un grand chameau, qu'une housse ornée de pompons habille jusqu'à terre, apparaît au détour d'une ruelle. Sur son dos sont amoncelés des boîtes de parfums, des coffres de bois verni, des pièces d'étoffes brodées. Des femmes, tenant à la main des cierges à cinq branches, le suivent en poussant des you you prolongés. C'est un cortège de parents ou d'amis qui va porter des présents à une fiancée juive. Alors le tohu-bohu est extrême, la confusion inexprimable. Comme Faust : « Je suis si « abasourdi de tout cela qu'il me semble qu'une roue « de moulin tourne dans ma tête. »

Je ne veux pourtant pas quitter les souks ni Tunis sans parler des cafés maures, fort nombreux par la ville et toujours très fréquentés. Ne croyez pas les mœurs dissolues pour cette raison. Rien n'est plus moral que ces endroits-là, pas même les mosquées. On n'y rencontre jamais de femmes, et un religieux recueillement ne cesse d'y régner. Enfin on n'y vend pas d'alcool, mais, pour quatre caroubbes (cinq centimes), on vous sert un tasse de ce café turc ou maure, que les profanes appellent un brouet, et qui est bien la plus parfumée des liqueurs.

Le café des Tombeaux, au Souk des Étoffes, peut être regardé comme le modèle du genre, par suite de son ornementation intérieure et de l'excellente compagnie qui s'y donne rendez-vous. La salle est carrée et ouvre sur deux rues par deux couloirs étroits. Des gradins de pierre, hauts de 0^m,80, appelés dokanas, courent le long des murs. Des nattes d'alfa tressé, d'une belle couleur jaune, quelquefois ornées d'une bordure rouge et noire, les garnissent et se posent en revêtement contre les parois blanches. Là-dessus, on s'assoit ou on se couche. Une grande dokanas, faisant plate-forme, occupe le centre de la pièce, et, delà, quatre piliers, gros et difformes, bariolés de rouge et de vert, les nuances orthodoxes, et reliés par des arcs mauresques, soutiennent un plafond de poutrelles assemblées. Rien ne distinguerait ce café des autres si, dans un coin, derrière une grille en bois à boule de cuivre, sous les draperies multicolores que lui font des étendards et des loques de soie fanées, trois marabouts n'étaient inhumés dans des coffres de chêne constellés d'étoiles.

Oh! ce café des Arabes, « noir comme la nuit, chaud « comme l'enfer, doux comme l'amour », dit un proverbe, nulle part aussi bien qu'ici je n'en ai savouré l'arome pénétrant. Le médecin arabe Rhazès le fit connaître au neuvième siècle, mais son usage ne se répandit guère chez les musulmans avant le quinzième siècle. A cette époque, on en vendait publiquement à la Mecque, ce qui, paraît-il, faisait une terrible concurrence à la mosquée. Le café se moud, s'élabore et se consomme au même endroit. Chacun, en entrant dans la salle, dépose sa pièce de monnaie sur un plateau en cuivre. Dans un coin, un nègre demi-nu et tout en sueur écrase avec des ham! prolongés les grains en poudre impalpable. Le caoudj, vêtu et coiffé de blanc, prend alors une cafetière de fer battu, au manche interminable, y jette avec une spatule un peu de cette poussière brune, y met de l'eau, du sucre, et, dans le fourneau en forme de cône, rempli de braises ardentes, la pose avec des précautions infinies sur un lit de cendres chaudes. L'ébullition faite, il verse la liqueur dans une tasse de porcelaine et vous l'apporte, grave. Jadis, alors que les anses n'étaient pas connues, on se servait de deux coquetiers emboîtés l'un dans l'autre afin de ne se pas brûler.

On ne boit pas le café; on le hume en laissant le marc au fond de la tasse. Ce résidu noirâtre et pâteux fait les délices du caoudj qui, après vous, le savoure jusqu'à la dernière goutte. L'usage est d'avaler ensuite une gorgée d'eau. Il y a, à cet effet, un vase commun qui fait le tour de la salle. Oh! ne soyez pas dégoûté! Les habitués des cafés maures sont gens de bonne compagnie; puis, avant de boire, chacun d'eux a invoqué le nom d'Allah qui certainement a purifié ses lèvres. Les animaux mêmes ne sont pas oubliés. Souvent, à la porte, des seaux pleins d'eau sont déposés, afin que les ânes et les chameaux qui passent par aventure puissent s'abreuver.

Le charme de ces endroits paisibles vient de l'exquise urbanité de ceux qui les fréquentent. Ne vous offusquez pas si les Maures et les Arabes ôtent leurs babouches et s'allongent pieds nus sur les nattes; c'est afin de ne les pas salir. Quand ils ne dorment pas, ils devisent gravement entre eux, les jambes repliées, ou debout, appuyés à quelque colonne. Ils ont alors des attitudes de pontife, qui surprennent et font songer aux augustes fonctions du sacerdoce biblique. Même quand, miséreux et couverts de haillons, ils demandent l'aumône à la porte des mosquées au nom d'Allah le Miséricordieux, on retrouve encore dans leur maintien, dans leurs gestes, dans leurs regards, ce je ne sais quoi qui marque les grandes origines et les races puissantes. Rappelez-vous le vers de Musset :

Ce sont des mendiants qu'on prendrait pour des dieux.

Il est en voyage une heure pénible entre toutes, presque douloureuse : celle qui précède le départ, quand on quitte, souvent pour ne plus le revoir, le pays que l'on vient de visiter. Tout ce qui, pendant les fugitifs instants qu'on lui a consacrés, a charmé notre esprit ou attiré nos regards se dresse soudainement devant nous. On revit, par la pensée, les moments de plaisir et d'extase vraie, les surprises agréables, les émotions suaves ou violentes et, aussi, les désillusions, les fatigues, les ennuis que l'on a éprouvés. Mais, par un phénomène curieux, de ces impressions ressenties, les dernières peu à peu diminuent et s'effacent. Ce ne sont plus que des points noirs imperceptibles, que l'on entrevoit bien loin à l'horizon de ses souvenirs, tandis qu'au contraire les premières grandissent, prennent corps, et presque seules subsistent dans la mémoire. Un voyage, auquel on songe alors, est comme un camarade de collège que l'on retrouve après une longue absence. On ne se rappelle plus qu'on s'est battu avec lui, ni qu'il a été un rival parfois gênant; mais seulement qu'on a vécu de son existence et qu'on a partagé ses jeux.

Pendant les quelques semaines ou les quelques mois que nous avons passés sur cette terre lointaine, nous avons en effet dépouillé le vieil homme. Nous avons tâché de nous assimiler des mœurs différentes des nôtres, d'ouvrir notre esprit à des pensers nouveaux. C'est comme une seconde vie que nous avons ébauchée en courant. Aussi, partout où nous avons promené nos pas, dans les vallées profondes, au sommet des montagnes baignées d'azur, sous les fraîches galeries d'où se déroulent les perspectives magnifiques des villes jusqu'alors inconnues, il semble que nous avons laissé un peu de nous-mêmes. — Puis, en dehors du plaisir de curiosité et de sensation pure, cette étude faite sur place de l'histoire, des mœurs, de la constitution d'un pays et d'un peuple ne porte-t-elle pas en elle-même un très haut enseignement, celui de nous convaincre que nos façons de penser et d'agir ne sont pas nécessairement les seules vraies, mais qu'il y a, de par le monde, des choses et des êtres qui existent en dehors de nous, qui ne sont pas nous, valent autant que nous, et parfois mieux que nous?

Ainsi, tout mon voyage me revenait à l'esprit quand le petit chemin de fer de la compagnie Rubattino m'emportait vers la Goulette où je devais prendre le paquebot de France. Derrière moi, Tunis s'étageait en gradins jusqu'à sa Kasbah, que surmontait le cylindre aplati du poste des zouaves. A droite, le lac El-Bahira, profond de quelques mètres à peine et d'une transparence admirable, bien que toutes les immondices de la ville s'y déversent, étendait ses eaux bleues. Si l'on en croit les géographes arabes, Mohammed-el-K'aïrouâni et El-Bekri, sur son emplacement étaient situés autrefois des jardins fertiles produisant des fruits excellents. Un affaissement du sol serait survenu dans la suite, et la mer aurait recouvert ce terrain. On a creusé aujourd'hui en son milieu un large chenal, si bien que les gros navires de guerre et de commerce mouillent désormais sous les murs mêmes de Tunis.

La campagne tout autour de nous était verte et radieuse, prenant des airs de fête sous le manteau d'arbustes, constellé de maisons claires, qui la parait. En face, Carthage élevait ses monuments modernes, et plus loin, Sidi-bou-Saïd semblait une draperie blanche suspendue au flanc d'un noir rocher. La Goulette enfin, ville insignifiante, émergeait du sein de l'onde, avec son sérail, son bagne, ses quais en terrasses, garnis de canons, et son môle qui s'avançait au bout de la jetée comme la patte d'un monstre sous-marin.

Bientôt on va partir. Sur la vaste mer qu'une légère houle soulève, le vaisseau danse comme une mouette portée par les flots. L'horizon étendu, jusqu'alors noyé dans les demi-teintes et que la chaîne du Zaghouan ferme vers le sud, s'embrase soudainement de lueurs vives. Le ciel est d'or fondu au-dessus de nos têtes ; mais à l'ouest, commencent à se former de larges bandes de pourpre, qui descendent et peu à peu envahissent la moitié de l'espace. Au milieu de cette fournaise ardente, la ligne sinueuse des montagnes se détache avec des reliefs étonnants.

Le lac est d'un bleu foncé, à peine irisé de quelques reflets changeants. La Goulette, éclairée à revers, dessine sur l'eau des ombres chinoises démesurément allongées. Sidi-bou-Saïd n'est plus qu'une masse grise voilée de brumes. Seule, sur sa haute colline semée de ruines païennes, et toujours visible dans la clarté rougeâtre du couchant, la grande cathédrale de Carthage étend encore ses deux bras pour bénir et rappeler qu'après douze siècles de persécutions, le Christ vainqueur a repris possession de la vieille terre d'Afrique. En face de nous, Tunis, cité musulmane, sur ce fond de ciel qui flambe, surgit comme une vision infernale, grandie par la perspective, et découpe en noir, avec une hardiesse incroyable, les angles vifs de sa Kasbah, les lignes brisées de ses murs.

Mais voici que, pareil à une étoile, s'allume le phare tournant de Sidi-bou-Saïd, et cette clarté, qui, par intervalles, perce la nuit obscure d'un faisceau éblouissant, n'est-elle pas comme l'emblème de notre vie si courte, entrecoupée de joies et de tristesses, qui ne brille un instant que pour s'éteindre aussitôt dans le néant?...

FIN.

TABLE DES MATIÈRES

Introduction 1

PREMIÈRE PARTIE
ALGER.

Chapitre premier. — Alger moderne. — Le cimetière d'Abder-Rhaman-bou-Kobrin. — Le jardin d'essai 3

Chap. II. — Alger à vol d'oiseau. — La Kasbah 14

Chap. III. — Le vieil Alger. — Les Maures. — Les rues et l'architecture mauresque. — Les habitants. — Une fête nègre 28

Chap. IV. — Alger religieux. — Pratiques de la religion musulmane. — Les Mosquées : Djama-Kébir ; Djama-Djedid. — Zaouia d'Abd-er-Rhaman-el-Tcalbi 48

Chap. V. — La femme dans l'antiquité arabe et depuis l'islamisme. — Un intérieur mauresque. — La société arabe. — Le mariage : les fiançailles, la répudiation et le divorce. — Légende des amours d'Orwah et d'Afra 61

Chap. VI. — Les environs d'Alger. — La trappe de Staouéli et Saint-Eugène. — Les gorges de la Chiffa et Blidah . . 93

DEUXIÈME PARTIE
DE CONSTANTINE A BISKRA.

Chapitre premier. — D'Alger à Constantine. — La Kabylie. 105

Chap. II — Constantine — Son histoire et sa position. — Les

19

Souks et le quartier européen. — Les Beni-Ramassès. — La ville arabe. — La Kasbah. — Le ravin du Rummel.. 113

Chap. III. — Constantine. — Le Palais d'Ahmed-Bey. — Les Mosquées. — Les environs de Constantine : Le ravin du Smendou 128

Chap. IV. — De l'idée musulmane et de son extension à travers le monde. — Les Arabes avant l'islamisme. — L'œuvre de Mahomet : une religion, une race, un empire. — Le Koran — Immutabilité de la loi musulmane. — L'Imamât. — Les Ordres religieux ou congrégations de Khouans. — L'Islam en Algérie.. 138

Chap. V. — De Constantine à Biskra. — Coutumes de la culture indigène. — El-Kantara........................ 161

Chap. VI. — Biskra. — Aspect de l'oasis. — Les ruelles et les palmiers. — Les Biskris. — Les frères armés du Sahara. — Le col de Sfa et le Sahara au coucher du soleil. — La prostitution au désert : Danse des filles d'Oulad-Naïl...... 169

Chap. VII. — L'oasis de Sidi-Okba. — Le Sahara autrefois et aujourd'hui. — L'ensablement du désert et les eaux souterraines. — Le palmier-dattier : sa culture. — La mosquée de Sidi-Okba. — Une école arabe. — La France dans le Sahara. — Les Touaregs et les Snoussya.......... 187

Chap. VIII. — Les Romains en Afrique. — Les ruines de Lambèse et de Timgad. — Hammam-Meskhroutin et sa légende. — Bône. — De Bône à Tunis.................... 212

TROISIÈME PARTIE

TUNIS ET KAIROUAN.

Chapitre premier. — Tunis. — Origine et aspect. — Les Français dans la régence. — La place de la Bourse. — Les quartiers maures. — La justice indigène. — La Kasbah........ 227

Chap. II. — Les souks de Tunis. — Les selliers, les cordonniers, les forgerons, les peintres et les bouchers. — Le souk des étoffes. — Les marchands de bric-à-brac. — Les souks des bijoux et des parfums........................ 241

Chap. III. — Un cimetière arabe. — Les palais tunisiens : le

Bardo et Ksar-Saïd. — Essai sur l'architecture arabe. — Les Maures et les Juifs. — Les femmes juives. — Les rues, les portefaix, les barbiers et les médecins. — Les concerts tunisiens... 254

Chap. IV. — Les ruines de Carthage. — Reconstitution de l'Église d'Afrique. — Mgr Pavy et le cardinal Lavigerie. 275

Chap. V. — De Tunis à Kairouan, — Les Fondouks tunisiens. — L'Enfida.................................... 283

Chap. VI. — Kairouan. — La ville sainte. — Les mosquées du Barbier, des Sabres et de Sidi-Okba. — Le marché indigène. — Les Aïssaouas................................. 294

Chap. VII. — Retour à Tunis. — Un embourbement. — Les faubourgs et les mosquées de Tunis. — Le café des tombeaux au souk des étoffes. — La Goulette. — Départ..... 311

PARIS. TYP. DE E. PLON, NOURRIT ET Cie, RUE GARANCIÈRE, 8.

SUPPLÉMENT AU N° DU 27 MAI 1893.

LA REVUE

HEBDOMADAIRE

ROMANS, HISTOIRE, VOYAGES, &

PRINCIPAUX COLLABORATEURS

MM. Jean BLAIZE — Antony BLONDEL
Georges BEAUME — Claude BIENNE
Maurice BOUCHOR
Élémir BOURGES — Paul BOURGET
Jules CASE — François COPPÉE
Alphonse DAUDET — Anatole FRANCE
Louis FRANVILLE
Paul DUKAS — Louis GANDERAX
Henry GRÉVILLE — Gustave GUICHES
Léon HENNIQUE — Abel HERMANT
Paul HERVIEU — Pierre LOTI
Paul MARGUERITTE — Émile POUVILLON
Marcel PRÉVOST — Jean RICHEPIN
Édouard ROD — J.-H. ROSNY
Marcel SCHWOB — Maurice TALMEYR
André THEURIET — Gabriel VICAIRE
Émile ZOLA — etc., etc.

RÉDACTEUR EN CHEF : M. Félix JEANTET

PROGRAMME

La *Revue hebdomadaire* s'est assuré le droit de publier, *la première après l'apparition en volume*, et dans des conditions tout à fait privilégiées, c'est-à-dire à l'exclusion, pendant un temps donné, de toute autre revue ou journal, les romans des principaux écrivains de ce temps.

Les traités qu'elle a déjà pu conclure lui réservent, dans les conditions indiquées plus haut, la primeur des œuvres de

MM. Jean BLAIZE
Antony BLONDEL — Georges BEAUME
Élémir BOURGES — Paul BOURGET — Jules CASE
François COPPÉE, de l'Académie française
Alphonse DAUDET — Henry GRÉVILLE
Gustave GUICHES
Léon HENNIQUE — Abel HERMANT
Paul HERVIEU — Paul MARGUERITTE
Émile POUVILLON — Marcel PRÉVOST
Jean RICHEPIN — Édouard ROD — J.-H. ROSNY
Marcel SCHWOB
Maurice TALMEYR — André THEURIET
Émile ZOLA — etc., etc.

En outre, la *Revue* publiera plusieurs fois par an, *en inédit*, des romans de ses collaborateurs.

A côté de cette partie purement littéraire, qui occupe environ la moitié de la *Revue*, une large place est attribuée à l'Histoire, aux Mémoires et aux Voyages.

Enfin, l'actualité immédiate se reflète en un ensemble de variétés scientifiques et littéraires, de chroniques ou d'articles critiques sur le théâtre, la musique, les livres, les beaux-arts, la politique en France et à l'étranger. Tous ces articles sont toujours *entièrement inédits*.

La *Revue hebdomadaire* paraît le samedi, en une livraison petit in-8° de 160 pages, donnant ainsi, avec les 8,320 pages de ses 52 numéros, la valeur de plus de 40 volumes par année.

LA REVUE HEBDOMADAIRE

Depuis sa fondation (28 mai 1892) jusqu'au 1ᵉʳ juin 1893, c'est-à-dire en un an, *la Revue hebdomadaire* a publié les œuvres suivantes :

Alphonse DAUDET	*Rose et Ninette.*
Pierre LOTI	*Asiyadé.*
Pierre LOTI	*Fantôme d'Orient.*
Abel HERMANT	*Ermeline.*
Antony BLONDEL	*L'Heureux village.*
J.-H. ROSNY	*Vamireh.*
Gustave GUICHES	*Un Cœur discret.*
Henry GRÉVILLE	*Chénerol.*
Émile POUVILLON	*Les Antibel.*
Jean BLAIZE	*Amour de Miss.*
Paul MARGUERITTE	*Sur le retour.*
L. BERNARDINI	*Beaux jours.*
François COPPÉE	*La Cure de misère.*
François COPPÉE	*On rend l'argent.*
Élémir BOURGES	*Les oiseaux s'envolent et les fleurs tombent.*
Jules CASE	*Promesses.*
Georges BEAUME	*Aux Jardins.*
Édouard ROD	*La vie privée de Michel Teissier.*
André THEURIET	*Surprises d'amour.*
Ernest DAUDET	*Mademoiselle de Circé.*
Émile ZOLA	*Le Docteur Pascal* (en cours).
Paul BELON	*En suivant Monsieur Carnot.*
Paul PERRET	*La vie sous la Terreur, — Manette André* (en cours).
Maurice BOUCHOR	*Tobie.*
Gᵈˡ Cᵗᵉ de ROCHECHOUART	*Souvenirs sur la Révolution, l'Empire et la Restauration.*
Henry HARRISSE	*Christophe Colomb devant l'histoire.*
L.-F. GILLE	*Mémoires d'un conscrit de 1808.*
J. HERCÉ	*Un Anglais à Paris.*
Baron de HEIMANN	*A cheval de Varsovie à Constantinople.*
Albert VANDAL	*Le second mariage de Napoléon.*
Bᵒⁿ de MANDAT-GRANCEY	*Madagascar, — Saint-Barnabé.*
Marcel MONNIER	*Un Printemps sur le Pacifique : Iles Hawaï.*
Paul BOURGET	*Sensations d'Italie.*
Paul MARGUERITTE	*Alger l'hiver.*
Ary RENAN	*Deux villes syriennes : Homs et Hama.*

A cette énumération, il convient d'ajouter encore les chroniques de Louis Ganderax, de Paul Dukas et de Claude Bienne, sur le théâtre, la musique et les beaux-arts, les causeries de Maurice Talmeyr, les bulletins politiques de Louis Franville, des variétés historiques, littéraires et scientifiques, des poésies, des nouvelles, etc.

Ces ouvrages, la *Revue* les a donnés à ses lecteurs en 52 numéros à 0 fr. 50, soit pour 26 fr.; achetés en volumes, ils en auraient coûté plus de 120! *La Revue hebdomadaire* répond donc bien au besoin si souvent exprimé d'une publication qui permette à chacun d'avoir, à peu de frais, dans sa bibliothèque, les œuvres de nos principaux écrivains.

A la suite des publications en cours, paraîtront successivement :

Paul BOURGET	*La Terre promise.*
Pierre LOTI	*Matelot.*
André THEURIET	*La Chanoinesse.*
Marcel PRÉVOST	*L'Automne d'une femme.*
Paul HERVIEU	*Peints par eux-mêmes.*
Jean BLAIZE	*La Monégasque.*
J.-H. ROSNY	*Renouveau.*
Henry GRÉVILLE	*Vieux ménage.*
Anatole FRANCE	*La rôtisserie de la reine Pédauque.*
Paul MARGUERITTE	*Ma Grande.*
Alphonse DAUDET	*Soutien de famille.*
J. HERCÉ	*Un Anglais à Paris* (deuxième partie).
Marcel MONNIER	*Récit de la dernière mission Binger à la côte d'Ivoire.*

Toutes ces œuvres, *la Revue*, par suite de ses traités, les publie soit en inédit, soit en première reproduction, c'est-à-dire avant toute autre publication similaire.

Envoi gratuit d'un numéro spécimen contre demande affranchie, adressée à MM. E. Plon, Nourrit et Cⁱᵉ, 10, rue Garancière, Paris.

Pour les conditions d'abonnement, voir page 10.

LA REVUE HEBDOMADAIRE

E. PLON, NOURRIT ET Cie, IMPRIMEURS-ÉDITEURS

8, RUE GARANCIÈRE, PARIS

LISTE DES PRIMES

(Voir page 10 les conditions d'abonnement avec primes.)

1° HISTOIRE

BASCHET. — **La Jeunesse de Catherine de Médicis,** par M. A. DE REUMONT, ancien ministre du roi de Prusse près la Cour de Toscane. Ouvrage traduit, annoté et augmenté par Armand BASCHET, d'après des recherches nouvelles dans les diverses Archives du royaume d'Italie. Un volume petit in-8° anglais orné d'un portrait de Catherine de Médicis jeune fille. Prix...... 6 fr.

— **Le Roi chez la Reine,** ou Histoire secrète du mariage de Louis XIII et d'Anne d'Autriche, d'après le Journal de la vie privée du Roi, les dépêches du Nonce et des Ambassadeurs, et autres pièces d'État. 2ᵉ édition, considérablement augmentée. Un volume petit in-8° anglais. Prix........................ 8 fr.

— **Journal du Concile de Trente,** rédigé par un secrétaire vénitien présent aux sessions de 1562 à 1563, et publié par Armand BASCHET, avec d'autres documents diplomatiques relatifs à la mission des Ambassadeurs de France au Concile. Un volume petit in-8° anglais. Prix.................................. 6 fr.

BOUTARIC. — **Correspondance secrète inédite de Louis XV sur la politique étrangère,** avec le comte de Broglie, Tercier, etc., suivie de divers documents relatifs au ministère secret; publiée d'après les originaux conservés aux Archives nationales et précédée d'une Etude sur le caractère et la politique personnelle de Louis XV. Deux volumes in-8°. Prix................. 16 fr.

BOUTARIC et CAMPARDON. — **Mémoires de Frédéric II, roi de Prusse,** écrits en français par lui-même, pour la première fois publiés en France, et entièrement conformes aux manuscrits autographes, avec Notes et Tables analytiques, par MM. E. BOUTARIC et A. CAMPARDON, des Archives nationales. Deux volumes in-8°. Prix.................................. 16 fr.

BRUN. — **Guerres maritimes de la France.** — Port de Toulon, — ses armements, — son administration, depuis son origine jusqu'à nos jours, par V. Brun (de Toulon), commissaire général de la marine. Deux volumes in-8°. Prix .... 15 fr.

CAMPARDON. — **Journal de la Régence (1715-1723),** par Jean Buvat, écrivain de la Bibliothèque du Roi, publié pour la première fois et d'après les manuscrits de la Bibliothèque nationale, avec une Introduction, des Notes et un Index alphabétique, par Émile Campardon, archiviste aux Archives nationales. Ouvrage publié avec l'autorisation de S. Exc. le Ministre de l'instruction publique. Deux volumes in-8°. Prix.................................. 16 fr.

— **Le Tribunal révolutionnaire de Paris.** Ouvrage composé d'après les documents originaux conservés aux Archives nationales, suivi de la Liste complète des personnes qui ont comparu devant le tribunal, et enrichi d'une gravure et de fac-simile. Deux volumes in-8°. Prix .... 16 fr.

CHANTELAUZE (R.). — **Saint Vincent de Paul et les Gondi,** d'après de nouveaux documents. Un volume in-8°. Prix .... 7 fr. 50

CLARETIE. — **Camille Desmoulins, Lucile Desmoulins.** Étude sur les Dantonistes, d'après des Documents nouveaux et inédits. Un volume in-8°, enrichi d'un portrait de Camille Desmoulins, gravé à l'eau-forte par Rajon, d'un dessin du maréchal Brune représentant Lucile Desmoulins et de fac-simile d'autographes. Prix.. 8 fr.

CRAVEN. — **Le Prince Albert de Saxe-Cobourg, époux de la Reine Victoria,** d'après leurs lettres, journaux, mémoires, etc., extraits de l'ouvrage de Sir Théodore Martin, et traduit de l'anglais par Augustus Craven. Deux volumes in-8°, avec portrait et fac-simile d'autographe. Prix .... 16 fr.

DAUBAN. — **Paris en 1794 et en 1795.** Histoire de la rue, du club, de la famine, composée d'après des documents inédits, particulièrement les rapports de police et les registres du Comité de salut public, avec une Introduction. Ouvrage enrichi de neuf gravures du temps et d'un fac-simile. Un volume in-8°. Prix. 8 fr.

— **Les Prisons de Paris sous la Révolution,** d'après les relations des contemporains, avec des Notes et une Introduction. Ouvrage enrichi de onze gravures, vues intérieures et extérieures des prisons du temps. Un volume in-8°. Prix .... 8 fr.

— **Mémoires inédits de Pétion et Mémoires de Buzot et de Barbaroux,** accompagnés des Notes inédites de Buzot et de nombreux documents inédits sur Barbaroux, Buzot, Brissot, etc., précédés d'une Introduction, avec le fac-simile d'un autographe de Barbaroux et les portraits de Pétion, Buzot, Brissot et Barbaroux, gravés par Adrien Nargeot. Un volume in-8°. Prix........ 8 fr.

— **Lettres en grande partie inédites de Madame Roland
(Mlle Phlipon) aux Demoiselles Cannet**, suivies des Lettres
de Madame Roland à Bosc, Servan, Lanthenas, Robespierre, etc.,
et de documents inédits, avec une Introduction et des Notes. Deux
volumes in-8°, ornés d'un portrait de Madame Roland photographié d'après le tableau de Heinsius, d'une gravure et d'un plan.
Prix.. 16 fr.

FALLOUX (Comte de). — **Discours et Mélanges politiques**,
par le comte DE FALLOUX, de l'Académie française. Deux volumes
in-18. Prix.. 8 fr.

FEUILLET DE CONCHES. — **Louis XVI, Marie-Antoinette
et Madame Élisabeth.** Lettres et documents inédits publiés
par F. FEUILLET DE CONCHES. Six volumes grand in-8°, ornés de
portraits et d'autographes. Prix................................ 48 fr.
   Prix de chaque volume..................................... 8 fr.

— **Correspondance de Madame Élisabeth de France**,
sœur de Louis XVI, publiée par F. FEUILLET DE CONCHES, sur les
originaux autographes, *et précédée d'une lettre de Mgr Darboy,
archevêque de Paris*. Un volume in-8°, enrichi d'un portrait de
Madame Élisabeth gravé par Morse sous la direction d'Henriquel-Dupont, et de fac-simile d'autographes. Prix.............. 8 fr.

IUNG. — **La Vérité sur le Masque de fer** (les Empoisonneurs),
d'après des documents inédits des Archives de la guerre et autres
dépôts publics (1664-1703), par Th. IUNG, officier d'état-major.
Ouvrage accompagné de cinq gravures et plans inédits du temps.
Un volume in-8°. Prix... 8 fr.

JAL (A.) — **Abraham Du Quesne et la marine de son temps.**
Deux volumes in-8°, accompagnés de portraits et de nombreux fac-simile. Prix... 16 fr.
    (*Ouvrage couronné par l'Académie des inscriptions et belles-lettres,
grand prix Gobert.*)

KOSSUTH. — **Souvenirs et écrits de mon exil**, période de la
guerre d'Italie. Un volume in-8°, orné d'un portrait. Prix.. 8 fr.

LAVALLÉE (Th.) — **La Famille d'Aubigné et l'enfance de
Madame de Maintenon**, suivi des Mémoires inédits de Languet
de Gergy, archevêque de Sens, sur Madame de Maintenon et la
cour de Louis XIV. Un volume in-8°. Prix.................... 8 fr.

— **Madame de Maintenon et la Maison royale de Saint-Cyr**
(1686-1793). 2e édition, revue et augmentée, ornée du portrait de
Madame de Maintenon gravé par Adrien Nargeot d'après l'émail
du Louvre, de trois autres gravures en taille-douce et de trois
lettres fac-simile de Louis XIV, de Madame de Maintenon et de
Napoléon Bonaparte. Un volume in-8°. Prix.................. 8 fr.
    (*Couronné par l'Académie française.*)

LESCURE (De). — **Correspondance complète de Madame la marquise du Deffand avec sa famille et ses amis** (1739-1780), le président Hénault, — Montesquieu, — d'Alembert, — Voltaire, — H. Walpole. *Publiée pour la première fois sans suppressions*, accompagnée de ses Œuvres et de diverses pièces inédites, avec une Introduction et des Notes. Ouvrage orné d'autographes et des *portraits en taille-douce* de Madame du Deffand et de Walpole. Deux volumes in-8°. Prix .... 16 fr.

— **Correspondance secrète inédite sur Louis XVI, Marie-Antoinette, la Cour et la ville** (de 1777 à 1792), publiée par M. DE LESCURE, sur le manuscrit de la Bibliothèque impériale de Saint-Pétersbourg. Deux volumes in-8°. Prix .... 16 fr.

— **Rivarol et la société française** pendant la Révolution et l'émigration (1753-1801). Études et portraits historiques et littéraires d'après des documents inédits. Un volume in-8°. Prix ...... 8 fr.

(*Couronné par l'Académie française, prix Guizot.*)

MASSELIN. — **Sainte-Hélène**, par M. E. MASSELIN, capitaine du génie. Ouvrage illustré de 16 grands dessins de Staal, d'après les croquis de l'auteur. Un volume in-8°. Prix .... 6 fr.

MAZADE (Ch. de, de l'Académie française). — **Le Comte de Serres.** Un volume in-18. Prix .... 3 fr. 50

— **Portrait d'histoire morale et politique du temps.** — Victor Jacquemont, M. Guizot, M. de Montalembert, le P. Lacordaire, le P. Gratry, M. Michelet, Madame de Gasparin, Madame Swetchine, M. Taine, Alfred Tonnellé. Un volume in-18. Prix .... 3 fr. 50

— **La Guerre de France** (1870-1871), par M. Ch. DE MAZADE, de l'Académie française. Deux volumes in-8°, accompagnés d'une carte figurative de l'invasion allemande en France. Prix .... 16 fr.

MERRUAU. — **Souvenirs de l'Hôtel de ville de Paris** (1848-1852), par Ch. MERRUAU, ancien secrétaire général de la préfecture de la Seine, ancien conseiller d'État. Un volume in-8° orné d'une carte. Prix .... 8 fr.

NAPOLÉON Ier. — **Correspondance de Napoléon Ier**, publiée par ordre de l'empereur Napoléon III, suivie des Œuvres de Napoléon Ier à Sainte-Hélène. Trente-deux forts volumes in-8°. Prix .... 192 fr.
Prix de chaque volume .... 6 fr.

NAPOLÉON Ier. — **Correspondance militaire de Napoléon Ier**, extraite de la correspondance générale et publiée par ordre du ministre de la guerre. Dix volumes in-18 jésus. Prix de chaque volume .... 3 fr. 50

NOLTE (F.). — **L'Europe militaire et diplomatique au**

dix-neuvième siècle (1815-1884). Quatre volumes in-8°. Prix.. 24 fr.

Tome I. *La politique de la Sainte-Alliance. Mouvements constitutionnels et guerres d'indépendance*, 1820-1864.
Tome II. *Guerres d'agrandissement*, 1820-1878.
Tomes III et IV. *Guerres coloniales et expéditions d'outre-mer*, 1830-1884.

Les volumes de cet ouvrage ne se vendent pas séparément.

PROKESCH-OSTEN. — **Dépêches inédites du Chevalier de Gentz aux Hospodars de Valachie**, pour servir à l'histoire de la politique européenne (1813 à 1828), publiés par le comte PROKESCH-OSTEN fils. Trois volumes in-8°. Prix............ 24 fr.

— **Mes relations avec le duc de Reichstadt**, par le comte PROKESCH-OSTEN, ancien ambassadeur d'Autriche. Mémoire posthume traduit de l'allemand. Un vol. in-18 jésus. Prix...... 3 fr.

2° GRANDS OUVRAGES ILLUSTRÉS

BERTALL. — **La Comédie de notre temps :** *l'Enfance, — la Jeunesse, — l'Age mûr, — la Vieillesse.* Études au crayon et à la plume. Un volume grand in-8° colombier, enrichi d'un grand nombre de vignettes intercalées dans le texte et hors texte. Prix, broché.. 20 fr.
Reliure... 2 fr.

— **La Vie hors de chez soi** (Comédie de notre temps. Troisième partie) : *l'Hiver, — le Printemps, — l'Été, — l'Automne.* Études au crayon et à la plume. Un volume grand in-8° colombier, enrichi d'un grand nombre de vignettes intercalées dans le texte et hors texte. Deuxième édition. Prix, broché................... 20 fr.
Reliure... 2 fr.

MILLAUD (A.) et CARAN D'ACHE. — **La Comédie du jour sous la République athénienne**, par Albert MILLAUD. Illustrations par CARAN D'ACHE. Un volume grand in-8° colombier. Prix... 20 fr.
Reliure... 2 fr.

BONVALOT (G.). — **Du Caucase aux Indes à travers le Pamir.** Un beau volume grand in-8°, renfermant plus de deux cent cinquante dessins et croquis pris sur nature, par A. PÉPIN, avec une carte itinéraire du voyage. Prix, broché............... 20 fr.
Reliure... 2 fr.
(*Ouvrage couronné par l'Académie française, prix Marcellin Guérin.*)

TISSOT. — **La Hongrie, de l'Adriatique au Danube.** Impressions de voyage. Ouvrage illustré de dix héliogravures, d'après VALERIO, et de plus de cent soixante gravures dans le texte, dont cent dessins de POIRSON, et d'une carte coloriée. Un beau volume

grand in-8° colombier. Prix, broché.................... 20 fr.
Reliure... 2 fr.

3° VOYAGES

BARTTELOT. — *Journal et Correspondance du major Barttelot*, commandant l'arrière-colonne dans l'Expédition Stanley à la recherche et au secours d'Émin Pacha, publiés par son frère. Un volume in-18, avec cartes et portrait. Prix.... 3 fr. 50

BEZAURE (G. de). — **Le Fleuve Bleu.** Voyage dans la Chine occidentale, par Gaston DE BEZAURE, interprète-chancelier en Chine. Ouvrage enrichi de gravures et d'une carte. Un volume in-18. Prix... 4 fr.

BISHOP (N.-H.). — **En canot de papier de Québec au golfe du Mexique**, 2,500 milles à l'aviron, traduit par HEPHELL. Un volume in-18 orné de gravures et de cartes. Prix.......... 4 fr.

BOISGOBEY (Fortuné du). — **Du Rhin au Nil.** *Carnet de voyage d'un Parisien.* Ouvrage illustré de dix gravures. Un volume in-18. Prix.. 4 fr.

BOUCHE (L'abbé P.). — *Sept ans en Afrique occidentale* : **La Côte des Esclaves et le Dahomey**, par l'abbé Pierre BOUCHE, ancien missionnaire. Ouvrage accompagné d'une carte. 2° édition. Un volume in-18. Prix.................................. 4 fr.

BURNABY. — **Une visite à Khiva.** Aventures de voyage dans l'Asie centrale, par Fred. BURNABY, capitaine aux Royal Horse Guards. Traduit de l'anglais. Un volume in-18, avec cartes. Prix... 4 fr.

CHOISY (Auguste). — **Le Sahara.** Souvenirs d'une mission à Goléah, par Auguste CHOISY, ingénieur en chef des ponts et chaussées. Un volume in-18. Prix.................................. 3 fr. 50

ERNOUF (B°°). — **Le Caucase, la Perse et la Turquie d'Asie**, d'après la relation de M. le baron de Thielmann. 2° édition. Un volume in-18 enrichi d'une carte et de vingt gravures. Prix... 4 fr.

— **Cachemire et Petit Thibet**, d'après la relation de M. F. Drew. Un volume in-18, avec carte et gravures. Prix............. 4 fr.

JURIEN DE LA GRAVIÈRE. — **La Station du Levant.** Ouvrage enrichi d'une carte spéciale. Deux volumes in-18. Prix... 8 fr.

LENOIR (P.). — **Le Fayoum, le Sinaï et Pétra**, expédition dans la moyenne Égypte et l'Arabie Pétrée, sous la direction de J.-L. GÉRÔME. Ouvrage enrichi de quatorze gravures dessinées sur bois, d'après des études de Gérôme et d'après des photographies, par Saint-Elme Gautier, et gravées par Méaulle. Un volume in-18. Prix.. 4 fr.

MARMIER (Xavier). — **Lettres sur l'Amérique,** par Xavier MARMIER, de l'Académie française. *Canada — États-Unis — Havane — Rio de la Plata.* Deux volumes in-18. Prix.............. 7 fr.

RAFFRAY (A.). — **Afrique orientale : Abyssinie,** par Achille RAFFRAY, chargé par le Ministère de l'Instruction publique d'une mission scientifique dans l'Afrique orientale. 2ᵉ édition. Un volume in-18 orné d'une carte spéciale et de gravures sur bois dessinées par L. Breton, d'après des aquarelles et des croquis de l'auteur. Prix... 4 fr.

ROCHECHOUART (Cᵗᵉ de). — **Excursions autour du monde : *les Indes, la Birmanie, la Malaisie, le Japon et les États-Unis.*** Un volume in-18 avec gravures. Prix........ 4 fr.

SMILES. — **Voyage d'un jeune garçon autour du monde,** comprenant un séjour à Victoria et un voyage en chemin de fer à travers l'Amérique du Nord, traduction par madame C. DESHORTIES DE BEAULIEU. 3ᵉ édition. Un volume in-18 illustré. Prix. 3 fr.

4° BEAUX-ARTS

DELABORDE (H.). — **Ingres, sa Vie, ses Travaux, sa Doctrine,** d'après les Notes manuscrites et les Lettres du maître, par le vicomte Henri DELABORDE, membre de l'Institut, conservateur au département des estampes à la Bibliothèque nationale. Ouvrage orné d'un portrait gravé par MORSE. Un volume in-8°. Prix. 8 fr.

RIBEYRE (F.). — **Cham, sa Vie et son Œuvre.** Préface par Alexandre DUMAS fils, de l'Académie française, avec eau-forte de LE RAT, d'après YVON, héliogravure d'après Gustave DORÉ, et fac-simile d'aquarelles et de dessins. Un volume petit in-8° anglais. Prix.. 5 fr.

PRIX DES ABONNEMENTS

(Les abonnements partent du 1er de chaque mois)

1° Édition rognée.

	TROIS MOIS	SIX MOIS	UN AN Sans prime.	UN AN Avec prime.
Paris............	5f 25	9f 50	18 fr.	24 fr.
Départements.....	5 75	10 50	20 »	26 »
Union postale.....	7 »	14 »	25 »	32 »

2° Édition non rognée sur papier fort.

	UN AN Sans prime.	UN AN Avec prime.
Paris...................	24 fr.	30 fr.
Départements...........	26 »	32 »
Union postale...........	32 »	39 »

Tout abonné d'un an avec prime a droit gratuitement à *24 francs de livres brochés* choisis dans le catalogue spécial des primes. Le prix des reliures est payable en plus, aux prix indiqués sur ce catalogue.

Les abonnés n'ont rien à payer pour le port des primes, lorsque le pays où celles-ci sont à expédier accepte les colis postaux de 5 kilos à un tarif inférieur à 2 fr.; sinon, ils doivent ajouter 1 fr. 50 pour le port.

Il est accepté *pour la France seulement* des abonnements d'un an payables en 2, 3 ou 4 termes. Le montant du 1er terme doit accompagner la demande d'abonnement. Les quittances successives sont encaissées par la poste, avec 0 fr. 50 en plus par quittance pour frais de recouvrement.

On s'abonne à la Librairie Plon, 10, rue Garancière, dans toutes les librairies et dans tous les bureaux de poste de France et de l'Étranger.

———

Les mandats ou valeurs à vue sur Paris doivent être au nom de MM. E. Plon, Nourrit et Cie, rue Garancière, 10, Paris.

LA REVUE
HEBDOMADAIRE

E. PLON, NOURRIT & Cie, ÉDITEURS

PARIS — 10, rue Garancière — PARIS

BULLETIN D'ABONNEMENT D'UN AN
(Les abonnements partent du 1er de chaque mois)

Je déclare souscrire à un abonnement d'un an avec primes à dater du 1er .... 1893, pour la somme de (1)........................ ....

Excédent (E) (voir la page suivante).... ....

TOTAL... ....

que je payerai comme suit :

le .... 189 ... .
le .... 189 ... .
le .... 189 ... .
le .... 189 ... .

sur la présentation à mon domicile d'une quittance de MM. E. PLON, NOURRIT ET Cie. — *(Le montant de chaque quittance sera augmenté de 0 fr. 50 pour frais de recouvrement.)*   SIGNATURE :

Nom ....
Rue ....
A ....
Département ....

Indiquer au dos les primes choisies.

(1) Prix des abonnements d'un an :

	1e Édition rognée.		2e Édition non rognée sur papier fort.	
	SANS PRIME.	AVEC PRIME.	SANS PRIME.	AVEC PRIME.
PARIS......	18 fr.	24 fr.	24 fr.	30 fr.
PROVINCE....	20 »	26 »	26 »	32 »
ÉTRANGER....	26 »	32 »	32 »	39 »

PRIMES CHOISIES PAR LE SOUSCRIPTEUR

TITRES	PRIX DES VOL. BROCHÉS.	PRIX DES RELIURES.
Totaux (A) et (C)...		
Montant de la prime gratuite.......	24	»
Différence (B).......		
Prix des reliures (C).............		
Excédent (D) à ajouter au prix de l'abonnement.................		

Le montant (A) des ouvrages choisis sur le catalogue des primes devra atteindre 24 francs en volumes brochés et ne pas dépasser 30 francs. — La différence (B) entre ce montant et les 24 francs de livres brochés auxquels le souscripteur a droit gratuitement, augmentée du prix des reliures (C), donne l'excédent (D) à ajouter au montant de l'abonnement sur la ligne marquée (E) à la page précédente.

PARIS. TYP. E. PLON, NOURRIT ET Cⁱᵉ.

CARTES DE L'ÉTAT-MAJOR

EN VENTE A LA LIBRAIRIE PLON

10, rue Garancière, PARIS

Extrait du Catalogue

FRANCE (Carte de) dite carte de l'État-Major au 80,000^e, *édition type 1889* en 273 feuilles divisées en 4 quarts.

La feuille en 4 quarts : **1 fr. 20**; par la poste : **1 fr. 40**

Pour les feuilles parues à ce jour dans cette édition, consulter le tableau d'assemblage. Les feuilles qui ne sont pas encore publiées dans le type 1889 existent dans l'ancien type. (Voir le numéro suivant.)

FRANCE (Carte de) dite carte de l'État-Major au 80,000^e (*ancien type*).

La feuille entière.... **0 fr. 50**; par la poste... **0 fr. 65**
La feuille en 4 quarts. **0 fr. 40**;   —   **0 fr. 55**

Un grand nombre de ces feuilles n'existent qu'en quarts. Cette édition disparaîtra au fur et à mesure de l'avancement de l'édition type 1889.

France (Carte de) au 200,000^e. En six couleurs, avec courbes de niveau relevées à l'estompe. Réduction des minutes de la carte d'État-Major. Chaque feuille comprend 4 feuilles de la carte au 80,000^e et a 0^m,64 de longueur sur 0^m,40 de hauteur. Cette carte, qui comprendra 82 feuilles, est en cours de publication.

La feuille..... **1 fr. 50**; par la poste..... **0 fr. 70**

FRANCE (Carte de) au 320,000^e, en 33 feuilles. Réduction au quart de la carte de l'État-Major au 80,000^e.

La feuille..... **0 fr. 50**; par la poste..... **0 fr. 65**

Tableau d'assemblage des feuilles composant les cartes de France au 80,000^e, au 200,000^e et au 320,000^e, **0 fr. 25**; par la poste, **0 fr. 30**.

PARIS (Carte des environs de) au 80,000ᵉ, *édition type* 1889.

    Prix de la feuille... 1 fr. ; par la poste... 1 fr. 20

PARIS (Carte des environs de) au 20,000ᵉ. Gravure en 6 couleurs. 36 feuilles. Mouvements de terrains en courbes à l'équidistance de 5 mètres.

    La feuille............ 0 fr. 85; par la poste. 1 fr. »
    Tableau d'assemblage.. 0 fr. 10;   —   0 fr. 15

LA CARTE DE L'ÉTAT-MAJOR. Guide pour sa lecture, par J. MOLARD, capitaine d'infanterie, breveté d'État-major, officier d'académie.

    1 vol........ 0 fr. 40; par la poste..... 0 fr. 45

Toute demande doit être accompagnée de son montant, augmenté des frais de port, en mandat ou timbres-poste.

Les commandes sont expédiées au plus tard 24 heures après leur réception, à moins que les cartes demandées ne soient en réimpression au Service géographique. Dans ce cas, avis en sera donné.

PRIX DU COLLAGE SUR TOILE :

Carte au 80,000ᵉ et au 320,000ᵉ.................... 1 fr. 50
Carte au 200,000ᵉ................................ 1 fr. 25
Environs de Paris et quarts au 80,000ᵉ.......... 0 fr. 75

LE COLLAGE SUR TOILE PEUT RETARDER L'EXPÉDITION DE 3 OU 4 JOURS

Le Catalogue est envoyé franco à toute personne qui joint à sa demande un timbre de 0 fr. 15

Le Catalogue complet de la LIBRAIRIE PLON est envoyé à toute personne qui en fait la demande.

Le directeur-gérant : P. MAINGUET.   PARIS. TYP. E. PLON, NOURRIT ET Cⁱᵉ.

A LA MÊME LIBRAIRIE :

Huit jours en Kabylie. **A travers la Kabylie et les questions kabyles.** par François CHARVÉRIAT, agrégé des Facultés de droit, professeur à l'École de droit d'Alger. Un vol. in-18. Prix. . . . . 3 fr. 50

Le Sahara. Souvenirs d'une mission à Goléah, par Auguste CHOISY. Un vol. in-18. Prix. . . . . 3 fr. 50

Par delà la Méditerranée. *Kabylie, Aurès, Kroumirie,* par Ernest FALLOT. Un vol. in-18, avec gravures. 4 fr.

Un été dans le Sahara, par E. FROMENTIN. 10ᵉ édition. Un vol. in-18. Prix. . . . . 3 fr. 50

Une année dans le Sahel, par E. FROMENTIN. 8ᵉ édition. Un vol. in-18. Prix. . . . . 3 fr. 50

Tableaux algériens. par G. GUILLAUMET. 2ᵉ édition. Un vol. in-18. Prix. . . . . 3 fr. 50

Une Promenade dans le Sahara, par Ch. LAGARDE, avec une préface de Ch. JOLIET. Un vol. in-18. 3 fr. 50

La Tunisie française, par Eugène POIRÉ. Un vol. in-18. Prix. . . . . 3 fr. 50

Voyage archéologique dans la régence de Tunis, par Victor GUÉRIN, ancien membre de l'École française d'Athènes, membre de la Société de géographie de Paris, agrégé et docteur ès lettres, chargé d'une mission scientifique. Ouvrage accompagné d'une carte de la Régence et d'une planche. Deux vol. grand in-8°. Prix. . 20 fr.

De Palerme à Tunis, par *Malte, Tripoli et la côte.* Notes et impressions, par Paul MELON. Un vol. in-18, orné de gravures. Prix. . . . . 3 fr. 50

Sahara et Laponie. I. *Un mois au sud de l'Atlas.* — II. *Un voyage au cap Nord,* par le comte E. GOBLET D'ALVIELLA. 2ᵉ édition. Un vol. in-18, enrichi de dix-huit gravures. Prix. . . . . 4 fr.

La Politique française en Tunisie. Le Protectorat et ses origines (1854-1891), par P. H. X. In-8°. 7 fr. 50

(*Couronné par l'Académie française, prix Thérouanne.*)

L'Algérie qui s'en va, par le Dʳ BERNARD. Un vol. in-18, illustré de dessins de KAUFFMANN. Prix. . . . . 4 fr.

Paris. Typ. de E. Plon, Nourrit et Cⁱᵉ, rue Garancière, 8.

www.ingramcontent.com/pod-product-compliance
Lightning Source LLC
Chambersburg PA
CBHW050746170426
43202CB00013B/2315